U0572995

BLUE BOOK

智库成果出版与传播平台

网络文明蓝皮书

BLUE BOOK OF INTERNET CIVILIZATION

深圳互联网企业网络文明建设报告

（2024）

REPORT ON THE CONSTRUCTION OF INTERNET CIVILIZATION IN SHENZHEN INTERNET ENTERPRISES (2024)

组织编写 / 中共深圳市委网信办
深圳大学传播学院

社会科学文献出版社
SOCIAL SCIENCES ACADEMIC PRESS (CHINA)

图书在版编目（CIP）数据

深圳互联网企业网络文明建设报告. 2024／中共深
圳市委网信办，深圳大学传播学院组织编写. --北京：
社会科学文献出版社，2024. 12. --（网络文明蓝皮书）.
ISBN 978-7-5228-3703-1

Ⅰ. F279. 244. 4

中国国家版本馆 CIP 数据核字第 20242J5K07 号

网络文明蓝皮书

深圳互联网企业网络文明建设报告（2024）

组织编写／中共深圳市委网信办
　　　　　深圳大学传播学院

出　版　人／冀祥德
责任编辑／韩莹莹
责任印制／王京美

出　　　版／社会科学文献出版社·人文分社（010）59367215
　　　　　　地址：北京市北三环中路甲 29 号院华龙大厦　邮编：100029
　　　　　　网址：www. ssap. com. cn
发　　　行／社会科学文献出版社（010）59367028
印　　　装／三河市东方印刷有限公司

规　　　格／开　本：787mm×1092mm　1/16
　　　　　　印　张：17. 25　字　数：284 千字
版　　　次／2024 年 12 月第 1 版　2024 年 12 月第 1 次印刷
书　　　号／ISBN 978-7-5228-3703-1
定　　　价／168. 00 元

编写单位简介

中共深圳市委网络安全和信息化委员会办公室（简称中共深圳市委网信办）是中共深圳市委设置的工作机关之一，为中共深圳市委网络安全和信息化委员会的办事机构，归市委宣传部管理，对外加挂深圳市互联网信息办公室牌子。主要职责为落实国家、广东省和深圳市关于互联网信息传播的方针政策和法律法规；做好深圳市互联网领域的信息内容管理工作，依法查处违法违规行为；统筹协调网络安全和信息化工作；协调、组织网上宣传和舆论引导工作；承担中共深圳市委、深圳市政府和中共深圳市委网络安全和信息化委员会交办的其他事项。

深圳大学新闻传播学科始建于 1985 年，1989 年正式开办广告学本科，此后陆续开办传播学、新闻学、网络与新媒体等本科专业。2006 年，深圳大学传播学院正式成立。深圳大学传播学院现有新闻系、广告系、网络与新媒体系三个系，分别设有新闻学、广告学、网络与新媒体三个本科专业，全部入选国家级一流本科专业建设点；拥有新闻传播学一级学科博士学位授予权、新闻传播学一级学科硕士学位授予权、新闻与传播专业硕士学位授予权，以及新闻传播学一级学科博士后流动站，形成了完整的人才培养体系。目前，学院在校本科生和研究生近 1500 人。在 2022 年软科中国最好学科排名评级中，深圳大学新闻传播学科位居全国前 10%，排全国第 12 名；在教育部第五轮学科评估中，深圳大学新闻传播学科较第四轮学科评估再进一步，并列全国第 12 名。

《深圳互联网企业网络文明建设报告（2024）》
编辑委员会名单

汪翩翩　深圳大学传播学院副教授、网络与新媒体系副主任

吴　怿　深圳大学传播学院助理教授

林嘉玲　深圳大学传播学院助理教授

李　辉　深圳大学传播学院助理教授

邹艳雪　深圳大学传播学院在读博士研究生

杜丽洁　深圳大学传播学院在读博士研究生

董思唯　深圳大学传播学院在读博士研究生

游舒超　深圳大学传播学院在读硕士研究生

张金凯　深圳大学传播学院博士后

胡冬芳　深圳大学传播学院博士后

姚　倩　深圳大学传播学院助理研究员

袁丽金　深圳大学传播学院在读博士研究生

吴兴桐　深圳大学传播学院在读博士研究生

吴楚佳　深圳大学传播学院在读硕士研究生

赵晓迈　深圳大学传播学院在读硕士研究生

伍亚欣　深圳大学传播学院在读硕士研究生

摘　要

　　网络文明是伴随互联网发展而产生的新文明形态，是现代社会文明进步的重要标志，也是网络强国建设的重要领域。《深圳互联网企业网络文明建设报告（2024）》是中国首部以互联网企业为核心研究对象，深入探索其在网络文明建设中所发挥作用和所产生影响的蓝皮书。本书以"最互联网城市"深圳为研究样本，首次绘制了深圳互联网企业的"文明图景"，生动展现了深圳互联网企业在网络文明建设中"当主角，挑大梁"的角色与担当，体现了深圳先行先试的探索精神，试图为其他城市提供有益的参考和借鉴。

　　课题组通过多种渠道，采集了多种数据，以确保数据的准确性、全面性和代表性。课题组从深圳众多互联网企业中，根据企业规模、类型和所在区域，选择 210 家代表性企业进行网络文明建设评估调研，在 10 个月的研究过程中，实地走访 15 家企业进行深度访谈，累计访谈时长 3620 分钟；采用配额抽样方法，对所选 210 家企业进行问卷调查；采集 14 家重点企业官方网站上的 10659 条文本和官方微博上的 1708 条文本进行大数据分析，形成丰富扎实的质性和量化数据，揭示了深圳互联网企业网络文明建设的生动图景。

　　研究发现，深圳互联网企业与网络文明建设紧密相连，彼此促进，形成了以数字人文引领网络文明为主线，以科技创新促文明、胸怀天下讲故事、公益实践惠民生为关键举措的深圳路径。

　　课题组基于对五大核心指标的评估并计算平均值，得出深圳互联网企业网络文明建设的总体得分为 86.50 分，表现良好。深圳互联网企业在网络文明建设中构建了正能量传播"强基础"、文化培育"挑大梁"、道德涵养"树先锋"、行为规范"有担当"、生态治理"有创新"的五大特色格局。具体而言，在网络空间正能量传播方面，深圳互联网企业得分最高，为 93.15 分。在网络

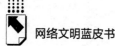

空间文化培育方面，深圳互联网企业也挑起大梁，平均得分为 91.37 分。在网络空间道德建设方面，深圳互联网企业得分为 82.93 分。在网络空间行为规范、网络空间生态治理两个方面，深圳互联网企业也有不俗表现，得分分别为 89.28 分、75.78 分。

课题组建议，深圳互联网企业在以下几个方面持续加强，以全面提升网络文明建设的效能和影响力。其一，巩固壮大主流思想舆论，弘扬社会主义核心价值观；其二，立足企业特色，形成企业网络文明建设矩阵；其三，利用新业态推动网络文明建设，讲好深圳故事、中国故事；其四，探索建立网络文明建设的社会共治共享模式；其五，筑牢国家网络安全屏障，全面加强网络安全保障体系和能力建设。

关键词： 网络文明　互联网企业　正能量传播　文化培育　道德涵养
行为规范　生态治理

目　录

I　总报告

II　技术报告

III　分报告

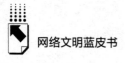
Ⅳ　热点报告

皮书数据库阅读**使用指南**

总 报 告

B.1
深圳互联网企业网络文明建设的
实践路径

张忠亮 杨 洸*

摘 要： 网络文明是伴随互联网发展而产生的新文明形态，是现代社会文明进步的重要标志，也是网络强国建设的重要领域。本报告将网络文明建设的重要主体——互联网企业作为研究对象，阐释其与网络文明密不可分的关系，梳理中西方互联网企业网络文明建设的发展历程。本报告重点以深圳互联网企业为视角，采用深度访谈、问卷调查和大数据研究等科学研究方法，首次全景式绘制深圳互联网企业的"文明图景"。课题组从深圳众多互联网企业中，根据企业规模、类型和所在区域，选择210家代表性企业进行网络文明建设评估调研，在10个月的研究过程中，实地走访15家企业进行深度访谈，累计访谈时长3620分钟；采用配额抽样方法，对所选210家企业进行问卷调查；采集14家重点企业官方网站上的10659条文本和官方微博上的1708条文本进行大数据分析，形成丰富扎实的质性和量化数据，揭示了深圳互联网企业网络文明建设的生动图景。研究发现，深圳互联网企业网络文明建设的总体得分为86.50

---

* 张忠亮，中共深圳市委网信办副主任，研究方向为网络传播、网络文明、网络安全；杨洸，深圳大学传播学院教授、博士生导师、副院长，研究方向为网络传播、网络文明、舆论极化。

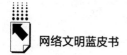
分，表现良好。深圳互联网企业与网络文明建设紧密相连，彼此促进，形成了以数字人文引领网络文明为主线，以科技创新促文明、胸怀天下讲故事、公益实践惠民生为关键举措的深圳路径；构建了正能量传播"强基础"、文化培育"挑大梁"、道德涵养"树先锋"、行为规范"有担当"、生态治理"有创新"的五大特色格局。课题组建议，深圳互联网企业在以下几个方面持续加强，以全面提升网络文明建设的效能和影响力。其一，巩固壮大主流思想舆论，弘扬社会主义核心价值观；其二，立足企业特色，形成企业网络文明建设矩阵；其三，利用新业态推动网络文明建设，讲好深圳故事、中国故事；其四，探索建立网络文明建设的社会共治共享模式；其五，筑牢国家网络安全屏障，全面加强网络安全保障体系和能力建设。

关键词： 网络文明　互联网企业　深圳

　　网络文明是伴随互联网发展而产生的新文明形态，是现代社会文明进步的重要标志。以习近平同志为核心的党中央高度重视网络文明建设，党的十九届五中全会做出"加强网络文明建设，发展积极健康的网络文化"的重要部署，为"十四五"时期网络文明建设搭建了制度框架。2021 年，中共中央办公厅、国务院办公厅印发《关于加强网络文明建设的意见》，进一步明确了网络文明建设的指导思想、工作目标、主要任务、保障措施，为新时代的网络文明建设提供了顶层设计。由此，全国范围内掀起轰轰烈烈的网络文明建设热潮。

　　网络文明建设是一项长期、系统、持续的工程，涉及各级党委政府、互联网企业、网络社会组织、网络意见领袖、普通网民等诸多社会主体共同参与、共同构建的网络文明空间。其中，互联网企业在网络文明建设中发挥了举足轻重的作用。作为网络技术和服务的提供者，互联网企业不仅推动了网络技术的创新和发展，也参与塑造了网络文明的基本框架和价值观，推动了网络文明的发展。鉴于此，中共深圳市委网信办联合深圳大学传播学院组成课题组，瞄准网络文明建设的重要主体——互联网企业，重点研究深圳互联网企业，全景式展现它们在网络文明建设中的作用。

课题组选择深圳互联网企业作为研究对象，是因为深圳是中国改革开放的最前沿，也是中国高科技企业和互联网企业的重要聚集地。在深圳这座中国"最互联网城市"，互联网企业以先进的技术和创新的精神，不仅在推动互联网技术发展方面做出杰出的贡献，而且对网络文明有深刻理解和扎实推动，为网络文明建设提供了强大的理念引领和技术支撑，在全国网络文明建设方面发挥着引领和示范作用。

课题组从深圳众多互联网企业中，根据企业规模、类型和所在区域，选择 210 家代表性企业进行网络文明建设评估调研，在 10 个月的研究过程中，实地走访 15 家企业进行深度访谈，累计访谈时长 3620 分钟；采用配额抽样方法，对所选 210 家企业进行问卷调查；采集 14 家重点企业官方网站上的 10659 条文本和官方微博上的 1708 条文本进行大数据分析，形成丰富扎实的质性和量化数据，揭示了深圳互联网企业网络文明建设的生动图景。

本报告旨在呈现深圳互联网企业在网络文明建设中的具体表现和发挥的作用，深入总结其经验与特色，发现不足与问题，提出互联网企业提升网络文明建设效能的对策，以期培育互联网企业先进文化，发挥互联网企业在建设向上向善网络文明中的重要作用。希冀本报告不仅有助于发现深圳互联网企业网络文明建设的实践路径，还能为全国其他城市的网络文明建设提供参考和借鉴。

一　互联网企业与网络文明密不可分

（一）网络文明的概念

1. 从"文明"到"网络文明"

"文明"是社会历史长期发展的产物。纵观人类发展史，自有人类开始，人类文明就进入一个漫长的演进过程。"文明"一词，早在中国先秦时期的典籍中就有记载。《尚书·舜典》里记载"睿哲文明"[1]，唐代孔颖达对《尚书》的疏解称："经天纬地曰文，照临四方曰明。"[2] 人类在原始文明中进化了数百

---

[1] 陈梦家：《尚书通论》，商务印书馆，1957，第 17 页。
[2] 杜泽逊主编《十三经注疏汇校·尚书注疏汇校》第 2 册，中华书局，2018，第 2 页。

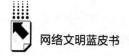

万年，在农耕文明中进化了几千年，在工业文明中进化了两百多年，而今进入数字文明。

在数字时代，互联网和数字技术迅速普及，深刻改变了人类的生活和社会互动方式，网络文明也由此孕育而生。网络文明既是传统文明的延续，又是数字时代的产物。在中国，网络文明的正式提出可以追溯到 1999 年①。那时，中国的互联网建设方兴未艾，商业化进程加速，技术创新不断涌现，用户数量快速增长。与此同时，网络上滋生的各种治理问题层出不穷。在 1999 年 11 月至 2000 年 3 月期间，文化部开展了首次"中国优秀文化网站评估调查"活动，对全国文化网站发展状况进行了全面的调查②。调查发现，网站建设存在不少问题：网上虚假、黄色内容逐渐增多，虚拟社区语言低俗，原创作品匮乏、格调不高，聊天交友不负责任，弥漫着颓废、消极、缺乏诚信的情绪，在社会上造成消极影响，损害了网络的健康发展。鉴于此，文化部、共青团中央、国家广电总局、中华全国学生联合会、国家信息化推进工作办公室、中国电信、光明日报社、中国移动、新华社和人民日报社等多家单位于 2000 年 12 月 7 日正式启动网络文明工程，号召文明上网、文明建网、文明兴网③。自此以后，网络文明的概念逐渐深入人心，成为社会各界关注的重要议题。

互联网以信息和通信技术为核心特征。信息和通信技术的高歌猛进，为网络空间带来前所未有的创新、便利和效率，但也带来诸多问题、风险和挑战。中国互联网络信息中心于 2024 年 3 月发布的第 53 次《中国互联网络发展状况统计报告》指出，截至 2023 年 12 月，中国网民规模达 10.92 亿人，较 2022 年 12 月增长 2480 万人，互联网普及率达 77.5%，中国网民人均每周上网 26.1 小时，相当于每天上网近 4 小时（3.73 小时）。随着网民规模的扩大、上网时长的增加和网络内容的日益增多，网络空间文明建设的重要性和紧迫性越来越凸显。网络空间是天朗气清、生态良好，还是乌烟瘴气、生态恶化，不仅关乎

---

① 《中国"网络文明工程"正式启动》，中国新闻网，2000 年 12 月 7 日，https://www.chinanews.com/2000-12-07/26/60183.html。

② 《文化部举办"中国优秀文化网站评估调查"》，中国新闻网，2000 年 7 月 12 日，https://www.chinanews.com/2000-07-12/26/37305.html。

③ 《中国"网络文明工程"正式启动》，中国新闻网，2000 年 12 月 7 日，https://www.chinanews.com/2000-12-07/26/60183.html。

人民利益，也涉及国家安全。人类文明的发展已经离不开网络空间的文明建设，网络文明的程度也充分展示了人类文明的水平。

网络文明作为一种在虚拟网络世界形成的新文明形式，与现实文明相辅相成、协同共进，它们以强大合力发挥着促进社会主义精神文明建设和推动网络强国建设的巨大功能。协同推进网络文明建设和中华民族现代文明建设，是社会主义现代化强国建设不容忽视的重要内容，也是提高社会文明程度和促进中华民族现代文明发展的一项重要任务。党的十八大以来，在习近平总书记关于网络强国的重要思想和关于社会主义精神文明建设的重要论述指引下，网络空间的正能量日益充沛，法治保障更加有力，生态环境显著改善，文明风尚更加突出，全社会共同建设和分享网上美好精神家园的新局面正在形成。

2. 互联网企业与网络文明的关系

互联网企业与网络文明有着与生俱来的联系，二者因网络而共生，相互影响，相互促进。互联网以惊人的速度，改变了人类的生产生活方式，它像一座桥梁，联结了世界各地的人们，打破了时空的限制。从社交媒体到在线购物，从在线教育到远程工作，互联网已经深度数字化人类的生活，直接渗透到人类社会生活的方方面面，进入人们几乎所有的生活方式中，成为当今人类须臾不可分离的基础设施。在这种背景下，网络空间的文明建设变得至关重要。网络秩序的稳定和健康不仅关乎每个人的利益，也影响着社会的和谐与进步。

互联网企业凭借独特的技术优势和创新能力，在推动数字技术进步的同时，也为网络文明建设提供了全面和强大的支撑。它们通过技术创新、内容传播、信息安全、网络治理等多方面的努力，推动网络文明的发展与进步，确保网络空间成为文明之地，为社会的和谐与进步做出卓越的贡献。它们持续开发更先进、更安全的技术，通过信息安全措施，保护用户的数据和隐私；它们利用自身的平台和资源优势，向公众普及网络文明的知识和意识，提高公众的网络素养和网络安全意识；它们通过倡导健康的网络行为、传播网络正能量、批评网络不文明行为等活动，引导公众树立正确的网络价值观和道德观；它们通过自我约束和行业自律，推动网络空间的法治化、规范化和秩序化；它们与党政部门携手合作，汇聚推动网络文明高质量发展的智慧力量，共同营造风清气正的网络空间，推动网络文明建设，以更好地服务于人民群众的高品质生活。

伴随互联网对人类生活的深度渗透，互联网企业在推动网络文明建设方面

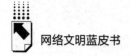
发挥着越来越重要的作用，为构建健康、文明、安全的网络环境做出不可替代的贡献。早在 20 世纪末互联网迅速崛起和普及阶段，西方和中国的众多互联网企业在成立之初就开始有意识地参与网络文明建设。它们作为数字时代的重要参与者，不仅是信息和技术的提供者，还承担着重要的社会责任，与网络文明建设天然捆绑。互联网企业的发展与网络文明建设相辅相成，共同促进。

（二）西方互联网企业网络文明建设的缘起与发展

西方互联网企业参与网络文明建设，可以追溯到互联网普及之时。在 20 世纪 90 年代初，互联网作为联结人们的一种新技术开始崭露头角，并催生了一批新兴企业，包括亚马逊（Amazon）、谷歌（Google）和易贝（eBay）等。它们努力探索在线销售、搜索引擎和在线拍卖等新型商业模式，并快速发展为世界知名的互联网公司，成为行业翘楚。这一时期不仅见证了互联网商业模式的兴起，还引发企业走出迈向数字文明的第一步。

谷歌在成立初期，便提出"不作恶"（Don't Be Evil）的企业价值观，强调自身对于避免从事有害行为和追求道德高尚行为的承诺，体现了创始人拉里·佩奇（Larry Page）和谢尔盖·布林（Sergey Brin）的理念和愿景，即致力于创造积极、有益、具有社会价值的产品和服务，并且避免从事任何有害的行为。亚马逊则在其产品页面上鼓励用户线上分享购物体验、发布产品评论，以此提升用户对企业的信任度。互联网企业的这些初期实践，对于网络的发展起到重要的推动作用，并为网络文明建设奠定了良好基础。

之后，伴随社交媒体如脸书（Facebook）和推特（Twitter，2023 年 7 月改名为"X"）等的脱颖而出，人们的在线互动方式发生革命性的改变。互联网企业意识到社交媒体的巨大潜力与威力，更加注重开放和透明的沟通，以满足用户的需求。在这一时期，互联网企业不仅关注自身的利润和业务发展，还强调社会责任，主动参与可持续发展、绿色经营和社会支持等相关活动。以脸书为例，该社交媒体平台在推动社会变革和传播进步意识上发挥了积极作用，其用户可以创建和参与各种社交活动、公益活动等话题讨论，如著名的"冰桶挑战"活动通过社交媒体的力量，让更多人关注和参与公益事业，为渐冻症等罕见疾病的研究和治疗筹集资金。这种开放性的社交媒体互动，使互联网企业能够更广泛地传递信息，传播社会正能量，并与用户建立更紧密的联系。推特在创建初期就推出的举报机制也是一项重要的举措，即允许用户报告虚假、骚扰和不当信息，以维护平台的健康生态。这一举措有助于减少虚假信息的传播，提高信息的可信度，保护用户免受不良信息的侵害。推特还主动发起对各种社会问题的讨论，通过倡导环保、社会公益和反对种族歧视等活动，体现企业的社会责任。这些头部社交媒体平台的例子表明，互联网企业不应只关注自身的经济利益，还应通过开放透明的机制，为用户提供更丰富、更有价值的在线互动体验和社会支持，引导其主动参与社会发展的方方面面，推动网络文明建设和社会进步。

面对大规模数据泄露风险，互联网企业开始重视数据隐私和网络安全等问题。越来越多的法规和政策相继出台，旨在应对数据安全的挑战，保护个人数据的隐私安全和网络文明。欧盟各成员国于2018年开始实施《通用数据保护条例》（*General Data Protection Regulation*，GDPR）。这一条例规定了个人数据的处理和保护标准，要求企业在处理欧洲用户数据时，采取更加严格的措施，包括明确告知用户数据处理的目的、获得用户的明确同意等，以确保个人数据的隐私安全。在美国，网络安全也成为一个备受关注的议题，政府通过采取多项措施，加强网络安全。例如，美国国会2015年通过《网络安全法》（*Cyber Security Act*），旨在增强国家的网络防御能力，提高网络文明和安全水平。美国一些大型科技公司也主动采取相应举措，保护用户的数据隐私。例如，苹果公司（Apple）推出"App追踪透明度"功能，允许用户在使用应用程序时，选择是否允许应用程序追踪他们的行为或跨平台分享个人数据。这一举措是为了让用户更好地控制自己的数据，以确保隐私的安全性。上述法律法规和措施的出台以及企业的积极表现表明，数据隐私和网络安全已经成为政府与企业共同关注的问题。这些举措不仅可以加强对个人数据隐私的保护，筑牢数据安全防线，还有助于维护网络秩序和推动网络文明发展。

西方互联网企业持续开展前沿技术攻关，借助先进技术，推进网络文明建设。信息科技日新月异，大数据、云计算、人工智能（AI）、区块链等先进技术被频繁应用在对虚假信息的治理上。2016年以来，脸书一直在加强打击虚假信息传播的工作，采用先进的人工智能技术，通过分析帖子内容和用户行为，识别和过滤虚假信息与恶意内容，提高了平台上的信息质量，减少了虚假信息对网络空间文化的负面影响。谷歌则推出事实核查功能，主动提供线

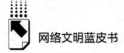
索，帮助用户更好地分辨重要新闻报道的真伪。当用户搜索特定新闻事件时，谷歌会提供事实核查的结果，显示该新闻报道是否经过验证，并提供相关的事实核查来源，有助于用户更准确地发现新闻事件的真相，减少虚假信息的传播。优兔网（YouTube）是全球最大的视频分享平台之一，用户生成内容聚集在该平台，数量繁多，且真伪难辨。为此，优兔网通过技术手段，提高平台信息的准确性和可靠性，采用机器学习和人工智能技术，审核和过滤不适宜的内容，打击虚假信息。众多互联网企业的相关举措表明，信息的准确性和可信度对于网络空间至关重要。它们主动运用尖端的技术手段，提高信息的质量，保护用户免受虚假信息和恶意内容的干扰，以维护网络空间良好秩序。

上述措施对于保证网络空间的良性发展和提高内容质量，起到至关重要的推动作用。在面对网络空间乱象丛生的各种挑战时，西方互联网企业主动回应，以实际行动适应社会化和数字化环境发展的迫切需求。它们的诸多努力不仅体现了互联网企业在维护网络文明方面的责任和承诺，也反映了互联网企业采用新技术、新方法解决网络空间中各种问题的决心和成效。它们集中整治网络传播的突出问题，为网络生态的持续向善向好注入了新的活力。

（三）中国企业网络文明建设的源头与发展

中国互联网时代自20世纪90年代正式全面开启，经历了30余年波澜壮阔的发展历程。本报告采用中国网络空间研究院编写的《中国互联网20年发展报告》中的分类①，将中国互联网的发展分为四个时期：基础初创期、产业形成期、快速发展期、融合创新期。在不同的发展阶段，由于互联网的业态不断发生演变，网络文明建设的需求和重点有所差异。

1. 基础初创期（1993~2000年）：网络文明建设呼之欲出

中国企业网络文明建设的历史可以追溯至20世纪90年代。这一时期恰逢信息产业兴起和互联网逐步普及，互联网作为新兴事物，逐渐进入人们的生活。伴随网民的不断增多，网络上各种问题初见端倪，网络文明建设呼之

---

① 《中国互联网20年发展报告》，中国网络空间研究院，2016年1月21日，https：//www.cac.gov.cn/2016-01/21/c_1117850404.htm。

欲出。

1994年，中国成功实现全功能接入国际互联网①，为国内互联网发展开启了新篇章。互联网作为信息传播的一种先进的基础设施，其广阔的市场前景引发了中国互联网发展的首轮热潮。1994年5月，中国互联网的第一代应用曙光BBS（电子公告板系统），在中国科学院计算技术研究所与业界专家的协同努力下，成为中国首个开放的网络论坛平台。该平台秉持开放、公平、自由的原则，迅速吸引了众多早期网民的关注②。1995年，清华大学校内站"水木清华"建立，成为中国高校范围内最早的BBS之一。随后，各高校纷纷建立自己的BBS，掀起BBS在高校范围内的一次高潮③。这种基于文本的聊天方式，成为当时最受欢迎的网络社交方式之一。一些在广东地区注册的聊天室在当时也享有盛名，是中国互联网早期著名的网络社区。"鹏城聊天室"作为"深圳之窗"网站的一部分，提供生活、工作、学习、交流等方面的信息和服务，成为深圳地区乃至全国范围内网民交流的重要场所。湛江在线的"碧海银沙"聊天室，则以独特的地理和文化背景，吸引了湛江及周边地区的众多网民。随后，猫扑、西祠胡同、天涯论坛等综合性网络社区成立，标志着中国互联网迈入内容丰富与交互活跃并重的网络社区新时代④。猫扑以独特的幽默风格和丰富的娱乐内容，吸引了大量年轻用户。西祠胡同则以地域特色和文化气息著称，积极推广传统文化和民间艺术，为用户提供了一个展示地方文化、历史、风俗的平台，为传承和弘扬中华优秀传统文化做出了贡献。天涯论坛则以内容深度和专业性见长，无论是社会热点、历史文化、科技前沿还是娱乐八卦，都能为用户提供深入、全面的讨论和解读。这些网络社区成为中国网络舆论生发演化的重要阵地，促进了信息的交流和共享，推动了网络文化的繁荣和发展。

在从BBS到网络社区的发展历程中，网络的匿名性、开放性和虚拟性为

① 《1994年中国互联网"开天辟地"》，人民网，2014年4月15日，http://media.people.com.cn/n/2014/0415/c40606-24898154.html。

② 《曙光BBS十周年庆典圆满成功》，数字化企业网，2004年5月26日，https://news.e-works.net.cn/category10/news11319.htm。

③ CSDN：《中国第一个校园BBS上线 | 历史上的今天》，新浪财经头条，2023年8月8日，https://t.cj.sina.com.cn/articles/view/1798777247/6b37299f01902qvc6。

④ 《天涯挂牌新三板，四大老牌社区命运几何？》，央广网，2015年8月4日，http://finance.cnr.cn/gundong/20150804/t20150804_519425515.shtml。

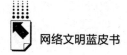

网民提供了自由发表言论和交流信息的平台。然而，这种自由也伴随着一些负面问题，如部分用户发帖时不假思索、随意性强，粗暴言论、错误观点和虚假信息滋生与泛滥。为了解决这些问题，各大网络社区平台制定了相应的社区规则和条例，对用户的行为进行规范和约束。它们的相关举措是中国互联网企业较早的网络文明建设探索实践。这些规则和条例通常包括禁止发布虚假信息、恶意攻击、侮辱谩骂等内容，对于违反规定的用户，会采取相应的处罚措施，如警告、禁言、封号等。

1998 年，中国互联网商业热潮兴起，因此这一年又被称为中国互联网内容门户网站元年。网易、搜狐、新浪等一批代表性门户网站成立并蓬勃发展，人民网、新华网等多家中央重点新闻网站陆续上线。为加强中国新兴网络媒体之间的交流和合作，营造中国网络媒体公平竞争的良好环境，促进中国网络媒体的健康发展，1999 年 4 月，中国 21 家有影响力的网络媒体共同通过了《中国新闻界网络媒体公约》①。该公约规范了网络新闻媒体行为，明确了网络新闻媒体的责任与义务，以提高网络新闻的质量和公信力，促进中国网络媒体健康发展。这一公约的通过，标志着中国互联网企业开始自觉关注网络文明建设，积极承担互联网公共责任，为中国互联网行业的繁荣发展和网络文明建设的初步推进提供了关键支持。

2. 产业形成期（2000~2005 年）：政府依法规范互联网治理

进入 21 世纪，中国互联网企业迎来快速增长的机遇，开始走上中国特色互联网发展道路。中国互联网信息服务体系逐步建立，以搜索引擎、电子商务、即时通信、社交网络等服务为主要业务的互联网企业迅速崛起。中国互联网企业在多个领域取得重要成就，全产业链共同发展的产业格局基本建立。在互联网行业快速发展过程中，中国网民数量迅速增长，2005 年超过 1 亿人，跃居世界第二位，初步形成互联网服务的用户规模效应②。伴随着互联网的迅猛发展，网络不文明现象急剧增多，给网络空间带来一定的负面影响。

---

① 《1997 年~1999 年互联网大事记》，中国互联网络信息中心，2009 年 5 月 26 日，https：//www. cnnic. net. cn/n4/2022/0401/c87-913. html。
② 《中国互联网 20 年发展报告》，中国网络空间研究院，2016 年 1 月 21 日，https：//www. cac. gov. cn/2016-01/21/c_1117850404. htm。

在搜索引擎领域，百度公司作为中国最具代表性的搜索引擎企业之一，于2000年成立。该公司通过持续的技术创新和升级，为中国互联网用户提供了高效、便捷的搜索服务，包括网页搜索、图片搜索等多种形式，为用户查找信息提供了便利[1]。然而，搜索结果中存在着虚假信息、低俗内容和广告欺诈等不良内容，这些内容的存在不仅干扰了用户的正常搜索体验，还可能对用户造成误导，给用户带来损失。

在电子商务领域，成立于1999年的阿里巴巴集团以独特的商业模式和多元化服务，打造了中国最大的电子商务生态系统[2]。从淘宝到天猫再到支付宝，阿里巴巴的产品和服务涵盖电子商务的方方面面，为中国消费者提供了安全、便捷的在线购物平台。但是，其中也不乏恶意刷单、售假、虚假宣传等不文明行为。这些行为不仅损害了消费者的权益，也破坏了电商平台的公平竞争环境。

在即时通信领域，1999年，深圳市腾讯计算机系统有限公司（以下简称"腾讯"）模仿以色列公司Mirabilis 1996年开发的聊天工具ICQ（I seek you），开发了OICQ（opening I seek you），意思是"开放的ICQ"。2000年11月，腾讯推出QQ2000版本，将OICQ正式更名为QQ[3]。截至2001年2月，QQ在线用户突破100万大关，注册用户数增至2000万[4]，成为中国网民之间交流的重要工具。然而，部分用户发布不当言论、恶意攻击、传播谣言等不文明行为也较为普遍。这些行为不仅破坏了网络空间的和谐氛围，也可能引发社会矛盾和不稳定因素。

面对网络空间的各种乱象，中国政府认识到加强依法治理互联网的必要性，并采取一系列重要举措规范网络行为，维护网络秩序。2000年，中国政府开始着手制定互联网相关法律法规，以适应快速发展的互联网技术和日益复杂的网络环境。在这一时期，中国政府相关部门紧密合作，研究并出台了一系

---

① 百度百科"百度"词条，https：//baike. baidu. com/item/百度/6699？fr＝ge_ ala，2024年3月5日。

② 百度百科"阿里巴巴"词条，https：//baike. baidu. com/item/阿里巴巴集团控股有限公司/54213262？fr＝ge_ ala，2024年3月5日。

③ 百度百科"QQ"词条，https：//baike. baidu. com/item/QQ/111306，2024年3月5日。

④ 百度百科"QQ"词条，https：//baike. baidu. com/item/QQ/111306，2024年3月5日。

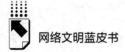

列重要法律法规，包括《互联网信息服务管理办法》《互联网电子公告服务管理规定》等，为后来的互联网治理奠定了坚实基础①。2002 年，中国政府进一步加大对互联网违法行为的打击力度，开展了"扫黄打非"等专项行动，针对网络色情、侵权盗版等突出问题进行了集中整治。2003 年，针对互联网上出现的一些新型违法犯罪行为，如网络诈骗、网络赌博等，中国政府加强了相关部门的合作，共同打击这些违法犯罪行为。同时，中国政府还加强了对互联网企业的监管，要求其切实履行社会责任，加强对平台内容的审核和管理。2004 年，为了更好地受理和处置公众对互联网上违法和不良信息的举报，由中国互联网协会互联网新闻信息服务工作委员会主办的"违法和不良信息举报中心"网站正式开通②。该网站为公众提供了一个便捷的举报渠道，使公众能够积极参与互联网治理，共同维护网络空间的清朗。

在这一系列举措的推动下，这一阶段的中国互联网治理工作取得显著成效，网络环境得到有效净化，网络秩序得到有力维护，为后来的互联网健康发展奠定了坚实基础。

3. 快速发展期（2005~2013 年）：互联网治理政企合作新高度

自 2005 年中国互联网用户数量突破 1 亿大关起，在接下来的 8 年中，宽带网络的建设被提升到国家战略层面③。在此期间，互联网用户数量持续快速增长，网络零售和社交网络服务成为产业发展的两大亮点。随着移动互联网的崛起，互联网的发展进入一个全新的阶段，带动了整个行业的创新与变革。在这一时期，伴随互联网的快速发展，中国政府对互联网的发展和治理给予了前所未有的重视，将其提升到新的高度。2007 年 10 月 15 日，党的十七大报告提出，发展现代产业体系，大力推进信息化与工业化融合；加强网络文化建设和管理，营造良好网络环境④。2012 年 11 月 8 日，党的十八大报告提出，加强

---

① 《2000 年~2001 年互联网大事记》，中国互联网络信息中心，2009 年 5 月 26 日，https：//www. cnnic. net. cn/n4/2022/0401/c87-914. html。

② 《2004 年互联网大事记》，中国互联网络信息中心，2009 年 5 月 26 日，https：//www. cnnic. net. cn/n4/2022/0401/c87-916. html。

③ 《中国互联网 20 年发展报告》，中国网络空间研究院，2016 年 1 月 21 日，https：//www. cac. gov. cn/2016-01/21/c_1117850404. htm。

④ 《中国共产党第十七次全国代表大会》，共产党员网，2012 年 6 月 12 日，https：//fuwu. 12371. cn/2012/06/05/ARTI1338865983725225. shtml。

和改进网络内容建设，唱响网上主旋律；加强网络社会管理，推进网络依法规范有序运行①。

中国互联网企业与政府同步，采取了一系列具体措施，进一步提升了自身规范管理与履行社会责任的水平，从而推动了网络文明建设。作为中国企业的佼佼者，华为技术有限公司（以下简称"华为"）不仅在全球范围内推广自己的通信解决方案，还积极参与全球通信标准的制定，展现了中国企业的国际影响力。特别是 21 世纪初期以来，华为在 3GPP（第三代合作伙伴计划）、ITU（国际电信联盟）等国际标准化组织中的参与显著增加，标志着其在全球通信标准制定中扮演越来越重要的角色。同时，华为重视承担企业社会责任，通过设立教育基金会，支持世界各地的教育项目，特别是在信息技术领域，帮助提高教育水平。此外，华为的"未来种子计划"于 2008 年启动。这是华为的国际社会责任旗舰项目，旨在帮助培养各国的信息通信技术人才②。自 2008 年起，华为开始在年报中发布企业社会责任报告，这标志着其对社会责任的承诺变得更加正式和透明。

在互联网治理方面，中国互联网企业在探索中逐步完善治理体系。在这一时期，社交网络服务已经深深地融入人们的日常生活，以至于"无社交，不生活"成为中国网民生活的新形态③。随着智能终端和移动互联网应用的迅速普及，互联网已经无处不在。然而，网络不文明现象也越发显露。谣言、虚假信息在网络中迅速传播，网络暴力、网络欺凌等问题也日益严重，破坏了网络空间的和谐与稳定。同时，一些网民在网络上发表不当言论，恶意攻击他人。这些问题不仅影响了网络环境的健康发展，也对社会的稳定和谐造成了一定的冲击。

基于此，互联网企业加强了对网络内容的审查和管理，以防止不良信息的传播。例如，百度自成立之初，就持续关注关键词过滤和内容审查。2009 年，

---

① 《胡锦涛在中国共产党第十八次全国代表大会上的报告》，共产党员网，2012 年 11 月 17 日，https：//www.12371.cn/2012/11/17/ARTI1353154601465336.shtml。

② 《2022 年可持续发展报告》，华为投资控股有限公司，2023 年 6 月 19 日，https：//www.huawei.com/cn/sustainability。

③ 《中国互联网 20 年发展报告》，中国网络空间研究院，2016 年 1 月 21 日，https：//www.cac.gov.cn/2016-01/21/c_1117850404.htm。

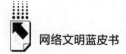

面对内容审查和版权问题的压力，特别是在音乐版权合作方面，百度做出重要调整①。与此同时，互联网企业也积极推动公共议题的讨论和争议的解决，促进网络空间良性发展。例如，新浪微博自 2010 年起，迅速成为重要的社会舆论平台。鉴于此，2011 年，国家互联网信息办公室召开"积极运用微博客服务社会经验交流会"②。在此次会议后，新浪微博在促进和监管公共讨论，尤其是处理突发社会事件的信息传播方面起到显著作用。互联网企业还注重营造良好的网络环境，通过推广网络文明公约、开展网络安全教育等方式，提高公众的网络素养和安全意识。例如，360 公司在 2006 年推出免费杀毒软件③，在提高公众对网络安全重要性的认识方面发挥了重要作用。互联网企业还主动加入公益事业，回馈社会，以增强社会的凝聚力和向心力。例如，腾讯在 2007 年启动了公益项目"腾讯公益"，并在同年成立了腾讯公益慈善基金会，标志着其公益事业的正式起步④。

在中国互联网企业网络文明建设快速发展期间，中国互联网技术实现了飞跃，其催生的网络文明也经历了深刻变革。在这一时期，网络文明的拓展与深化，特别是企业公益行动的开展、行业规范的建立、网络治理理念的创新，充分展现了中国互联网企业在社会责任、行业健康发展、管理创新方面的巨大潜力，也标志着中国互联网企业成为推动社会进步、文化交流和公共治理创新的重要力量。

4. 融合创新期（2014年至今）：前沿技术与网络文明建设的深度融合

在这一时期，中国全面推动互联网与经济的融合。这种融合催生了众多依托互联网的新型发展模式和新业态，为经济的创新增长、结构改善和动力更新注入了新的活力。中国互联网企业深入探索新技术和商业模式，人工智能、大数据、云计算、区块链等前沿技术成为其创新的重点，无人配送、智能家居、智慧城市等领域出现了许多创新应用。同时，中国互联网企业拓展国际市场，

① 《音著协告百度侵权案一审宣判 百度被判赔 5 万元》，中国新闻网，2010 年 2 月 24 日，https：//www.chinanews.com.cn/it/it-itxw/news/2010/02-24/2134866.shtml。

② 《2011 年中国互联网舆情分析报告》，中央网络安全和信息化委员会办公室，2014 年 8 月 1 日，https：//www.cac.gov.cn/2014-08/01/c_1111902885_2.htm。

③ 《奇虎360大事记》，360公司网站，http：//www.360.cn/about/history.html。

④ 《2007年腾讯公益大事记》，腾讯公益慈善基金会，https：//gongyi.qq.com/tccf/memo/memo_2007.htm。

主动参与全球竞争，推动了"中国制造"向"中国创造"的转变。随着信息技术的进步和市场需求的变化，新的互联网企业和业务模式不断涌现，在推动互联网经济繁荣的同时，也带来了网络文明新的挑战和问题。

在电商与零售领域，成立于 2010 年的深圳美团科技有限公司（以下简称"美团"），最初作为团购网站起家，后发展成为提供餐饮、外卖、生鲜零售、共享单车、旅游等多种生活服务的综合平台，并通过技术创新和智能化服务，不断提升用户体验和服务效率①。随着电子商务日益融入人们的日常生活，繁忙的快递小哥、外卖骑手成为城市街头的一道独特风景。社会及媒体关注到一批在外卖行业中表现出色的骑手，他们凭借高效完成订单、恪守职业道德、做出超越职责范围的善举，如帮助遇到困难的顾客、参与救援行动等，荣获"最美外卖小哥"等称号，美团各地的骑手更是多次获得类似殊荣。党政部门充分利用骑手遍布城市的优势，让他们在送餐或送件的同时，附带一张网络安全和文明宣传单，广泛传播网络文明知识和相关法律法规。这种流动的宣传方式，能够使网络文明的正能量深入每个家庭。例如，广东廉江举办了"文明骑手行"活动，其中外卖小哥将印有"共建网络安全，共享网络文明"的宣传单张贴在外卖箱子背面和衣服背后，在取餐、送餐的过程中，向店家、顾客分发廉江网络文明宣传册子②。这些外卖小哥不仅提供了社会服务，还成为网络正能量的传播者、社会责任的践行者和网络安全的守护者，为网络文明建设做出自己的贡献。

在生活娱乐方面，2012 年，北京字节跳动科技有限公司（以下简称"字节跳动"）推出其第一个产品——今日头条。这是一款基于数据挖掘的推荐引擎驱动的新闻聚合应用，旨在促进用户的个性化信息获取。2016 年，字节跳动推出面向中国市场的短视频平台——抖音，以及面向海外市场的 TikTok（抖音的国际版）③。字节跳动利用先进的算法推荐技术，优化用户体验并支持内容创作者，通过抖音和 TikTok 等平台，促进了全球内容共享与文化交流。字节跳动的成功不仅体现在其业务的快速增长和全球化布局上，更重要的是，

---

① 百度百科"美团词条"，https：//baike.baidu.com/item/% E7% BE% 8E% E5% 9B% A2/5443665？fr=ge_ala，2024 年 3 月 5 日。

② 《外卖员化身"文明宣传骑士"》，《南方日报》2023 年 10 月 9 日，https：//baijiahao.baidu.com/s？id=1779332364195711872&wfr=spider&for=pc。

③ 《大事记》，字节跳动公司网站，https：//www.bytedance.com/zh/。

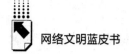
它通过技术创新和内容生态建设，为全球网络文化的丰富和网络文明水平的提升做出重要贡献。然而，一些用户可能会发布含有虚假信息、恶意攻击、淫秽色情等不良内容的视频或文章。这些内容不仅违反了法律法规，也严重破坏了网络环境的健康和安全。还有一些用户可能会利用抖音、TikTok等平台，进行网络欺诈、网络霸凌等不法行为，给其他用户带来严重困扰和损失。

自2010年起，网络游戏行业也经历了快速的发展和重要的转变。2010年6月，《网络游戏管理暂行办法》发布[1]，首次规范网络游戏，保护未成年人。2017年7月，《王者荣耀》宣布推出并试运行全新"健康系统"[2]，限制未成年人玩游戏时间，增强青少年保护意识。2019年11月，国家新闻出版署发布新规，将未成年人玩游戏时间限定为每日1.5小时，节假日3.0小时。2021年8月，国家新闻出版署进一步严格规定未成年人玩游戏时间，限定为周五、周六、周日及法定节假日每日1.0小时[3]，旨在进一步促进青少年健康成长。中国网络游戏的发展不仅促进了行业繁荣和技术进步，也在促进法规完善和行业自律、引导网络文化和网络安全等方面为网络文明建设做出重要贡献。

在物联网与智能硬件领域，小米科技有限责任公司（以下简称"小米"）自2010年成立以来，凭借卓越的创新能力和市场洞察力，迅速崛起为一个涵盖智能硬件和生态链的科技企业巨头。小米从智能手机制造起步，逐步扩展到智能家居、物联网设备等多个领域，致力于为用户带来智能、便捷的生活体验[4]。小米通过推广智能生活理念，积极引领消费者选择数字化、智能化的生活方式。它构建的开放生态系统，不仅为用户提供了丰富多样的智能硬件产品，还促进了不同设备之间的互联互通，提升了用户的整体生活品质。然而，由于物联网设备的普及和联网功能的增强，网络安全问题也日益突出，一些不法分子利用小米产品的安全漏洞，做出非法入侵、窃取用户隐私等行为。

① 《网络游戏管理暂行办法》（文化部令第49号），中国政府网，2010年6月22日，https://www.gov.cn/zhengce/2010-06/22/content_2603314.htm？eqid=ab356b5b00069307000000066464ae03。

② 《游戏日历 | 7月4日：〈王者荣耀〉试点全新防沉迷系统》，搜狐网，2021年7月4日，https://www.sohu.com/a/475531942_118576。

③ 《关于进一步严格管理切实防止未成年人沉迷网络游戏的通知》，国家新闻出版署，2021年8月30日，https://www.nppa.gov.cn/xxfb/tzgs/202108/t20210830_666285.html。

④ 《小米公司发展历程》，小米公司网站，https://www.mi.com/about/history。

随着互联网的快速发展，网络治理面临前所未有的机遇与挑战。在融合创新的新阶段，互联网展现出显著的变革。它不再局限于单一的信息传播功能，而是向丰富多元的价值共创迈进，完成了从局部创新到全面整合的历史性跨越。这种转变得益于技术与文化的深度融合，推动了智能化的广泛普及。在这一进程中，人工智能技术在加强网络文明建设方面发挥着越来越重要的作用。它不仅可以广泛应用于网络安全领域，以提高网络防御能力，保护用户隐私和数据安全；还能够有效地管理网络内容，防止不良信息的传播；还可以分析和理解用户行为，以更精准地向用户提供有价值的信息和服务。

网络文明的发展与网络治理的进步相得益彰。技术创新与文明创建的融合，不仅推动了网络文明的成熟、多维和可持续发展，也为网络治理提供了更加先进、高效的技术支持和手段。党的十八大以来，以习近平同志为核心的党中央对网络安全和信息化工作给予了高度重视，并做出一系列重大的战略决策，包括建设网络强国，完善互联网管理领导体制，建立更加高效、公正和透明的网络治理机制，以保护用户权益、维护网络安全、促进网络空间有序发展，为中国互联网的发展带来了前所未有的战略机遇，也为构建更加开放、包容、和谐的网络空间提供了可能。

二 深圳互联网企业网络文明建设的生动图景

作为中国"最互联网城市"，深圳互联网产业蓬勃发展的势头备受瞩目。以市场化为基础、科技创新为驱动的发展模式，不仅极大地推动了深圳的现代化进程，为深圳互联网产业注入了强大的生命力，也为深圳和全国的网络文明建设提供了强大的助力与支持，推动着整个国家向数字化、网络化时代迈进。

深圳互联网企业的层次和业态丰富多样，共同构筑了深圳互联网产业的繁荣生态。这些企业凭借敏锐的市场洞察力和灵活的运营策略，在各自细分领域深耕细作，推动了互联网产业的多元化发展。阿里巴巴、字节跳动、百度、美团等国内互联网巨头在深圳设立了重要的研发中心和运营基地，充分利用深圳的创新资源和市场优势，推动互联网技术持续突破和应用创新。这些研发中心不仅为企业的长远发展提供了强大的技术支撑，也为深圳互联网产业的发展注入了新的活力。深圳还拥有一批"含深量"十足的头部企业，如腾讯、华为、深圳市大疆创新科技有限公司（以下简称"大疆"）等。这些企业在全球范围内都具有显著的影响力，是深圳互联网产业的重要支柱。深圳还培育了一大批本地成长的知名企业，如深圳依时货拉拉科技有限公司（以下简称"货拉拉"）、深圳云天励飞技术股份有限公司（以下简称"云天励飞"）、深圳市迅雷网络技术有限公司（以下简称"迅雷"）、深圳金蝶软件公司（以下简称"金蝶"）、深信服科技股份有限公司（以下简称"深信服"）等。这些企业在市场竞争中不断发展壮大，为深圳互联网产业的繁荣做出重要贡献。

深圳互联网企业深知网络文明建设的重要性，不仅将其视为社会责任，还将其融入日常运营与管理，在理解与践行"网络文明建设"上既有共性，也有特性。它们根据自身特点和优势，探索出不同类型的行动路径。例如，腾讯依托强大的社交平台和用户基础，致力于传播正能量和推动网络公益；华为凭借领先的技术实力，致力于网络安全和用户隐私保护；大疆以领先的无人机技术，为公共安全和环境保护提供支持；迅雷以高效的下载技术和用户至上的服务理念，为用户提供安全、快速的下载体验；金蝶以精细的财务管理软件和服务，帮助企业实现财务透明化和合规化。

要想实现网络文明建设的重要目标，既需要互联网企业充分理解自身的运行规律和外部环境，把握市场机遇，又需要互联网企业在实践的道路上不断总结经验、查找不足，以经得起市场检验的方法，探索如何实现这一目标。政府和社会的支持对互联网企业的发展也起到关键的作用。从国家到深圳地方政府对互联网产业的支持和鼓励，以及社会各界对网络文明建设的关注和推动，都为深圳互联网企业的快速发展提供了良好的环境和动力。

（一）深圳互联网企业融入网络文明建设的外部环境

深圳互联网企业自成立起，就与网络文明建设联系在一起，是推动网络文明形成的重要实践者和参与者。互联网企业融入网络文明建设，需要根植于良好健康的经济环境、政治环境、社会环境和技术环境。2023 年，深圳地区生产总值达 3.46 万亿元，同比增长 6.0%，增速居国内大中城市前列；全社会研发投入 1880.5 亿元，同比增长 11.8%，占地区生产总值的比重提升至5.81%①。深圳在经济、科技、产业、民生等多方面发展，尤其是大力实施高质量发展十大计划，为网络文明的探索与建设创造了良好的外部环境。

为支持互联网企业发展，积极推进粤港澳大湾区建设，着力提升科技创新"硬核力"，坚定不移深化改革开放，深圳市委、市政府自 2009 年起出台一系列政策文件与行动计划，包括《深圳互联网产业振兴发展规划（2009—2015年）》《深圳互联网产业振兴发展政策》《深圳新一代信息技术产业振兴发展政策》《深圳市推进工业互联网创新发展行动计划（2021-2023 年）》《深圳市推进新型信息基础设施建设行动计划（2022-2025 年）》《深圳市人民政府关于发展壮大战略性新兴产业集群和培育发展未来产业的意见》《深圳市加快推动人工智能高质量发展高水平应用行动方案（2023—2024 年）》《深圳市算力基础设施高质量发展行动计划（2024-2025）》等。2022 年，深圳出台《"20+8"战略性产业集群和未来产业行动计划》，是新兴产业发展新的里程碑。这些政策文件和行动计划的出台，不仅为互联网企业的发展确定了目标与方向，也为互联网企业提供了更多的支持与保障。

在政府支持方面，深圳市委、市政府坚持以习近平新时代中国特色社会主义思想特别是习近平文化思想、习近平总书记关于网络强国的重要思想为指导，全面贯彻落实党的二十大精神，开展网络空间思想引领、文化培育、道德建设、行为规范、生态治理、文明创建等工作，全面推进文明办网、文明用网、文明上网、文明兴网，持续创造网络文明建设的"深圳范例"。同时，积极为互联网企业提供合规操作的指导；鼓励互联网企业参与公益事业，推动网络文明建设；开展网络文明宣传教育活动，提高公众对网络文明的意识和重视程度。这些举措为互联网企业提供了更好的社会氛围和用户需求，促使互联网企业更加重视网络文明建设。

在基础设施与科技创新方面，深圳拥有一流的互联网基础设施和高速宽带网络，为互联网企业的发展提供了坚实的技术支持。2023 年，深圳新一代电

---

① 《2024 年深圳市人民政府工作报告》，深圳市人民政府办公厅，2024 年 2 月 7 日，https：//www.sz.gov.cn/gkmlpt/content/11/11142/post_11142744.html#733。

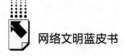

子信息产业增加值 5717.12 亿元，比上一年增长 3.1%①。截至 2024 年 3 月，深圳建成近 8 万座 5G 基站，双千兆城市各项指标持续全国领先。到 2024 年底，深圳将基本建成泛在先进、高速智能、天地一体的新型信息基础设施供给体系，实现网络供给能力和服务水平全球领先，打造世界先进、模式创新的极速宽带先锋城市②。2023 年，深圳两项创新成果入选"中国科学十大进展"，PCT 国际专利申请量连续 20 年居全国城市首位，深港穗科技集群连续 4 年在全球前 100 个集群中排名第二（据世界知识产权组织发布的《2023 年全球创新指数报告》）③。以"20+8"战略性产业集群政策为基础，深圳着力建设全球领先的科技创新中心，在 2023 年国民经济和社会发展计划中，着重强调了增强现代化产业体系核心竞争力与提升创新体系整体效能的工作任务；在 2024 年政府工作报告中，明确了实现新型工业化的关键任务。深圳稳定和高效的网络环境为互联网企业提供了良好的基础设施，使它们能够提供优质的网络产品和服务。这种环境不仅满足了用户的需求，还为互联网企业的网络文明建设提供了强有力的支持。

在人才资源方面，深圳作为中国科技创新中心之一，拥有丰富的人才资源和创新企业。深圳出台强化企业科技创新主体地位的实施方案，企业研发投入占全社会研发投入比重达 94.9%，企业研发投入总量居全国第一④。智联招聘和泽平宏观联合推出的报告《中国城市人才吸引力排名：2023》显示，深圳人才吸引力位居全国第三，为人才净流入城市，深圳互联网企业是吸引大量人才的关键。丰富的人才资源是互联网企业参与网络文明建设的重要支撑。这些人才在技术、市场、运营等领域拥有丰富的经验和专业知识，为互联网企业的创新和发展提供了源源不断的动力。他们不断探索新的技术，引领行

① 《深圳市 2023 年国民经济和社会发展统计公报》，深圳市统计局，2024 年 4 月 28 日，https：//tjj. sz. gov. cn/zwgk/zfxxgkml/tjsj/tjgb/content/post_ 11264245. html。

② 《深圳：加快打造极速宽带先锋城市》，澎湃新闻，2024 年 3 月 24 日，https：//m. thepaper. cn/baijiahao_ 26794524。

③ 《2024 年深圳市人民政府工作报告》，深圳市人民政府办公厅，2024 年 2 月 7 日，https：//www. sz. gov. cn/gkmlpt/content/11/11142/post_ 11142744. html#733。

④ 《年度盘点 | 深圳工信十件大事：加快推进新型工业化 建设具有深圳特点和深圳优势的现代化产业体系》，澎湃新闻，2024 年 1 月 8 日，https：//www. thepaper. cn/newsDetail_ forward_ 25935190。

业变革，推动互联网企业在网络文明建设方面取得更大的突破。

总而言之，深圳在经济环境、政治环境、技术环境、人才环境等多个方面，为互联网企业参与网络文明建设提供了卓越的外部条件。这些外部条件为互联网企业融入网络文明建设提供了有力支持，并为互联网企业参与网络文明建设提供了重要的发展机遇。深圳一直因开放、包容、创新的社会氛围而倍受赞誉，这种社会环境不仅有助于推动互联网企业创新和发展，也有助于推动网络文明建设。在加快建设更具全球影响力的经济中心城市和现代化国际大都市的发展目标下，作为中国"最互联网城市"，深圳正努力树立国际新型智慧城市典范，成为"数字中国"的城市样板。

（二）深圳互联网企业参与网络文明建设的内在驱动

深圳互联网企业作为中国互联网发展的重要引领者，在推进网络文明建设方面取得显著成效。这除了得益于外部环境的引导和支持，还在于这些企业积极主动的作为，它们拥有高度自觉的内在驱动力。它们积极响应政府号召，将网络文明建设视为己任，通过技术创新、内容创作和社会责任实践等多种方式，为构建健康、文明、和谐的网络环境做出突出贡献。这种内在驱动力不仅推动了深圳互联网产业的持续发展，也为中国网络文明的整体进步注入了新的活力。

其一，深圳互联网企业的社会责任与使命感，驱使它们坚定参与网络文明建设。它们深知，作为互联网行业的先行者，有义务为社会营造健康、安全、有序的网络环境。这些互联网企业通过制定内部行为准则、加强员工培训以及组织多样化的网络文明活动（涵盖建立绿色安全的网络环境、打击网络犯罪、普及网络安全知识等）等方式，引导员工和用户遵守网络道德规范，将网络文明建设推向深入。2021 年，在深圳市 App 个人信息共护大会上，腾讯、华为等 20 余家重要 App 运营企业共同签署了《深圳市 App 个人信息保护自律承诺书》，公开承诺不超范围采集信息、不强制索要用户授权、不滥用大数据杀熟、不滥用人脸识别数据、不监听个人隐私等，充分展现了它们履行社会责任的坚定决心[①]。深圳中泓在线股份有限公司（以下简称"中泓"）利用多年

[①] 《个人信息安全很重要！腾讯华为等 20 余家深企签署了这份承诺书》，澎湃新闻，2021 年 10 月 22 日，https://www.thepaper.cn/newsDetail_forward_15022857。

在政务服务领域深耕的经验，全力打造了一套集属地网站和政务自媒体号于一体的内容安全巡查与管理服务平台——互联网不良信息巡查产品，即依托大数据技术、深度学习技术、自然语言处理技术，主动监控日常公文、网站文章、媒体报道、新媒体稿件等，快速自动化、智能化监测违规的涉政、涉黄、暴恐等信息内容，实时输出内容风险监测报告和取证信息，及时扼制内容违规风险，保障内容的合规性和严谨性。这些负责任的企业行为，不仅带领其他企业积极参与网络文明建设，形成了深圳网络文明建设的全面繁荣，还为全国范围内的网络文明建设树立了典范①。

其二，参与网络文明建设是互联网企业保证核心竞争力与提升科创效能的重要途径。深圳互联网企业普遍注重技术创新和理念引领，深知只有不断创新，才能在激烈的市场竞争中保持领先地位。积极主动参与网络文明建设，不仅有助于互联网企业将先进的网络技术应用于实践，还能推动互联网企业在承担社会责任和合规运营方面取得显著进步。腾讯利用人工智能和大数据技术，开发智能内容审核系统，自动识别和过滤网络上的不良信息，有效净化网络环境。随着全球网络治理的日益加强，政府对互联网企业的监管也在逐步强化。深圳互联网企业通过参与网络文明建设，不仅提升了遵守相关法律法规和规范的自觉性与主动性，还有效降低了违规风险，保障了合规与稳健运营，也为整个互联网行业的合规发展树立了标杆。它们还注重将传统文化与现代科技相结合，通过数字化手段保护和传承文化遗产，为网络文明建设注入了深厚的文化底蕴。例如，迅雷推出的数字藏品平台——非同数艺，秉持人人都能参与和探索数字藏品生态的理念，为用户带来充满科技感与艺术价值的数字藏品②；深圳市梦网科技发展有限公司（以下简称"梦网科技"）与景德镇市国控集团、景德镇市珠山区政府联合打造的"艺次元"数字藏品平台，首发元宇宙数字藏品"景德镇·佑陶瓷学"，完美地将艺术与科技融合。作为文化传承的新兴载体，数字藏品在赋能文创、弘扬传统文化等方面发挥着重要作用，也是传统

---

① 中泓：《喜报！"互联网不良信息巡查系统"产品获首批上架广东数字政府应用超市"粤复用"》，2022年12月30日，https：//mp. weixin. qq. com/s/PKyQhf8MrGBRUQMXzG6kFw。

② 中国网科技：《迅雷旗下数字藏品平台非同数艺首秀上线两款数字藏品每款限量8000份火速开抢》，"金融界"百家号，2022年4月25日，https：//baijiahao. baidu. com/s? id = 1731046625764458153&wfr = spider&for = pc。

文化走向现代化的一种路径探索①。

其三，参与网络文明建设能够精准洞察市场和用户需求，赢得市场信任和用户支持。随着互联网嵌入人们日常生活的程度逐渐提升，用户对网络安全、信息质量、个人隐私等方面的要求日益严格。深圳互联网企业敏锐地捕捉到这一市场趋势，它们为了更好地满足用户的期望和需求，将先进的网络技术应用于实践中。例如，腾讯利用大数据和人工智能技术，深入分析用户的行为和需求，为用户提供更加精准、个性化的服务；同时积极推广网络安全知识，帮助用户增强网络安全意识，保护用户的合法权益。此外，深圳互联网企业还注重提升服务质量和用户体验，将网络文明建设的理念融入日常运营和管理，通过优化产品功能、提升服务质量、优化用户反馈机制等方式，不断提升用户满意度和忠诚度，从而增强市场竞争力。中国平安保险（集团）股份有限公司（以下简称"中国平安"）旗下金融业务通过科技创新，加强用户数据安全防护，如采用多重加密技术和防火墙系统保护用户金融信息，并在客户服务过程中严格遵守《个人信息保护法》相关规定，增强用户信任。华为推出的鸿蒙操作系统（HarmonyOS）在设计之初就考虑了隐私保护，采用分布式技术架构，使用户对个人数据有更多的自主权和控制力。深圳互联网企业通过技术创新和制度完善，在推动网络文明建设过程中，既满足了市场对高质量网络环境的需求，又赢得了广大用户的信任和支持。

综上所述，互联网企业自觉融入网络文明建设，不仅是一项社会责任，还是一种明智的战略选择。尽管短期内无法直接转化为经济收益，但从长远来看，这为企业的可持续发展和社会的文明进步奠定了坚实的基础。这些企业以技术创新为核心驱动力，持续提升核心竞争力，并将网络文明建设作为提升自身社会形象和技术水平的重要途径。通过主动深入参与网络空间思想引领、网络空间文化培育、网络空间道德建设、网络空间行为规范和网络空间生态治理等多个方面，深圳互联网企业在网络文化产品的生产与传播、不良信息的治理、网络安全与隐私保护等方面取得显著成效，同时通过公益活动，与政府、学校和社区合作，共同推动网络安全教育，提升公众的网络安全意识和能力。

---

① 梦网科技：《艺次元数字藏品首发瞬间售罄，梦网元宇宙战略初战告捷》，2022年10月12日，https://baijiahao.baidu.com/s? id=1746459454640774981&wfr=spider&for=pc。

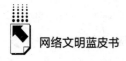

这些努力为构建清朗网络空间、维护网络安全、促进信息流通等做出重要贡献，为其他互联网企业树立了典范，也为全国范围内的网络文明建设提供了宝贵的经验和借鉴。

（三）深圳互联网企业网络文明建设的发展阶段

1994年，中国互联网迎来发展元年，开启了辉煌的30年发展历程。在这30年时间里，随着信息技术的飞速发展，中国网络基础设施日新月异，科技的不断进步对网络文明建设提出新的要求。虽然深圳互联网企业的网络文明建设实践因企业特性不同而有所差异，但它们都坚守网络文明建设初心，不断调整实践路径，以应对时代变迁和挑战。从互联网的初始阶段至今，深圳互联网企业一直主动参与网络文明建设，以科技创新为核心，不断满足社会对网络文明发展的新需求，为推动中国互联网健康、有序发展做出重要贡献。

1. 互联网发展第一个十年（1994~2004年）：Web1.0时代网络文明的初探

这一阶段是以Web1.0时代为主，逐渐向Web2.0时代过渡的十年。20世纪90年代初，随着万维网（WWW）的出现，互联网进入商业应用阶段。这个阶段是互联网的初始阶段，也被称为个人电脑时代，主要特点是用户多通过门户网站被动地获取内容，没有互动体验。门户网站和搜索引擎等是早期主要的应用，紧接着出现的是电子商务平台和社交媒体平台。在这个时期，互联网以消费者为主要对象，广告成为主要的商业模式。新浪、阿里巴巴、百度、腾讯等国内企业纷纷涌现，开始效仿雅虎、亚马逊、谷歌、脸书等西方企业的商业模式。

随着互联网的兴起和发展，以及社会对网络文明建设的关注度不断提高，深圳互联网企业逐渐认识到网络文明建设的重要性。在Web1.0时代，它们采取一系列措施，加强网络文化建设和管理。这些措施包括建立和完善网络安全机制、推广网络文化等，为营造健康、文明、和谐的网络环境做出探索和贡献。

（1）企业有意识建立网络规范。1999年，腾讯推出中文网络寻呼OICQ软件（腾讯QQ的前身），这是一款免费的多平台即时通信软件[①]。OICQ融合BP机呼叫功能、聊天室、一对一窗口对话三种通信方式，把用户资料储存在

---

① 张志东：《20年，腾讯如何成长为一家大公司》，《中国商人》2018年第6期。

服务器,用户通过 OICQ 号码就可以跨电脑登录。针对用户资料的储存,OICQ 严格遵守相关准则。2000 年 11 月,腾讯推出 QQ2000 版本,将 OICQ 正式更名为 QQ,从即时通信延伸出 QQ 游戏、QQ 秀、QQ 币、QQ 会员、QQ 空间等服务。同时,腾讯在 QQ 中加入一个新闻弹窗,让所有 QQ 用户"登录即接收"。2001 年,腾讯网成为中国网民最为关注的网站之一①。在从最初创建到逐步发展壮大的过程中,腾讯积极响应深圳颁布的《深圳市互联网站从事登载新闻业务管理暂行规定》,制定了《服务协议》和《隐私政策》,明确用户在网络上的权利和责任,维护网络秩序。

(2)贴近民生,聚合健康网络社区文化。1993 年 9 月 17 日,深圳市万用信息网有限公司(广东南都全媒体网络科技有限公司的前身,以下简称"万用")在深圳创立。1996 年 12 月,该公司运营的中国最早一批新闻门户网站之一"深圳热线"上线。1998 年,深圳热线在全国网站评选中被评为十大热门网站之一②;1999 年 1 月,深圳热线荣获 CNNIC(中国互联网络信息中心)"98 年度中国互联网络十佳网站"称号、《电脑报》"98 年度最值得关注的网站"称号;同年 6 月,深圳热线在"中国网络公民调查"(澳大利亚公司举办)中,被评为"99 年十佳中文网站"③。深圳热线积极挖掘城市资源,对接市民生活,提供真实可靠的本地化资讯,推广深圳市民生活分享。1995 年 6 月,中国互联网网站"深圳之窗"在深圳诞生,成为中国互联网网站的排头兵。在随后的两三年时间内,搜狐、新浪等网站纷纷上线④。"深圳之窗"以提供深圳本地新闻资讯和生活便民信息为主,多方面涵盖消费者的日常生活,深受深圳市民喜爱,是当时国内最优秀的互联网信息传播服务商之一。此外,腾讯在 2005 年推出的"QQ 空间"产品,成为中国最早的社交网络平台之一。深圳这些互联网企业深耕城市资源,紧密贴合民生需求,提供丰富真实的本地资讯,吸引了大量用户,并通过互动式平台设计,激发用户创造和分享,加速

---

① 《从 OICQ 到微信,即时通讯不再"纯粹"》,搜狐网,2019 年 10 月 6 日,https://www.sohu.com/a/345278485_413980。

② 广东南都全媒体网络科技有限公司简介,https://www.oeeee.com/about/index.html。

③ 深圳热线简介,https://www.szonline.net/channel/714.html。

④ 百度百科"深圳之窗"词条,https://baike.baidu.com/item/%E6%B7%B1%E5%9C%B3%E4%B9%8B%E7%AA%97/8383728? fr=ge_ala。

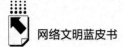

了社交网络文化的形成和用户基数的扩张。它们积极营造健康网络社区，促进用户交流与经验分享，构建独特社区文化，让平台融入大众日常生活，有力推动了网络文化的繁荣发展。

诸如上述措施的实施，不仅促进了深圳互联网企业的健康发展，也为全国范围内的网络文明建设提供了借鉴和参考。在 Web1.0 时代，腾讯的 QQ、"深圳之窗"网站、万用的"深圳热线"都在网络文明建设中有突出贡献，其中腾讯的"QQ 空间"产品成为中国社交网络的代表之一，其网络安全服务和隐私保护政策也为其他互联网企业树立了榜样。深圳互联网企业的这些成功实践，为全国的网络文明建设提供了宝贵的经验和启示。

2. 互联网发展第二个十年（2005~2014年）：互联网新业态下的网络文明建设

进入 21 世纪，随着全球 4G 商用及 5G 技术的到来，移动互联网成为这一阶段的新动能。云计算、大数据、物联网、区块链、人工智能等技术方兴未艾。这一阶段的互联网仍然以面向消费的应用为主，但不同于前一阶段的是，更多具有中国特色的新业态与新模式涌现，开始渗透到产业应用中，移动支付、共享出行、社交电商、智能搜索、网络文化产品等创新创意在中国得到广泛应用并走出国门。对于中国互联网而言，这是从跟随到创新发展的阶段，也是中国网络空间治理快速发展的阶段。

面对日益复杂的网络舆论环境和不断增加的互联网管理任务，2006 年 5 月，深圳市网络媒体协会正式成立，由深圳新闻网等本地主要网站联合发起，并由深圳市委宣传部主管。同年 7 月，该协会举行了成立大会，深圳新闻网、腾讯网、深圳之窗、雅昌艺术网等 30 家知名网站作为协会的首批会员单位，共同签署了《深圳市网络媒体协会自律公约》。该公约旨在推动网络媒体行业的自我约束与自我规范，提升网络媒体的社会公信力，并促进互联网行业的健康发展。该公约承诺建立一个以"自我约束、互相监督、公平竞争、健康发展"为核心的网络新闻信息传播行业自律机制，倡导文明办网、文明上网的理念，坚决拒绝传播有害信息[①]。在这一时期，深圳互联网企业更加自觉参与

---

① 《深圳 30 家网络媒体成立协会并立公约自律》，中国扫黄打非网，2006 年 7 月 19 日，https://www.shdf.gov.cn/contents/769/48660.html。

到网络文明建设中，推出多项相关举措，推动网络文明建设深入发展。

（1）建立和完善自律机制。深圳互联网企业响应政府部门的政策引导，加强自律机制建设，明确自身责任和义务，规范自身行为，遵守相关法律法规和道德规范。腾讯为了守护企业文化，构建健康和安全的工作环境，传递正能量，于2005年提出"腾讯高压线"，明确禁止员工贪腐、舞弊以及做出任何不符合法律法规的行为，对这些行为持零容忍态度。华为则制定了详细的员工行为准则，要求员工在工作和日常生活中遵守法律法规、尊重职业道德、保护公司利益。这些准则不仅涵盖工作中的行为规范，还包括员工在社交媒体上的言谈举止。2008年，华为公布《华为员工商业行为准则》。此后，该准则被持续更新修订。《准则》提到，"华为员工商业行为准则对公司具有重要意义。每位华为员工均应签署、学习、掌握并遵守华为员工商业行为准则的各项要求。华为员工如有违反本准则的行为，将会受到相应处罚（包括解除劳动合同、追究法律责任等）"①。

（2）推广优质网络文化作品。深圳互联网企业大力推广优秀的网络文化作品，引导用户共同构建良好的网络文化氛围。深圳华强集团有限公司旗下的华强方特是中国动漫第一品牌，其自2012年推出的《熊出没》原创动画系列作品，已成为中国动画领域最大的IP之一。华强方特积极响应并践行"一带一路"倡议，将其动画作品在创作阶段就进行了多语种的同步翻译和制作，包括英语、俄语、印地语、西班牙语、葡萄牙语、意大利语、法语等，以满足共建"一带一路"国家的语言环境需求。自2012年起，《熊出没》系列动画开始在共建"一带一路"国家广泛传播，成功登陆俄罗斯的KARUSEL、中东的IRIB、新加坡的PCCW、印度尼西亚的MNCTV、土耳其的SHOWTV等多个国家的电视台和主流媒体平台，获得观众的广泛好评②。华强方特随后还成功制作了《俑之城》《生肖传奇》《小鸡不好惹》等20多个原创人气动漫IP，在央视等国内200多家电视台播出，长期位居中国动漫网络排行榜榜首，新媒

---

① 《荣耀手机研发部"掌门人"被开除，内部通报称其违反商业行为准则》，百度百家号，2024年5月18日，https：//baijiahao.baidu.com/s？id＝1799266969175553910&wfr＝spider&for＝pc。

② 《"熊大熊二"带国产动画走世界》，北京旅游，2018年5月28日，https：//www.visitbeijing.com.cn/article/47Qo4gHznoP。

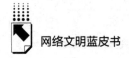

体全网点击量超 3000 亿次，发行覆盖美国、德国、加拿大、俄罗斯等 120 多个国家和地区，累计出口 25 万分钟①。腾讯在推广优质网络文化作品方面，始终保持前瞻性思维和勇于创新的精神。2011 年，腾讯首次提出"泛娱乐"战略。该战略之后升级为广为人知的"新文创"。随着"泛娱乐"战略的推进，腾讯动漫和腾讯文学分别于 2012 年 3 月和 2013 年 9 月启动。腾讯文学、腾讯游戏、腾讯动漫以及"腾讯电影+"共同构成腾讯四大实体业务平台。产业的融合成为不可逆转的趋势，互联网和移动互联网正推动多领域共生发展。人们可以在任何时间和地点，围绕自己喜爱的明星 IP，享受阅读、音乐、影视和游戏等多种娱乐形式②。腾讯泛娱乐最开始得益于《一人之下》《全职高手》等 IP 的成功，随后《庆余年》在 2019 年末上线后，成为当年剧集市场最大的爆款，全网的总播放量超过 160 亿次，展示了深远的文化影响力和市场价值③。

总之，深圳的互联网企业在移动互联网时代，紧跟信息技术的发展趋势，进行了深入的探索与创新。它们通过建立和完善自律机制，以及推广优质网络文化作品等举措，促进了网络文明的建设。这些企业的成功实践不仅引领了行业发展，更为全国范围内的网络文明建设提供了宝贵的经验和参考。

3. 互联网发展第三个十年（2015 年至今）：人工智能与网络文明的深度融合

移动互联网因具有便捷性、无缝连接和智能化等核心优势，迅速转变为塑造现代社会的关键基础设施。在这一浪潮中，深圳企业出品的华为浏览器、腾讯浏览器等主流手机浏览器凭借突出的安全机制、超快的加载速度、卓越的用户体验以及个性化定制选项脱颖而出，成为市场上的领军者。这些手机浏览器提供高效、安全的浏览服务，通过智能过滤不良信息，保护用户免受网络欺诈和恶意软件侵害，通过个性化推荐和提供优质内容，帮助用户发现更多有价值

---

① 华强集团网站，http：//www. szhq. com/primary. html。

② 《腾讯程武：泛娱乐推动网络文学进入新时代》，《人民日报》（海外版）2014 年 12 月 12 日，HTTPS：//M. HAIWAINET. CN/MIDDLE/345784/1970/0101/CONTENT _ 21530206 _ 1. HTML。

③ 《从腾讯影业到"三驾马车"，新文创的"慢与快"》，百度百家号，2021 年 6 月 14 日，HTTPS：//BAIJIAHAO. BAIDU. COM/S？ ID = 1702471660397664491&WFR = SPIDER&FOR = PC。

的信息，丰富其网络生活，同时倡导健康、文明的上网行为。

因人工智能的广泛应用，我们处在一个前所未有的时代。这个时代在算力、交互、互联、服务、体验等方面实现了质的飞跃，为互联网企业进军智慧城市与产业服务领域提供了广阔的空间。得益于核心技术的突破和信息基础设施的不断完善，中国正稳步从网络大国向网络强国迈进，数字经济快速发展，信息化引领新动能，带动社会整体进步，对民众的生活造成深远影响。

新质生产力的崛起预示着生产力领域的重大变革。人工智能、云技术、大数据、区块链、虚拟现实、数字孪生、引擎渲染、数据安全等下一代互联网技术正在为传统制造业注入新的活力，成为实体经济发展的强大引擎。在这一进程中，深圳民营科技领军企业发挥着举足轻重的作用。它们在攻克关键技术难题、推动高质量发展、支撑国家重大战略、保障国家安全等方面均做出显著贡献。它们对区块链技术、人工智能技术的应用，对去中心化平台建设的推动，以及对用户的教育和引导等，不仅彰显了中国在科技创新领域的实力，也为网络文明的发展注入了新的活力。

（1）加强区块链技术应用。区块链技术服务商深圳壹账通智能科技有限公司（以下简称"金融壹账通"）通过应用区块链技术，提升了金融行业的透明度和效率，促进了网络文明的建设。金融壹账通开发的区块链解决方案能够确保数据的不可篡改性和可追溯性，这不仅提升了金融交易的安全性和透明度，也为用户提供了更加公正和可信的网络环境。通过这样的技术应用，金融壹账通不仅推动了金融行业的数字化转型，也展示了区块链技术在促进网络文明方面的潜力①。腾讯在区块链领域也有多项布局，包括数字货币、供应链管理、版权保护等，其推出的区块链电子发票解决方案，通过区块链技术解决发票流转过程中的信任问题，降低了企业的运营成本和风险。

（2）强化人工智能技术应用。平安科技（深圳）有限公司（以下简称"平安科技"）作为深圳的一家高科技企业，利用人工智能技术，为智慧城市建设提供了有力支持。在交通领域，平安科技通过人工智能技术，实现了对交通流量的实时监测和预测，帮助交通管理部门优化交通疏导方案，缓解交通拥堵问题；在安全领域，通过人脸识别、行为分析等技术，辅助公安部门打击犯

---

① 金融壹账通简介，https：//www.ocft.com/website/solution/gamma-platform/gamma-o/BaaS/index.html。

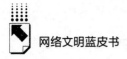

罪行为，维护社会治安，为城市安全提供了保障①。

随着短视频的流行，利用其进行诈骗等犯罪行为逐渐增多。因短视频具有用户生成内容、兴趣分发和易分享等特点，利用其进行的诈骗更具针对性和广泛性。诈骗者利用智能设备等，制作诈骗视频，并通过平台精准推送，危及用户的财产和人身安全。为了加强网络文明建设，腾讯利用自然语言处理（NLP）和机器学习技术，开发出一套智能内容审核系统。这个系统能够自动识别和过滤涉及低俗、暴力、虚假等不良信息的内容，确保平台上信息的健康、正面。腾讯还利用人工智能技术，为用户提供个性化内容推荐，帮助用户发现更多有价值、符合其兴趣的信息。华为在语音识别、图像识别、自然语言处理等领域拥有多项领先技术，并将这些技术应用于智能手机、智能家居、智能安防、工业制造、智慧城市等多个领域。

（3）推动去中心化平台建设。迅雷链是迅雷推出的区块链平台，专注于为内容创作者和开发者提供去中心化的应用生态。迅雷链利用区块链技术的特性，为数字内容创作者提供版权保护、去中心化存储和分发等服务，确保他们的作品得到合理的回报和认可。迅雷链还为开发者提供一套完整的开发工具和生态支持，帮助他们快速构建和部署去中心化应用②。华为推出的区块链服务平台，涵盖供应链管理、数字身份认证、金融交易等多个领域，可以为企业提供高效、安全、可靠的区块链解决方案，帮助企业实现数字化转型和升级。

在这一时期，深圳互联网企业站在新的历史起点上，面临智能媒体时代网络文明建设更加艰巨的挑战与巨大的机遇。技术革新是推动网络文明建设的关键，区块链、人工智能和去中心化平台等前沿技术成为解决问题的关键。区块链技术能够建立更加安全、可信的网络交易环境，减少网络欺诈和不良信息的传播，还能够促进价值共创，鼓励用户参与网络内容的创造和分享，从而提升网络文化的多样性。基于深度学习、大数据分析等手段，人工智能能够帮助企业更好地理解用户需求，提供更加个性化的服务，还能够协助企业进行网络内容管理，及时发现和处理不良信息，维护网络空间的清朗。总之，深圳互联网企业主动自觉采取各种措施，净化网络环境，提升信息真实性，引导正面价值

①　平安科技简介，https：//tech.pingan.com/about。
②　迅雷链简介，https：//blockchain.xunlei.com/。

观，增强用户责任感，促进文化交流与融合，助力法治网络建设，不仅提升了自身品牌形象和竞争力，推动了全社会网络文明素养的提升，更为构建安全、健康、文明的网络生态环境做出积极贡献。

三 深圳互联网企业网络文明建设的五大特色

中国互联网企业积极参与网络文明建设，并积累了丰富经验。2023 年，中国网络文明大会发布《互联网平台企业履行社会责任评估报告 2023》，体现了互联网平台企业是践行和建设网络文明的重要力量，全面反映了互联网平台企业履行社会责任的基本现状与取得的成效，分析了互联网平台企业社会责任建设面临的问题和挑战，提出加强互联网平台企业社会责任建设的思考和建议。提升互联网企业的网络文明建设能力，既是促进平台经济健康发展的客观需要，也是互联网企业在中国经济高质量发展中发挥积极作用和参与国际竞争的必然要求。

在 2022 深圳网络文明大会上，深圳发布了《深圳市网络文明素养指标体系及评估报告》，在全国率先为网民素养"画像"，引发广泛关注，之后出版了全国网络文明领域第一本蓝皮书——网络文明蓝皮书《深圳市民网络文明素养报告（2023）》。2023 年，中共深圳市委网信办继续联合深圳大学传播学院，瞄准网络文明建设的另一个主体——互联网企业，开启新的课题研究。课题组以深圳互联网企业为研究对象，全景式展现它们在网络文明建设中发挥的作用，总结经验和特色，发现不足和问题，提出提升网络文明建设效能的对策和建议，最终形成《深圳互联网企业网络文明建设报告（2024）》。

课题组根据企业规模、类型和所在区域，在深圳互联网企业中选择 210 家代表性企业进行网络文明建设评估调研，在 10 个月的研究过程中，实地走访 15 家企业进行深度访谈，累计访谈时长 3620 分钟；采用配额抽样方法，对所选 210 家企业进行问卷调查；采集 14 家重点企业官方网站上的 10659 条文本和官方微博上的 1708 条文本进行大数据分析，形成丰富扎实的质性和量化数据，揭示了深圳互联网企业网络文明建设的生动图景。

课题组广泛吸纳政府、行业、学者的建议，创建了一套评估互联网企业网络文明建设的指标体系，包括网络空间正能量传播、网络空间文化培育、网络

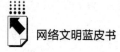

空间道德建设、网络空间行为规范、网络空间生态治理5个一级指标，下设18个二级指标，每个二级指标又由若干具体题项构成。该指标体系通过问卷形式，客观评估深圳互联网企业网络文明建设的表现和作用，可推广到其他地区乃至全国使用。

课题组利用大数据技术，对14家重点企业的官方平台分别进行文本爬取，描绘了深圳互联网企业网络文明建设表现的具象图景。基于词云统计（见图1）和社会网络分析（见图2），可以发现，"网络安全""信息安全""技术""服务""数据""平台"成为高词频，说明深圳具有代表性的互联网企业主要通过技术干预的方式参与网络文明建设，通过技术保护用户数据、信息安全与网络安全等；"公益""医疗"等高频词展现了深圳具有代表性的互联网企业致力于网络公益事业，履行社会责任；"文化""数字化""信息化视频""打造"等高频词描绘了深圳互联网企业注重通过数字化创新传播手段，对中华优秀传统文化进行弘扬与宣传。

图1 深圳互联网企业网络文明建设表现词云统计

根据问卷调查的数据结果，经测算，深圳互联网企业网络文明建设的总体得分为86.50分，表现良好。

深圳是中国高科技和互联网企业的重要聚集地。深圳互联网企业以先进技术和创新精神，推动了互联网技术的重大进步，并以强大的技术优势，赋能网络文明建设。深圳互联网企业为网络文明建设做出一系列重要探索，不仅高度匹配深圳作为改革开放最前沿阵地的形象，也为网络文明的高质量发展提供了

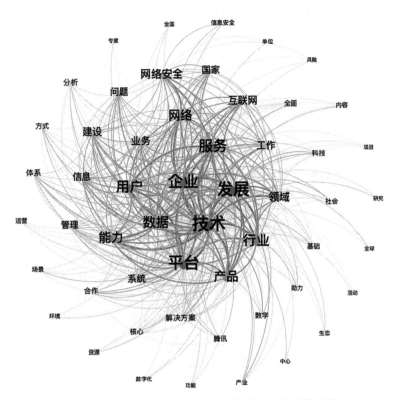

图 2 深圳互联网企业网络文明建设表现社会网络分析

内生动力，形成了以数字人文引领网络文明为主线，以科技创新促文明、胸怀天下讲故事、公益实践惠民生为关键举措的深圳路径，构建了正能量传播"强基础"、文化培育"挑大梁"、道德涵养"树先锋"、行为规范"有担当"、生态治理"有创新"的五大特色格局。

（一）正能量传播"强基础"：内外联动，壮大主流价值

网络空间正能量传播得分最高，为 93.15 分。其中，76.10% 的企业会利用自身业务特点，创新党建内容和形式。

内部党建推动党的创新理论指导企业实践——中手游网络科技有限公司（以下简称"中手游"）以实际行动践行党的创新理论中对青少年的关注、培养和期望，自 2018 年开始实施"筑梦图书馆"项目，在全国不同地区建立 12

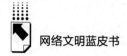

个图书馆，并组建了中手游筑梦志愿者团队，以捐赠计算机、图书等物资和提供培训课程等行动，不断支持青少年发展，鼓励其成为新时代有理想、敢担当、能吃苦、肯奋斗的好青年①。

对外宣传推进媒体融合打造现象级传播产品——腾讯计算机系统有限公司（以下简称"腾讯"）发挥企业平台化媒体优势，在由中共中央网信办指导的中国正能量"五个一百"网络精品征集评选展播活动中，采用文字、图片、音视频、专题专栏、主题活动等多种传播形式，持续推出多个现象级作品，如系列纪录片《百年家书》、短视频栏目《亿缕阳光》等，以影响广泛的传播产品，助力网络空间思想内容建设。

（二）文化培育"挑大梁"：科技赋能，创新文化传播

网络空间文化培育得分为 91.37 分。其中，大型互联网企业得分 92.60 分。80.49%的企业会主动向广大网民和社会各界传播社会主义核心价值观。75.61%的企业将高科技融入中华优秀传统文化传播。其中，43.50%的企业经由微信、微博、抖音等社交媒体渠道弘扬中华优秀传统文化，53.66%的大型企业在网上打造了特色品牌活动或原创精品。

数字技术让千年文物"活"起来——腾讯联合故宫博物院推出的"数字故宫"小程序，利用增强现实技术和虚拟现实技术，以及 360 全景相机技术和数十亿级像素的超高清影像，高度还原了故宫多数景区和 8 万多件（套）文物，让数字文物"飞入寻常百姓家"②。腾讯"云游敦煌"小程序，分类呈现和深入解读敦煌石窟内容。在上线短短 10 日内，该小程序总访问量超过 500 万③。

让深圳形象"火"上天际——出圈的 2023 深圳城市视觉大片《敢闯敢试》来自深圳市点石数码科技有限公司，以科技感十足的动画向人们呈现改革"排头兵"勇闯"无人区"，探索星辰大海的远大抱负。网友惊呼该宣传片

---

① 《中手游"筑梦图书馆"荣获党建引领互联网企业高质量发展十大先锋项目》，CMGE 中手游官方微信公众号，2023 年 12 月 24 日，https://mp.weixin.qq.com/s/WsNZ9ypJ8GviOChepT3TCg。

② 《故宫与腾讯达成新战略合作 "数字化+云化+AI 化"助力 "数字故宫"建设》，文汇客户端，2019 年 9 月 16 日，https://wenhui.whb.cn/third/baidu/201909/16/289712.html。

③ 《"数字藏经洞（国际版）"发布，向世界开启敦煌莫高窟沉浸之旅》，央广网，2023 年 11 月 10 日，https://tech.cnr.cn/techph/20231110/t20231110_526481821.shtml。

堪比《三体》。世界创意制作百强企业——深圳市点维文化传播有限公司,是全球顶尖的游戏营销创意供应商,在 2020 年深圳经济特区建立 40 周年之际,打造了一部深圳城市人才主题宣传片——《深圳脚步》,展现了深圳现代化的风貌、蓬勃发展的城市精神和人才会聚的生动景象,实现了全网超过 1 亿次的播放量,成为当年的现象级作品①。

让中华优秀传统文化"潮"在全球——作为深圳本土文化企业,三人行影业(深圳)有限公司创意策划大型文化融合输出艺术节目《舞今中外》,以中国红、外国人视角、文化输出等火爆出圈,展示了中华优秀传统文化的独特魅力,被新华社、人民日报社、环球网等 100 多家媒体报道转载。#舞今中外#话题全平台热度超 3 亿流量②。

"文化+科技"打造中国故事精品——华强方特通过主题乐园、动漫等多元业态,激发市场活力,其旗下 30 多座主题乐园遍布全国 17 个省份,创新文旅融合,构建新消费场景。方特动漫布局"熊出没"等多元 IP,动漫作品在全国 300 多家电视台和平台热播,发行至全球 130 多个国家和地区,进入 Disney、Discovery Kids、Netflix 等国际主流媒体平台,打破了中国动画电影在英国、德国、俄罗斯等国家的发行纪录,增强了中国文化自信③。

(三)道德涵养"树先锋":履行责任,培育公益品牌

网络空间道德建设得分为 82.93 分。48.00%的企业重视在企业内部开展道德标兵评选活动,58.00%的企业在网络上积极开展道德示范学习宣传活动。

快递小哥得到尊重和认可——美团组织评选"先锋骑手"活动,表彰新业态劳动者在平凡的岗位上发挥道德模范榜样力量,带动社会新风尚。

货车司机充分展示自身价值——货拉拉除了评选"魅力司机",还设立司

---

① 《盘点〈深圳脚步〉中的十大金句,哪一句最戳你?》,深圳发布,2021 年 1 月 6 日,https://mp.weixin.qq.com/s/QlviWGybqJvyetoK_gijJw。
② 创新南山:《汪文斌发文点赞,南山文化企业"出海",舞动中国红!》,腾讯网,2023 年 7 月 12 日,https://new.qq.com/rain/a/20230712A05VWD00。
③ 宿迁网:《华强方特:引领文旅高质量融合发展谱写中国式欢乐篇章》,北青网,2023 年 12 月 29 日,http://finance.ynet.com/2023/12/29/3712355t632.html。

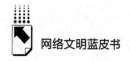
机关怀基金，每年拿出 100 万元用于救助困难司机，帮助他们渡过难关。

网络游戏既弘扬文化又助力公益——51.00% 的企业创新社会公益形式，吸引年青一代参与。迷你创想科技（深圳）有限公司（以下简称"迷你创想"）在游戏《迷你世界》上线"世界守护计划"，联手中国长城学会发起"共筑长城"主题公益活动，吸引玩家参与共筑长城近 4000 万次。该公司将 40 万元助力善款全部捐赠中国长城学会，用于长城的修缮和研究[①]。

科技力量推动社会公益——腾讯 99 公益日，由腾讯公益慈善基金会主办，自 2015 年起便成为全球性的重要公益活动。该活动利用科技，简化捐赠流程，并通过配捐、小红花捐赠等多种形式，确保了募资的透明与安全，降低了参与难度，让"指尖公益"和"做好事"变得容易。2023 年的活动吸引了 1.2 亿人次参与，3 亿次小红花互动，筹款超 38 亿元，其中大部分支持乡村振兴，展现了公益共创的新高度[②]。

（四）行为规范"有担当"：先行先试，践行制度规则

网络空间行为规范得分为 89.28 分。50.4% 的企业是所在行业规范和准则的主要制定者与参与者，41.00% 的企业在提升青少年网络素养方面制定了针对性措施，60.00% 的企业在网站平台社区规则、用户协议建设方面制定了相应举措。

发起网络游戏自律倡议书——深圳市中手游网络科技有限公司与十余家企业一起编写制定了"网络游戏行业企业社会责任管理体系"，发起《中国网络游戏行业自律倡议书》，同时开展"网络游戏未成年人家长监护工程"。

为人工智能的安全保驾护航——深信服通过参与《人工智能安全评估技术》的编制，对人工智能安全需求、挑战和威胁进行全面梳理，为行业建立了明确的伦理基准。

（五）生态治理"有创新"：汇聚众智，善于技术创新

网络空间生态治理得分为 75.78 分。超过 65.00% 的企业制定了网上内容

---

① 迷你创想公司"世界守护计划"简介，https：//gy.mini1.cn/2022/。
② 扬眼：《2023 年 99 公益日收官：1.2 亿公众参与创新高》，腾讯网，2023 年 9 月 11 日，https：//new.qq.com/rain/a/20230911A03A0000。

生产、信息发布与传播流程的规范制度或机制，55.82%的企业积极配合开展打击网络违法犯罪活动。

面对网络不良信息，它们这么做——中泓依托大数据、深度学习技术，开发了互联网不良信息巡查系统。该系统可快速自动化、智能化检测违规的信息内容，成为在广东数字政府应用超市上架的首批产品。

面对种种网络诈骗，它们这么做——深圳市安络科技有限公司为公众提供了防范"AI换脸诈骗"的关键支持，通过专业软件算法，比对五官像素大小差异、颜色色域差别，甄别AI换脸，让AI诈骗"无处遁形"[①]。

网络研究助力清朗生态——网眼传媒公司出版了《中国网络通史》（12册）等网络生态研究系列专著，推出《网络大破解》等网络研究视频节目近千集，并建立"互联网文化产业基地"[②]。

综上所述，深圳互联网企业在网络文明建设中构建了五大特色格局，展现了勤勉有为的培育者、孜孜不倦的传播者和脚踏实地的践行者三大角色。它们不仅致力于技术的创新与发展，还积极承担社会责任，推动网络文明的传播与实践。这种"三者合一"的社会功能，使深圳互联网企业成为网络文明建设的重要力量，为社会的和谐、稳定与发展做出积极贡献。

深圳互联网企业披荆斩棘，砥砺奋进。它们还在不断探索和创新，以更加丰富的形式和手段，推动网络文明建设不断向前发展。正因为有这些互联网企业的努力，深圳的网络文明才更加浓墨重彩，闪耀着智慧和创新的光芒。它们用自己的行动和贡献，为深圳的网络空间营造了更加天朗气清的环境，让网络成为联结千家万户、传递正能量、促进社会和谐的重要平台。

四 互联网企业提升网络文明建设效能的策略与建议

网络空间命运共同体已然形成，网络空间的风险已成为切实的威胁，超越了社会的界限和国家的边界。对于互联网企业而言，推动社会进步并产生

---

① 《视频"变脸"相似度达80%！"AI换脸诈骗"如何防范?》，央视网，2023年11月5日，https：//news.cctv.cn/2023/11/05/ARTI4kQmXofkvH6o3IAPtxDj231105.shtml。

② 未来者说：《未来者说·创想先锋丨公共信息安全管理专家八分斋：信息安全》，网眼，2021年4月30日，https：//mp.weixin.qq.com/s/xmGiNNePT6as2P3XLMIctQ。

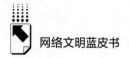

巨大影响力的关键，并不在于企业规模的大小，而在于是否能够改善人类的生产生活方式并推动社会进步。网络文明的形成需要抑制负面欲望并激发正面欲望，建立相应的制度，激发更高层次的文明追求。这是一个不断演进和完善的过程，深圳互联网企业通过积极参与网络文明建设，推动了这一过程的持续发展。

深圳互联网企业在践行企业社会责任、推动网络文明建设方面取得的卓越成就，不仅在本地区域产生了重要影响，还为全球网络空间的文明建设做出了贡献。它们以社会主义核心价值观为指导，不断追求社会进步，通过自律机制和行业规则，确保了自身行为的道德责任，促进了网络文明的发展，为社会文明水平的提升贡献了力量。基于对深圳互联网企业网络文明建设历程与现状的深入分析，展望未来，深圳互联网企业还需在以下几个方面持续加强，以全面提升网络文明建设的效能和影响力。

（一）巩固壮大主流思想舆论，弘扬社会主义核心价值观

互联网企业在新时代网络文明建设中，肩负着巩固和壮大党的创新理论的重要责任。深圳互联网企业应强化并定期组织员工学习党的创新理论，通过内部培训、学习资料共享和思想交流等形式，提升员工的思想政治素养，使其在内容生产和传播过程中自觉践行这一思想。

深圳互联网企业要继续创作和传播体现社会主义核心价值观和党的创新理论的内容，通过多元化的数字内容形式，如短视频、直播、社交媒体推文等，弘扬主旋律，传递正能量，营造良好的网络舆论环境。深圳互联网企业还应不断创新宣传思想工作的方式方法，在数字变革中持续探索新的手段，利用先进的新媒体技术宣传习近平新时代中国特色社会主义思想。通过互动性强、覆盖面广的新媒体形式，将主流思想舆论传递给广大网民，形成全社会共同参与的网络文明建设格局。结合习近平总书记关于"把网上舆论工作作为宣传思想工作的重中之重来抓"的指示，深圳互联网企业应积极推动数字化与智能化技术的应用，如人工智能和区块链技术，以提升网络内容的传播效率和精准度，从而更好地服务于新时代的宣传思想文化工作。简言之，深圳互联网企业要更好地发挥主力军作用，推动网络文明建设的深入发展，巩固和壮大奋进新时代的主流思想舆论。

（二）立足企业特色，形成企业网络文明建设矩阵

深圳作为中国互联网产业的重要基地，汇聚了众多类型丰富、业态多样的互联网企业，每家企业都有鲜明的特色和业务重点。立足于深圳互联网企业的独特优势与丰富多样性，可以构建一个全面而有力的企业网络文明建设矩阵。为形成这一矩阵，可以根据企业的业务领域和专业特长，通过多种新媒体形式，从网络安全、网络信息、网络内容等多个维度入手，充分发挥各企业在技术、人才、资源等方面的优势，共同构建一个立体、多元的网络文明建设体系。

在网络安全方面，深圳互联网企业可以依托强大的技术研发能力，研发更加高效、智能的安全防护系统，为用户提供更安全、可靠的网络环境。在网络信息方面，深圳互联网企业可以利用大数据、人工智能等先进技术，对海量的网络信息进行精准分析和过滤，确保用户获取到真实、准确、有价值的信息。在网络内容方面，深圳互联网企业应发挥创意和创新精神，创作出更多健康、向上、有深度的网络内容，以满足用户多样化的精神文化需求。

在构建矩阵的过程中，充分利用多种新媒体形式至关重要。新媒体具有传播速度快、覆盖面广、互动性强的特点，应使其成为网络文明建设的有力工具。通过短视频、直播、社交媒体、微信公众号等多种新媒体平台，互联网企业可以快速传递正能量内容，增强与用户的互动，扩大网络文明的影响力。此外，利用新媒体的精准推送和数据分析功能，互联网企业能够更好地了解用户需求，定制个性化的文明宣传策略，确保内容更加贴近用户生活，形成广泛的社会共识。通过这些方式，新媒体不仅可以成为网络文明建设的重要渠道，也可以为构建更加多元和立体的网络文明建设矩阵提供强有力的支持。

在此基础上，深圳互联网企业应特别关注构建健康的网络生态。网络生态的建设代表着网络文明的整体性和深层次发展，需要倡导和谐、文明、理性的网络氛围，推动形成健康、有序、可持续发展的网络生态系统。这一系统不仅要保障网络安全和内容质量，更要涵盖用户互动、信息传播、舆论导向等多方面的良性循环，从而为网络文明建设提供全面有力的支撑。通过建设这一矩阵，深圳互联网企业将能够形成强大的合力，共同推动网络文明建设迈上新台阶，为构建清朗网络空间、促进网络强国建设做出积极贡献。

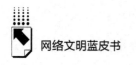
（三）利用新业态推动网络文明建设，讲好深圳故事、中国故事

新业态的蓬勃发展，可以为网络文明建设注入新的活力。深圳互联网企业可以借助这些新业态，向世界讲述深圳的奋斗故事和中国的发展传奇。面对互联网上日益复杂多变的形势，互联网企业必须保持敏锐的洞察力和前瞻性的思维，紧跟时代步伐，采用先进的科技手段，特别是人工智能等尖端技术，加强网络文明建设。

新业态的崛起，如社交媒体、短视频、直播等，为网络文明建设提供了新的平台和渠道。深圳互联网企业可以充分利用自身的创新能力和市场敏锐度，结合新业态的特点和优势，打造富有深圳特色、中国风格的网络文化产品，传播正能量，弘扬社会主义核心价值观。同时，面对复杂多变的网络问题，人工智能技术的应用显得尤为重要。深圳互联网企业可以积极探索人工智能在网络文明建设中的应用场景，如智能内容过滤、智能舆情分析、智能问答等，通过技术手段提升网络文明建设的效率和精准度。

利用新业态推动网络文明建设，讲好深圳故事、中国故事，既是深圳互联网企业的责任与担当，也是推动网络空间清朗、构建网络强国的必由之路。互联网企业要以开放包容的心态，积极拥抱新技术、新业态，共同为网络文明建设贡献智慧和力量。

（四）探索建立网络文明建设的社会共治共享模式

探索建立网络文明建设的社会共治共享模式，是实现网络空间有序发展、维护网络秩序和网络安全的重要途径。这种模式强调多元主体共同参与网络治理，通过共享资源、共担责任、共促发展，形成全社会共同参与、协同推进的网络文明建设格局。

深圳是中国互联网产业的重要聚集地，其互联网企业应站在时代前沿，积极探索和实践网络文明共治共享的新模式，通过搭建平台、开放资源、促进合作，与政府、行业协会、媒体、网民等各方力量共同参与网络文明建设，形成多方联动、协同共治的网络治理体系。

在这种模式下，各方可以充分利用互联网平台，共享自己的知识、经验和资源，推动信息的广泛传播和有效利用，通过共同努力，促进网络文明的发展和繁荣，营造健康、和谐、向上的网络文化氛围。实现网络文明共治共享，需要各方坚持开放合作、互利共赢的原则，加强沟通协作，形成合力。深圳互联网企业应发挥自身优势，积极引领和推动网络文明建设社会共治共享模式的发展，推动互联网平台主体责任和行业自律的有效落实，为构建清朗网络空间、推动网络强国建设做出积极贡献。

（五）筑牢国家网络安全屏障，全面加强网络安全保障体系和能力建设

在当今世界面临百年未有之大变局的背景下，随着全球数字化进程的加快，网络安全威胁和风险不断凸显，对国家安全的战略性和全局性影响日益加大。网络安全已成为中国面临的紧迫而严峻的非传统安全问题之一。深圳互联网企业凭借技术创新和敏锐的市场洞察力，依靠深厚的技术积累和创新实力，不断推动网络安全技术的研发和应用，在网络安全领域取得一系列重要成就，为国家网络安全屏障的构建提供了有力支撑。

作为中国的科技创新之都，深圳的互联网企业肩负着建立高效、灵活、富有弹性且高度可靠的网络安全体系，以加强关键信息基础设施安全保障能力的重任。这要求互联网企业以关键信息基础设施的识别、监测、预警、态势感知、信息共享和应急管理为重点，迅速完善安全保护政策和标准体系，并积极运用5G、6G、人工智能、大数据等前沿技术，强化网络安全防护。同时，加强个人信息保护和数据安全管理，既是构筑国家网络安全屏障紧迫而基础的任务，也是数字经济时代维护国家安全和竞争力的战略举措。互联网企业需要加快制定与完善数据分类分级、数据安全审查、风险评估、应急处置和认证等实施细则和标准，为数据安全管理提供明确指导和依据。

风好正是扬帆时。在以习近平同志为核心的党中央坚强领导下，中国在迈向网络强国的道路上阔步前进。站在新的征程上，深圳正在努力打造网络文明建设新高地，更多互联网企业正在发挥创新能力、技术实力、敢闯敢试的强大优势，在网络文明领域深耕细作、先行探路，展示网络文明建设的深圳担当。

技术报告 ⊃

B.2
深圳互联网企业网络文明建设评价指标体系报告

翁惠娟　姚文利　杨　洸*

摘　要： 互联网企业作为网络技术与服务的核心提供者，不仅推动了网络技术的创新与发展，还在网络文明建设的基本框架建构与价值观塑造上发挥了关键作用。然而，目前对互联网企业网络文明建设的系统研究仍显不足，缺乏统一、标准的评价体系。本报告通过深入访谈与研究既有资料，构建了涵盖5个一级指标、18个二级指标和70多个具体题项的互联网企业网络文明建设评价指标体系。为具体评估深圳互联网企业网络文明建设情况，课题组采用配额抽样方法，从深圳众多互联网企业中精选210家具有代表性的企业作为样本，涵盖不同规模、类型和所在区域。基于200份有效回答问卷，课题组进行了深入的描述性分析，并对比了不同规模企业之间的差异，客观、科学地展示了深圳互联网企业在网络文明建设中的实际成效与重要作用，并验证了该指标体系的实用性与推广价值。调查结果显

---

* 翁惠娟，中共深圳市委网信办网络传播处处长、一级调研员，研究方向为网络传播、网络文明、网络社会工作；姚文利，中共深圳市委网信办网络传播处副处长、二级调研员，研究方向为网络传播、网络文明、网络社会工作；杨洸，深圳大学传播学院教授、博士生导师、副院长，研究方向为网络传播、网络文明、舆论极化。

示，深圳互联网企业在网络文明建设方面表现卓越，总体得分为86.50分。特别是在网络空间正能量传播、网络空间文化培育、网络空间道德建设、网络空间行为规范和网络空间生态治理五大方面成绩斐然。这些成果不仅为深圳互联网行业的持续健康发展提供了坚实支撑，也为其他城市和企业提供了宝贵经验与借鉴。

关键词： 网络文明 互联网企业 指标体系 深圳

网络文明建设是一项长期、系统、复杂的过程性工程，需要各级党委政府、互联网企业、网络社会组织、网络意见领袖、普通网民等诸多社会主体共同参与、协同努力，共同构建清朗、文明的网络空间。近年来，对于全国各地网络文明建设热潮，学者持续关注，关于网络文明建设的系统化研究成果逐渐丰富。学者构建了网络文明建设理论框架，探讨了其内涵、特征和重要性，为深入研究奠定了基础。学者较多关注网民的网络文明素养，研究揭示了影响网民网络文明素养的多种因素，如教育背景、年龄、性别、网络使用习惯等，为有针对性地提升网民的网络文明素养提供了依据。基于研究成果，学者提出有针对性的教育和培训方法，如开设网络素养课程、举办网络文明讲座等，帮助网民提升网络文明素养。

然而，既往研究较少系统关注互联网企业在网络文明建设中发挥的作用和产生的影响。研究网络文明，关注的对象不应局限在网民群体。作为网络技术和服务的提供者，互联网企业不仅推动了网络技术的创新和发展，也塑造了网络文明的基本框架和价值观，在网络文明建设中发挥了至关重要的作用。当前，关于互联网企业网络文明建设的系统研究尚显不足，对于互联网企业网络文明建设特点和网络文明建设能力，更是缺乏统一的评价指标体系。鉴于此，本报告旨在从网络文明建设的顶层设计入手，构建互联网企业网络文明建设的评价指标体系，并将其应用于评估深圳互联网企业的网络文明建设，以展现其特点和建设水平。

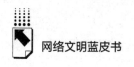

一　网络文明建设的顶层设计

网络文明建设需要通过一系列措施和活动，推动网络空间健康发展，提高网络文明程度，营造健康、有序、安全、具有活力的网络环境。以习近平同志为核心的党中央高度重视网络文明建设。党的十九届五中全会做出"加强网络文明建设，发展积极健康的网络文化"的重要部署，为"十四五"时期网络文明建设搭建了制度框架。2021年9月，中共中央办公厅、国务院办公厅印发《关于加强网络文明建设的意见》（以下简称《意见》），进一步明确了加强网络文明建设的总体要求、主要任务和工作举措，明确提出要坚持以习近平新时代中国特色社会主义思想为指导，贯彻落实习近平总书记关于网络强国的重要思想和关于精神文明建设的重要论述，大力弘扬社会主义核心价值观，全面推进文明办网、文明用网、文明上网、文明兴网，推动形成适应新时代网络文明建设要求的思想观念、文明风尚、道德追求、行为规范、法治环境、创建机制，实现网上网下文明建设有机融合、互相促进，为全面建设社会主义现代化国家、实现第二个百年奋斗目标提供坚强思想保证、强大精神动力、有力舆论支持、良好文化条件。《意见》提出了加强网络文明建设的主要任务，包括加强网络空间思想引领、加强网络空间文化培育、加强网络空间道德建设、加强网络空间行为规范、加强网络空间生态治理、加强网络空间文明创建六个方面。

《意见》作为纲领性指导文件，对于互联网企业开展网络文明建设具有重大的指导意义。它明确了互联网企业努力的方向，为互联网企业在网络文明建设中的实践提供了清晰的指引。根据《意见》的要求，课题组认为互联网企业应从以下几个方面入手，全面推进网络文明建设。

（一）网络空间正能量传播

网络空间正能量传播指在互联网空间中，坚持以党的创新理论为指导，创新开展网上正面宣传，塑造和引领人们的思想观念、价值取向与行为模式。在当今网络环境下，思想引领的作用越发凸显，深刻影响着人们的思维与行为，更与网络空间的和谐稳定息息相关。因此，加强网络空间正能量传播，对于维护国家安全、推动社会和谐、促进人类文明进步具有至关重要的意义。

（二）网络空间文化培育

网络空间文化培育指在互联网空间中，借助多样的文化活动和形式，培育和塑造人们的思想观念、价值取向和文化素养。其目的在于构建积极向上、健康有序、富有创新和活力的网络文化环境，推动网络文化的繁荣和发展，提升人们的文化素养和综合素质。

（三）网络空间道德建设

网络空间道德建设指在互联网空间中，通过制定和实施一定的道德规范和行为准则，约束和引导人们的行为，以此维护网络秩序、促进信息传播、保护个人隐私和社会公正等。网络空间道德建设在于解决人们在网络空间中面临的道德问题，建立健康、和谐、安全的网络环境。

（四）网络空间行为规范

网络空间行为规范指在互联网空间中，对人们的行为进行规范与约束的一系列规则和准则。这些规则和准则旨在促进网络空间健康、有序与和谐发展，规范网络行为，维护网络秩序，防止网络犯罪和网络欺凌等不良行为的发生。网络空间行为规范是确保网络空间持续健康发展的重要基石，对于引导网络行为、保障网络秩序、促进信息流通和社会公正具有至关重要的作用。

（五）网络空间生态治理

网络空间生态治理指在互联网空间中，通过综合运用多种手段和方法，加强网络文明引导，规范网络内容生产、信息发布与传播流程，打击网络违法犯罪，治理网络不文明现象，并制定和实施相关法律法规，维护网络空间的健康、有序和安全，促进网络文明发展。

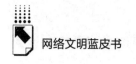

二 互联网企业网络文明建设评价指标体系构建

基于《意见》对网络文明建设的战略规划，课题组计划构建一个多层次、科学严谨的互联网企业网络文明建设评价指标体系。该体系须确保每个指标都具有高效度，能够具体反映互联网企业在正能量传播、培育网络文化、维护网络秩序等方面的实际表现，以全面评估互联网企业网络文明建设的表现，推动网络文明建设的深入发展。

（一）指标体系设计过程

1. 拟定基础的指标体系

在构建指标体系时，课题组以《意见》中提出的网络文明建设主要任务为指导，同时结合深入的文献研究和政府文件资料分析，初步形成了评估框架。为了保障指标体系的科学性和实用性，课题组对在互联网企业文化建设、新媒体研究和指标体系构建等领域有丰富经验的专家进行了访谈。通过充分吸纳专家的宝贵意见，课题组对指标体系进行了多轮细致的研讨和完善，最终确定了深圳互联网企业网络文明建设的深刻内涵和基本指标。这不仅为后续评估工作奠定了坚实的基础，也为互联网企业的网络文明建设提供了清晰的方向和有力的指导。

2. 指标体系的可操作化过程

在基本指标确定后，课题组对各指标的具体测算进行了科学的可操作化。为确保这一过程的科学性和全面性，课题组广泛参考政府和企业相关报告，以及大量学术文献，融合多学科知识对指标体系进行了创新性完善。为了保证指标设计达到较高的外在效度，课题组还对深圳市内具有代表性的14家互联网企业进行了实地走访调研。根据对企业相关负责人的深度访谈和调研结果，课题组对指标体系进行了适应性调整，以确保其能够真实反映深圳互联网企业网络文明建设的实际情况。

3. 专家研判并确定指标体系

为了确保指标体系的信度和效度，课题组进一步邀请政府官员、互联网研究专家学者和互联网企业代表，就指标体系进行研判，共同完善各指标的具体测算、权重比例和脱敏处理等关键环节。通过深入研讨和细致分析，课题组运用层次分析法，将二级指标进行两两比对，构建了权重矩阵，确保了指标体系的科学性和合理性。在充分汲取各位专家和代表宝贵意见的基础上，课题组成功地将概念构想逐步转化为切实可行的评估工具，为后续的互联网企业网络文明建设评估工作奠定了坚实和科学的基础。

（二）指标体系框架

课题组以《意见》中提出的网络文明建设核心工作为纲领，有针对性地构建了深圳互联网企业网络文明建设评价指标体系，包括 5 个一级指标：网络空间正能量传播、网络空间文化培育、网络空间道德建设、网络空间行为规范和网络空间生态治理。这 5 个指标全面覆盖了互联网企业在网络文明建设中的各个方面。每个一级指标又进一步细分为 2~6 个二级指标，共 18 个二级指标（见图 1）。在每个二级指标下，都设有具体题项，总计包含 70 多个具体题项。这一精心设计的指标体系，能够科学系统地评估互联网企业在网络文明建设方面的全面表现。采用问卷调查的数据收集方式，可以确保评价过程的客观性和准确性，从而真实反映深圳互联网企业网络文明建设的具体进展和实际成效。值得一提的是，这一指标体系还具有较大的推广价值，不仅可以应用于深圳地区，还能够满足其他地区乃至全国范围的评估需求。

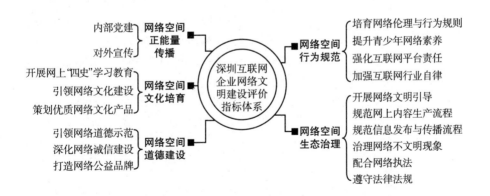

图 1　深圳互联网企业网络文明建设评价指标体系框架

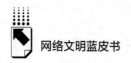

具体而言，深圳互联网企业网络文明建设评价指标体系由 5 个一级指标、18 个二级指标和 70 多个具体题项构成。针对这个指标体系，我们用表格展示了其内在的逻辑和结构，以便更好地理解和应用（见表1）。

表1　深圳互联网企业网络文明建设评价指标体系

一级指标	二级指标	主要题项
一、 网络空间 正能量传播	（一） 内部党建	1. 组织员工学习党的创新理论
		2. 组织召开"三会一课"（支部党员大会、支部委员会、党小组会，以及党课）
		3. 党建工作的提升潜力
	（二） 对外宣传	4. 在网络上宣传学习党的创新理论的具体内容
		5. 在网络上宣传学习党的创新理论的具体渠道
		6. 在网络上配合开展重大主题宣传活动，反映新时代党和国家事业发展的新变化新成就
		7. 列举在网络上配合开展的重大主题宣传活动的名称
二、 网络空间 文化培育	（三） 开展网上"四史" 学习教育	8. 深入开展党史、新中国史、改革开放史、社会主义发展史学习教育
		9. 在网络上传播党在革命、建设、改革各个历史时期取得的伟大成就的具体内容
		10. 在网络上传播党在革命、建设、改革各个历史时期取得的伟大成就的具体渠道
		11. 在网络上弘扬党和人民在奋斗中形成的伟大精神的具体内容
		12. 在网络上弘扬党和人民在奋斗中形成的伟大精神的具体渠道
	（四） 引领网络 文化建设	13. 在网络上向广大网民和社会各界传播社会主义核心价值观
		14. 在网络上向广大网民和社会各界传播社会主义核心价值观的具体渠道
		15. 在网络上弘扬发展中华优秀传统文化的具体内容
		16. 在网络上弘扬发展中华优秀传统文化的具体渠道
		17. 列举弘扬发展中华优秀传统文化的产品
	（五） 策划优质网络 文化产品	18. 在网络上提供积极健康、向上向善的网络文化产品
		19. 列举积极健康、向上向善的网络文化产品
		20. 在网络上打造特色品牌活动或原创精品，推动中华优秀传统文化创造性转化、创新性发展
		21. 列举特色品牌活动或原创精品

一级指标	二级指标	主要题项
三、 网络空间 道德建设	（六） 引领网络 道德示范	22. 在内部开展道德标兵评选活动,如评选劳动模范、时代楷模、道德模范、最美人物、身边好人、优秀志愿者等
		23. 列举道德标兵评选活动的具体名称
		24. 在网络上开展道德示范学习宣传活动,如劳动模范、时代楷模、道德模范、最美人物、身边好人、优秀志愿者等典型案例和事迹网上宣传活动
	（七） 深化网络 诚信建设	25. 倡导诚实守信的价值理念,传播诚信文化
		26. 举办线上线下品牌活动,传播诚信文化
		27. 列举传播诚信文化的品牌活动
		28. 建立内部诚信规范与机制
	（八） 打造网络 公益品牌	29. 开展网络公益活动
		30. 列举网络公益活动名称
		31. 开展网络文明志愿服务
		32. 列举网络文明志愿服务名称
四、 网络空间 行为规范	（九） 培育网络伦理 与行为规则	33. 参与制定行业规范和准则
		34. 制定规范网上用语准则
	（十） 提升青少年 网络素养	35. 开展青少年网络素养教育
		36. 列举提升青少年网络素养的具体举措
		37. 增强青少年正确用网能力和安全防范意识
		38. 列举增强青少年正确用网能力和安全防范意识的具体举措
		39. 打造青少年愿听愿看的优秀网络文化产品
		40. 列举青少年愿听愿看的优秀网络文化产品的具体名称
		41. 建立防范青少年沉迷网络工作机制
		42. 列举建立防范青少年沉迷网络工作机制的具体举措
		43. 配合打击和制止青少年网络欺凌
		44. 保护青少年在网络空间的合法权益
	（十一） 强化互联网 平台责任	45. 制定网站平台社区规则、用户协议
		46. 具有国家安全意识
	（十二） 加强互联网 行业自律	47. 具有互联网行业的自律意识
		48. 列举提升互联网行业自律意识的举措
		49. 履行社会责任
		50. 列举履行社会责任的举措
		51. 坚持经济效益和社会效益并重的价值导向

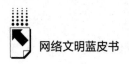

一级指标	二级指标	主要题项
五、网络空间生态治理	（十三）开展网络文明引导	52. 利用重要传统节日、重大节庆和纪念日组织开展网络文明主题实践活动
		53. 列举网络文明主题实践活动的名称
	（十四）规范网上内容生产流程	54. 制定网上内容生产规范制度或机制
		55. 列举网上内容生产规范制度或机制
	（十五）规范信息发布与传播流程	56. 制定网上信息发布规范制度或机制
		57. 列举网上信息发布规范制度或机制
		58. 制定网上传播流程规范制度或机制
		59. 列举网上传播流程规范制度或机制
	（十六）治理网络不文明现象	60. 开展针对网络不文明现象的治理
		61. 列举针对网络不文明现象的治理举措
		62. 建立网络不文明现象投诉举报机制
		63. 列举网络不文明现象投诉举报机制
		64. 广大网民参与网络不文明现象投诉举报机制的程度
		65. 开展网络辟谣机制建设
		66. 列举网络辟谣机制建设举措
		67. 配合开展互联网领域虚假信息治理
		68. 列举互联网领域虚假信息治理的举措
		69. 配合开展"清朗""净网"系列专项行动
		70. 分级分类管理用户账号
	（十七）配合网络执法	71. 在治理网络违法犯罪中坚持弘扬社会主义核心价值观
		72. 开展网络普法活动
		73. 列举网络普法活动
		74. 配合开展打击网络违法犯罪活动
		75. 列举配合开展打击网络违法犯罪活动的举措
	（十八）遵守法律法规	76. 注重个人信息保护
		77. 贯彻实施数据安全法

三 深圳互联网企业网络文明建设的总体表现

课题组采用配额抽样方法，从深圳众多互联网企业中精心挑选了 210 家具有代表性的企业。这些企业涵盖不同的规模、类型和所在区域，以确保调研结果的广泛性和代表性。为了深入了解这些企业在网络文明建设方面的实际情况，课题组采用问卷调查的方式收集数据。整个问卷调查工作历经 2 个月，最终成功回收 200 份有效问卷。基于这 200 份有效问卷，课题组进行了深入的描述性分析和组间比较等统计分析，全面展示深圳互联网企业在网络文明建设中的具体表现和所发挥的重要作用。

（一）调研企业基本情况

1. 企业规模

在调研样本中，微型企业有 51 家，占 25.50%；小型企业有 42 家，占 21.00%；中型企业有 66 家，占 33.00%；大型企业有 41 家，占 20.50%（见图 2）[①]。

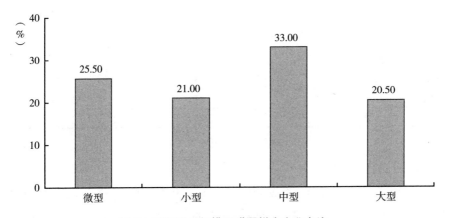

图 2 深圳不同规模互联网样本企业占比

---

① 大型企业为人数超过 300 人的企业，中型企业为人数 50~300 人的企业，小型企业为人数 20~50 人的企业，微型企业为人数少于 20 人的企业。

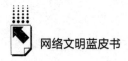

2. 企业主营业务

调研样本企业主营业务呈现多样性，许多企业涉足多个领域。其中，软件开发类最多，占16.67%；电子商务类第二，占10.61%；紧随其后的是互联网数据服务类，占10.30%；生活服务类和互联网广告服务类，均占7.88%（见表2）。

表2　深圳不同主营业务类型互联网样本企业占比（多选）

单位：家，%

主营业务类型	数量	占比
新闻信息类	14	4.24
网络社交类	16	4.85
网络音视频类	11	3.33
网络教育类	6	1.82
网络出版类	2	0.61
电子商务类	35	10.61
网络游戏类	17	5.15
生活服务类	26	7.88
软件开发类	55	16.67
信息安全设备制造类	15	4.55
网络安全服务类	17	5.15
互联网数据服务类	34	10.30
互联网接入及相关服务类	11	3.33
互联网广告服务类	26	7.88
其他类	45	13.63
总　计	330	100.00

3. 企业党建情况

在调研样本中，党员人数在10人以内的，占59.00%；党员人数为10~50人的，占13.00%；党员人数为51~100人的，占5.50%；党员人数为101人及以上的，占7.50%；此外，还有少部分中小微企业未发展党员。从总体来看，不同规模企业的党员人数差异尤为明显。在大型企业中，党员人数为101人及以上的占近40.00%（36.59%），党员人数为51~100人的占14.63%，党员人数为10~50人的占34.15%，而党员人数为10人以内的仅占14.63%。而中型企业、小型企业和微型企业的党员数量集中在 10 人以内，占比分别为 69.69%、83.33% 和 60.78%。

为了做好党建工作，大部分企业设立了党委或党支部。因企业的规模不同，党委和党支部的设置数量也存在差异。设有 1~3 个党委的企业占 27.00%，设有 1~5 个党支部的企业占 44.00%。大型企业具有党员人数优势，党委数量为 1~3 个的大型企业占比超过 50.00%（51.22%），中型企业相应比例则为 33.33%。

同时，党支部数量在不同规模企业中也呈现差异化。在大型企业中，党支部数量为 1~5 个的占比 56.09%，6~15 个的占比为 17.07%，16~40 个的占比 12.19%，41 个及以上的占比为 2.44%；在中型企业中，设有 1~5 个党支部的占比最高，为 63.64%。

（二）深圳互联网企业网络文明建设的表现和作用

1.深圳互联网企业网络文明建设总体得分

课题组通过对深圳 210 家具有代表性的互联网样本企业进行问卷调查，得出深圳主要互联网企业在网络文明建设五个核心维度的总体得分为 86.50 分，表现良好。其中，网络空间正能量传播的得分为 93.15 分，网络空间文化培育的得分为 91.37 分，网络空间道德建设的得分为 82.93 分，网络空间行为规范的得分为 89.28 分，网络空间生态治理的得分为 75.78 分（见表 3）。

表 3　深圳互联网样本企业网络文明建设得分

单位：分

网络文明建设维度	得分（百分制）	网络文明建设维度	得分（百分制）
网络空间正能量传播	93.15	网络空间行为规范	89.28
网络空间文化培育	91.37	网络空间生态治理	75.78
网络空间道德建设	82.93	综合得分	86.50

2.深圳互联网企业网络文明建设五大维度表现

本次调查主要聚焦网络空间正能量传播、网络空间文化培育、网络空间道德建设、网络空间行为规范和网络空间生态治理这五大核心部分。通过对深圳

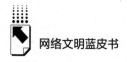

200家具有代表性的互联网企业进行问卷调查和数据分析，结合对企业员工规模、主营业务和党建情况的综合了解，能够深入剖析深圳互联网企业在网络文明建设五大维度的表现和差异。

（1）网络空间正能量传播

网络空间正能量传播是网络文明建设的重中之重。《意见》强调，应坚持以党的创新理论统领互联网内容建设。表3数据显示，在所有维度中，该维度的得分最高（93.15分），表明深圳互联网企业在网络空间正能量传播方面的表现尤为出色。此维度涵盖"组织员工学习党的创新理论""组织召开'三会一课'""在网络上宣传学习党的创新理论""在网络上配合开展重大主题宣传活动，反映新时代党和国家事业发展的新变化新成就"等方面。

调研结果显示，在上述几个方面，多数企业表现出色。具体而言，"组织员工学习党的创新理论"得分为95.55分，"组织召开'三会一课'"得分为94.11分，"在网络上宣传学习党的创新理论"得分为90.35分，"在网络上配合开展重大主题宣传活动，反映新时代党和国家事业发展的新变化新成就"得分为92.57分。这充分表明深圳互联网企业积极践行党的创新理论，高度认同国家价值观念，并自觉承担网络文明建设中的社会责任。调研结果还显示，76.10%的企业充分利用自身业务特点，创新党建内容和形式。42.38%的企业在通过网络宣传学习党的创新理论时，主要利用外部资源，如"学习强国""深圳智慧党建""深圳先锋"等App或栏目。

（2）网络空间文化培育表现

网络空间文化培育是网络文明建设的重要组成部分，强调进一步扩大文化传播，向广大网民传递社会主义核心价值观，推动中华优秀传统文化创新，提供更多优质、积极健康的文化产品和服务。在此方面，深圳互联网样本企业的平均得分为91.37分，其中大型企业得分为92.60分。调研结果显示，大多数企业在传播社会主义核心价值观和弘扬发展中华优秀传统文化上的得分均高于90分，表现优秀。具体而言，"在网络上向广大网民和社会各界传播社会主义核心价值观"的得分为96.20分，"在网络上弘扬发展中华优秀传统文化"的得分为91.34分。

就传播社会主义核心价值观的途径而言，深圳互联网企业选择并整合多种传播平台，利用不同平台的特色与优势，构建多矩阵的传播体系，全方位、多角度地推广和普及社会主义核心价值观,增强传播效果,从而更好地实现社会主义核心价值观深入人心。具体而言,49.00%的企业选择企业官方微信公众号,39.50%的企业选择企业官方网站,29.50%的企业选择其他媒体平台,19.50%的企业选择主流官方媒体平台,15.00%的企业选择企业官方微博,7.00%的企业选择企业官方抖音①。这表明深圳互联网企业更倾向于通过微信公众号平台和企业官方网站传播社会主义核心价值观,而抖音等社交平台尚未被企业充分使用。

同样地,在弘扬发展中华优秀传统文化的途径上,45.50%的企业选择企业官方微信公众号,32.50%的企业选择企业官方网站,23.50%的企业选择主流官方媒体平台,23.00%的企业选择其他媒体平台,13.00%的企业选择企业官方微博,9.00%的企业选择企业官方抖音。这表明深圳互联网企业在弘扬发展中华优秀传统文化的途径上,也主要倾向于使用微信公众号平台和企业官方网站,并注重与主流官方媒体平台及其他媒体平台的合作,以更有效地开展文化传播。

值得一提的是,不少互联网企业在网络上打造了特色品牌活动或原创精品。这些特色品牌活动或原创精品的打造方式丰富多样,主要涵盖以下几个方面。首先,精心制作新媒体文案或宣传片。例如,作为新媒体内容生产及达人孵化的多频道网络机构,深圳市小雨互动有限公司在2023年9月通过深圳微时光微信公众号推出《这个中秋,深圳"走出去"了》,展示了深圳原创舞剧《咏春》受邀登上新加坡艺术殿堂的荣耀之旅,有效地提升了文化产品的传播效果。该作品不仅是中华优秀传统文化创新发展的佳作,也是中华优秀传统文化扬帆出海的重要代表。其次,通过利用先进技术手段,打造文创产品。例如,专注于AI领域的超参数科技(深圳)有限公司推出拟真世界产品《活的长安城》,揭示了AI技术在内容创造、与人类交互层面的巨大潜力,让中华优秀传统文化以全新的形式呈现,增强了中华优秀传统文化的吸引力。再次,借助图书、小说、游戏等载体,例如,深圳宜搜天下科技股份有限公司(以下简称"宜搜科技")通过宜搜小说推出图书产品,深圳市中手游网络科技有限公司(以下简称"中手游")推出《仙剑奇侠传》《仙剑世界》《全民街

---

① 存在一个企业同时使用多种媒体的情况,因此,以上百分比数据相加后大于100%。

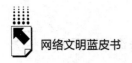

篮》等游戏产品，使中华优秀传统文化的传承和弘扬更加生动有趣。此外，还有一些企业，如深圳开源互联网安全技术有限公司（以下简称"开源网安"），专注于软件安全，为"全景故宫""云游敦煌"等弘扬中华传统文化的软件产品提供安全保障，以科技力量推动中华优秀传统文化的弘扬与发展。这些多元化的打造方式，共同促进了网络文化产品的繁荣发展。

（3）网络空间道德建设表现

网络空间道德建设对于推动网络文明更加健康、有序地开展具有重要作用。《意见》明确指出，要积极构建网络文明环境，并加强网络空间道德建设。大多数样本企业对这个维度表示高度关注，并期望在未来的网络文明建设过程中进一步强化道德规范。

从总体来看，深圳互联网企业在这个维度的平均得分为82.93分，表现良好。在具体表现上，大多数企业能积极传播诚信文化，并建立内部诚信规范与机制。统计数据显示，"倡导诚实守信的价值理念，传播诚信文化"和"建立内部诚信规范与机制"的得分分别为89.95分和84.03分。样本企业常用的传播形式包括员工培训、邮件、海报、微信公众号等。

与此同时，深圳互联网企业在"在内部开展道德标兵评选活动"这个层面的得分为79.55分。具体来说，48.00%的企业重视在企业内部开展道德标兵评选活动，58.00%的企业则会在网络上积极开展道德示范学习宣传活动。这些企业通常通过开展劳动模范、道德模范、最美人物等典型案例和事迹的网上宣传活动，推进构建健康、向善的网络文明环境。例如，深圳十方融海科技有限公司的"十方热血青年"、深圳市多丽电子商务产业园管理有限公司的"抗疫先锋"、开源网安的"最美行动者"等，都是表彰在各自工作领域表现卓越并展现出强烈社会责任感的优秀员工。

此外，深圳互联网企业在"开展网络公益活动"上的得分为78.20分。这些企业在数字支教、养老科技、医疗普惠、社会应急、数字文化、环境保护等多个领域进行了深入探索，并将抽象的善、感性的关心，具体化为可执行的战略与行动。它们有的成立公益基金会，积极筹集善款，赈灾救济，如中兴通讯公益基金会、中国燃气公益基金会；有的关注乡村留守儿童，助力贫困地区发展，如中手游的"筑梦图书馆"项目、深圳美团科技有限公司（以下简称"美团"）的"乡村儿童操场"公益计划、深信服的乡村美育支教项目"候鸟教师计划"，以及深圳市思贝克集团有限公司（以下简称"思贝克"）的"健康暖冬行"；还有的构建绿色低碳消费生态，推进环境保护，如美团的"青山计划"、深圳市腾讯计算机系统有限公司（以下简称"腾讯"）的"碳寻计划"，以及迅雷采用区块链技术，助力海洋公益；等等。

值得一提的是，51.00%的企业创新公益方式，以吸引年青一代参与。例如，迷你创想科技（深圳）有限公司的"世界守护计划"和腾讯的"WeCare公益计划"，将小游戏与公益相结合，运用创意化思维和趣味性互动形式，传播公益理念，从而激发了"创意+公益"的强大力量。

（4）网络空间行为规范表现

网络空间行为规范建设是深圳互联网企业参与度最高的维度。互联网企业需制定各类规范和准则，以保障网民特别是青少年的权益，并对青少年合法、合理上网承担社会责任。《意见》明确指出，应加强网络空间行为规范，积极构建符合社会主义核心价值观的网络伦理和行为规则。健全的网络空间行为规范可助力政府为网民创造一个符合文明规范的网络空间。深圳互联网企业在这一维度的表现出色，得分接近90.00分（89.28分）。

这些企业的具体表现为在道德遵从和网络行为规范方面采取了积极措施。通过设立内部道德遵从委员会或制定各类规范和准则，这些企业努力构建符合社会主义核心价值观的网络伦理和行为规则。它们在内容规范、反不良信息、反诈宣传、青少年与老年人网络安全等方面，均展现出显著的关切和努力。例如，通过优化MCN机构管理制度、优化入驻协议、发布专项治理倡议书等手段，规范平台内容并加强对青少年与老年人的保护。对于青少年，采取多维度管控举措，配合打击黑灰产业链，实施防沉迷新规，并推出青少年模式和未成年人保护模式。对于老年人，则推出银发守护助手小程序、银发安全课程等，以提高他们的网络安全意识。

在这个维度所考察的内容中，深圳互联网企业有以下几个方面的表现尤为突出。

首先，深圳互联网企业是所在行业规范和准则的主要制定者与参与者。具体而言，41.46%的企业参与了所在行业规范和准则的制定，其中"参与制定行业规范和准则"的得分为94.00分，"制定规范网上用语准则"的得分为91.40分。例如，迅雷在网络下载服务、云存储和数字娱乐等领域产生了广泛的影响力，同时积极响应国家有关版权保护的政策，通过技术创新和合作模式改进，促进网络资源的合法化分发与使用，体现了在知识产权保护方面的责任担当。深圳前海微众银行股份有限公司总部位于深圳，是国内首家民营互联网银行，依托互联网技术发展普惠金融，推出微粒贷等创新金融服务产品，并在个人隐私保护、反洗钱等方面严格执行国家法律法规，树立了互联网金融企业的合规典范。深圳有影传媒有限公司（以下简称"有影传媒"）在主播管理方面，采取了基于平台禁文规则的严格措施，同时在主播的培训内容上，着重规范关键词和话术等。这一系列的举措充分展现了有影传媒在网络平台管理方面的强烈责任心和对规范制定的不懈努力。通过系统且规范的培训，有影传媒致力于确保平台内容的合法性和合规性，提升用户的整体体验，为用户打造健康、和谐的网络环境。

其次，在提升青少年网络素养方面，41.00%的企业制定了有针对性的措施，其中"建立防范青少年沉迷网络工作机制"的得分为87.76分。以腾讯音乐娱乐（深圳）有限公司为例，该公司推出全民 K 歌的青少年模式。在此模式下，青少年用户受到多项限制，如无法进行充值操作、搜索能力受限、无法观看和开启直播、不能参与歌房等。晚上 10 点至次日早上 6 点期间，青少年模式无法关闭，以确保此时段内推荐的内容更加健康和有益，从而保障青少年用户的安全使用环境。华为技术有限公司（以下简称"华为"）作为深圳的领军企业，是全球领先的信息与通信技术（ICT）解决方案供应商，在其智能设备和服务中，提供了家长控制功能，允许家长限制孩子的应用使用时长，过滤不合适的内容，确保青少年在使用华为设备时得到适当保护。深圳市创梦天地科技有限公司（以下简称"创梦天地"）在 2021 年成为广东省首批互联网企业"护苗"工作站，从产品内容、平台治理、政企联动、引导教育四个方面，积极落实未成年人保护各项措施。创梦天地定期开展"护苗行动"，通过宣讲网络安全和网络防沉迷，提高青少年的网络安全意识。这些措施不仅规范了青少年在网络空间的行为，还有效防范了网络沉迷风险，展现了互联网企业在关注青少年网络行为规范方面的积极作用。简言之，深圳众多互联网企业不仅在产品和服务中内置防沉迷系统，还积极参与各类公益活动，如举办网络安全宣传周、开发青少年专属的绿色上网软件等，致力于打造健康的网络生态环境。

再次，深圳互联网企业在强化互联网平台责任方面表现出色，主动参与制定行业行为规范和标准文件。具体而言，60.00%的企业在网站平台社区规则、用户协议制定方面采取了相应的措施，其中"制定网站平台社区规则、用户协议"的得分为88.23分。例如，腾讯旗下的众多产品如QQ、微信、腾讯游戏等，均有详尽的用户协议和社区行为规范。腾讯在用户协议中明确规定了用户权益、隐私保护、服务条款、内容发布规定等内容。腾讯游戏通过《腾讯游戏许可及服务协议》等文件，详细阐述了用户在使用腾讯游戏提供的在线服务时应遵循的规则，以及对于违规行为的处理办法。深圳依时货拉拉科技有限公司（以下简称"货拉拉"）是一家互联网物流商城，采取多项措施，促进制定良好的平台社区规则：一是成立"司机社区"专区，并由专业的公司团队进行管理，以确保司机群体在该社区内遵守相关规范；二是制定《货拉拉司机自律公约》，进一步规范司机行为，并强调自律和规范操作的重要性。

最后，在加强互联网行业自律方面，深圳互联网企业"具有互联网行业的自律意识"得分为87.95分，"履行社会责任"得分为86.30分。以深圳市东方网联投资有限公司为例，该公司积极组织员工学习《中国互联网行业自律公约》，要求员工自觉遵守国家有关互联网发展和管理的法律法规和政策，倡导中华优秀文化传统和社会主义精神文明的道德准则，积极推动互联网行业的职业道德建设。这种自我要求和学习机制有助于形成良好的行业自律氛围。深圳市多易得信息技术股份有限公司设有专业的审校人员，对每日推送的微信公众号文章进行审核，以防止出现违反微信公众号规则及相关法律法规的问题。该公司的日常选题以发现城市生活之美的理念去生产内容，体现了对社会的正面引导和责任担当。银盛科技服务集团有限公司在履行社会责任方面也表现出色，通过举办"防范电信诈骗，守护美好生活"公益宣传活动、参与社区志愿服务等方式，关心社会问题，为社会贡献了积极力量。这些举措彰显了深圳互联网企业在履行社会责任和提升行业自律意识方面的积极参与态度，以及推动网络空间行为规范共建的决心。

（5）网络空间生态治理表现

网络空间生态治理的主要目标是向广大网民传递正面、健康的网络观念，规范网络内容的生产、发布与传播流程，通过多渠道识别和整治虚假信息，完

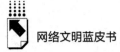

善网络不文明行为的投诉与举报机制，促进网络空间的共同治理和资源共享。根据调查，深圳互联网企业在网络空间生态治理方面表现不俗，该维度的得分为75.78分。深圳大部分互联网企业能够结合重要的节日、庆典和纪念日，开展以网络文明为主题的实践活动，向广大网民传递文明价值观。许多企业会利用中秋、重阳等节日，组织相关活动。然而，随着互联网的快速发展，网络空间中也涌现大量的虚假信息，给网民的信息辨别能力和个人隐私安全带来严峻挑战。因此，互联网企业在管理和治理网络不文明现象方面扮演着至关重要的角色，深圳互联网企业做出以下努力。

首先，深圳互联网企业在遵守法律法规、配合网络执法方面表现出色。其中，"贯彻实施数据安全法""开展网络普法活动"的得分分别为80.80分和79.20分。深圳市第七届人民代表大会常务委员会第二次会议于2021年6月审议通过《深圳经济特区数据条例》。这是国内较早的地方性数据保护法规，内容涵盖个人数据、公共数据、数据要素市场、数据安全等方面，是国内数据领域首部基础性、综合性立法，旨在加强对数据保护和利用的管理，特别强调对个人信息安全的保护。深圳互联网企业通过公开承诺的方式，主动接受社会公众监督，确保在提供服务过程中合法合规处理个人信息，包括但不限于建立数据安全中心、实施数据安全审计、采用数据脱敏技术以及部署堡垒机等安全措施。例如，中国平安保险（集团）股份有限公司（以下简称"中国平安"）是中国第一家股份制保险企业，已经发展成为集金融保险、银行、投资、医疗健康等业务于一体的多元的综合金融服务集团。中国平安高度重视个人信息保护相关工作，重点围绕个人信息全生命周期，打造安全技术防御体系，在数据加解密、高敏文件管控、数据溯源分析等方面不断加大投入，借助平台工具提升数据全生命周期安全管理水平，保障2.27亿客户、6.47亿用户的信息安全[①]。思贝克每周都会推送涉及网络普法宣传的"小贝周播报"。创梦天地则积极通过其App，进行普法宣传。

其次，深圳互联网企业在治理网络不文明现象方面做出积极贡献。其中，"建立网络不文明现象投诉举报机制"的得分为78.20分。例如，深圳市大成

---

① 《精彩回顾|黄红英：不断提升企业数据全生命周期安全管理水平》，澎湃新闻，2022年6月15日，https://www.thepaper.cn/newsDetail_forward_18595879。

天下信息技术有限公司、宜搜科技、迅雷和创梦天地等企业都建立了用户举报机制，并在其 App 或网页端专门设置了反馈和举报入口。"开展网络辟谣机制建设"和"配合开展互联网领域虚假信息治理"的得分分别为 77.60 分和 75.60 分。深圳新闻网是深圳报业集团主办的深圳唯一一家重点新闻网站，作为深圳本地的权威媒体网站，它积极响应政府号召，推出深圳辟谣平台，专门用于发布权威辟谣信息，及时回应社会关切，消除网络谣言的影响，维护网络空间的清朗。腾讯通过旗下的微信、QQ、腾讯新闻等多个平台，建立了快速响应机制，在发现虚假信息后，迅速核实并通过官方渠道予以澄清。例如，微信平台上线了"微信辟谣助手"，方便用户查询和举报疑似谣言内容，同时与政府相关部门紧密合作，配合推进网络谣言治理。

调研还显示，超过 65.00% 的企业制定了网上内容生产、信息发布与传播流程的规范制度或机制。深圳本土的互联网企业代表——深圳本地宝新媒体技术有限公司和宜搜科技等，在这些方面都做出表率。55.82% 的企业积极配合开展打击网络违法犯罪活动，该部分的得分为 75.20 分。任子行网络技术股份有限公司是中国最早涉足网络信息安全领域的企业之一，已为全国数百个地级、县级市的公安部门提供大数据情报分析系统，协助它们提高对网络犯罪的打击能力。深圳市安络科技有限公司（以下简称"安络科技"）是深圳市信息安全领军企业，也是国内专业网络安全服务的先驱者之一。安络科技依凭"技术+司法"的全链条案件服务能力，成功协助中国警方破获超过 3000 起新型犯罪刑事案件，还为全国 400 多个地市区县的反诈中心提供网络反诈预警服务，对新型网络诈骗类案件实现预警超过 12 亿次，成功挽回群众潜在财产损失超过 33 亿元[①]。

结　语

课题组通过构建互联网企业网络文明建设评价指标体系，形成了多层级指标体系，并将之应用于评估深圳互联网企业的网络文明建设表现。本次调研的

---

① 《潜心反诈技术研发 挽回公民潜在财产损失超 10 亿元》，人民资讯，2021 年 7 月 31 日，https://baijiahao.baidu.com/s?id=1706757937074487247&wfr=spider&for=pc。

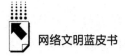
结果以客观、科学的方式，展现了深圳互联网企业网络文明建设的综合情况，不仅验证了该指标体系的实用性和可推广性，还进一步凸显了深圳互联网企业在网络文明建设中的卓越表现。

调研结果显示，深圳互联网企业在网络文明建设方面整体表现出色，特别是在网络空间正能量传播、网络空间文化培育、网络空间道德建设、网络空间行为规范和网络空间生态治理这5个一级指标上均展现出卓越的成绩。课题组对问卷数据进行了详细的描述性统计分析，以更全面地了解深圳互联网企业在网络文明建设方面的优势和特点。

涓涓细流，汇聚成海。深圳互联网企业以独特的魅力和影响力，通过自身平台积极传播正能量、健康向上的内容。它们不仅传递正面信息、提供教育类内容和宣传公益，还引导用户形成积极向上的生活态度。为了深化这种影响，它们努力通过各种渠道推广社会主义核心价值观，传递正确的思想观念和行为准则，帮助用户形成积极的社会认知。它们还坚决打击谣言和虚假信息，提供客观真实的信息传播渠道，努力维护网络空间的诚信环境。它们还非常重视用户数据和隐私保护，建立健全信息安全体系，确保用户在网络空间的合法权益得到保障。它们还开展了网络素养教育，引导用户文明理性上网，增强用户辨别信息的能力，自觉抵制网络沉迷和不良信息。

互联网行业不仅是网络文明的实践者，更是网络文明的受益者。作为中国"最互联网城市"，深圳互联网企业集聚、网民基数庞大，成为互联网新技术和新应用场景的前沿阵地。深圳互联网企业开展网络文明建设具有重要意义，不仅有助于推动互联网行业健康发展，提高社会文明程度和人民生活水平，也有助于提高互联网企业的社会责任感和公信力，为互联网行业的可持续发展做出贡献，进而为互联网经济的发展和产业升级提供有力支撑。

综上所述，深圳互联网企业在网络文明建设方面取得卓越的成绩和表现。通过构建多层级指标体系并应用该体系进行评估，我们更加深入地了解了这些企业在网络文明建设方面的优势和特点。这些成绩不仅为深圳互联网行业的可持续发展提供了有力支撑，也为其他城市和企业提供了宝贵的经验和借鉴。

参考文献

白志刚：《关于数字信息环境下网络文明建设的思考》，《青年记者》2017 年第 36 期。

毕越然：《互联网时代企业社会责任探讨》，《中国军转民》2022 年第 16 期。

常琳、李赢：《互联网企业社会责任报告编制标准应用探析》，《信息技术与标准化》
    2021 年第 5 期。

程贵孙、张忠程：《互联网平台企业社会责任的结构维度与模型构建——基于扎根理论
    的探索性研究》，《华东师范大学学报》（哲学社会科学版）2023 年第 3 期。

邓理峰：《传播主流价值：互联网媒体平台企业的社会责任》，《新闻战线》2021 年第
    18 期。

方世南、马婧：《协同推进网络文明和中华民族现代文明建设》，《学术探索》2023 年第
    11 期。

高晓玲、唐登荟：《习近平同志关于网络文明建设重要论述探析》，《毛泽东思想研究》
    2022 年第 4 期。

宫承波、王伟鲜：《习近平关于网络文明建设重要论述的核心内容与价值取向——基于
    内容分析视角的探讨》，《当代传播》2022 年第 1 期。

苟亚宁、路宝建：《当前我国网络文明建设的现状及对策研究》，《人力资源管理》2010
    年第 5 期。

郭全中、张金熠：《互联网平台企业社会责任实践与治理研究综述》，《新闻爱好者》
    2023 年第 9 期。

韩雪婷、房成、闫晓丽、郝阳、翟琛：《互联网企业履行社会责任的价值效应研究》，
    《河北企业》2022 年第 3 期。

江乾坤、罗安琪、石璐瑶：《社交型互联网企业国际化投资的社会责任风险管理——以
    字节跳动为例》，《财务与会计》2021 年第 16 期。

蒋川：《进军移动空间，传播网络正能量——人民日报微信公众号加强网络文明建设的
    探索和思考》，《新闻战线》2022 年第 1 期。

雷洋：《媒介融合视阈下关于网络文明传播和社会主义精神文明建设的思考》，《湖北函
    授大学学报》2016 年第 14 期。

李晨：《互联网平台企业的社会责任缺失现状及其治理》，《质量与市场》2021 年第
    21 期。

李亚婵：《互联网公司企业社会责任报告发展情况及存在问题分析》，《中国农业会计》
    2022 年第 6 期。

李英、孙学文：《Web2.0 环境下网络信息传播模式及网络文明建设研究》，《苏州市职业
    大学学报》2013 年第 4 期。

廖小丹、吴艳东：《中国式数字文明的伦理意蕴、发展趋势及建构理路》，《学术探索》

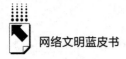

2023 年第 9 期。

刘进能：《线上线下合力互动　推进网络文明建设》，《新湘评论》2019 年第 15 期。

刘艳巧：《互联网平台企业推进共同富裕的逻辑及路径》，《学术交流》2023 年第 9 期。

陆峰：《共建共享履职尽责，建设清朗网络空间——主流网媒推进网络文明建设的认知与实践》，《新闻战线》2022 年第 1 期。

栾轶玫：《网络文明建设中的媒体作为》，《视听界》2022 年第 5 期。

欧阳雪梅、冀新婷：《建设网络文明　共建网上美好精神家园》，《当代中国史研究》2023 年第 5 期。

戚聿东、徐凯歌：《数字经济时代企业社会责任的理论认知与履践范式变革》，《中山大学学报》（社会科学版）2023 年第 1 期。

深圳特区报评论员：《唱响网络文明好"深"音》，《深圳特区报》2023 年 9 月 22 日，第 A05 版。

石文华、刘丽杰、冉华、黄来恩：《算法道德责任：一个互联网企业社会责任新构面》，《北京邮电大学学报》（社会科学版）2022 年第 6 期。

舒斌：《网络文明建设的新媒体担当》，《新闻战线》2022 年第 1 期。

宋晟、刘宏达：《十八大以来我国网络文明建设的主要成就与基本经验》，《社会主义研究》2022 年第 2 期。

孙铁成：《加强网络文明建设　共筑网络强国》，《中国信息界》2022 年第 4 期。

唐更华、麦泓勋、刘香：《互联网平台企业社会责任自治理——以腾讯公司为例》，《经营与管理》2022 年第 8 期。

滕迪：《乌镇论"道"：互联网企业社会责任》，《网信军民融合》2021 年第 9 期。

田丽、李彤：《"饭圈"治理的平台责任：内涵、边界与监督》，《新闻与写作》2021 年第 12 期。

汪抒、李博：《社交媒体生态治理与网络文明建设》，《新闻战线》2022 年第 1 期。

王海忠：《品牌管理》，清华大学出版社，2014。

王凯、赵宇航：《互联网企业社会责任与经营绩效相关性探析——基于社会资本的中介与组织惯性的调节》，《领导科学》2022 年第 8 期。

王丽鸽：《新时代网络文明建设的认知路向》，《思想理论教育》2021 年第 12 期。

王相伟：《面对大趋势　做好大文章——人民政协报社加强网络文明建设的实践与思考》，《新闻战线》2022 年第 1 期。

王中军：《以科学发展观为指导促进网络文明建设》，《教育与职业》2010 年第 12 期。

《习近平致信祝贺首届中国网络文明大会召开强调　广泛汇聚向上向善力量　共建网上美好精神家园》，《人民日报》2021 年 11 月 20 日，第 1 版。

夏红莉：《新时代加强网络文明建设问题研究》，《安徽行政学院学报》2021 年第 2 期。

颜俊儒、梁国平：《建设网络文明背景下网络空间德法的协同治理》，《绵阳师范学院学报》2020 年第 1 期。

燕道成、刘世博:《新媒体时代网络文明建设的三重维度》,《新闻与传播评论》2022年第5期。

阳镇、陈劲:《互联网平台型企业社会责任创新及其治理:一个文献综述》,《科学学与科学技术管理》2021年第10期。

杨少武、解冰、郭玉峰、张艳辉、寇小燕:《新形势下石油企业网络文明建设的探索与实践》,《企业改革与管理》2014年第18期。

叶敏:《基于互联网平台企业多重身份的准公共性分析》,《中国高校社会科学》2023年第3期。

尤逸文:《互联网企业社会责任与企业绩效关系研究》,《合作经济与科技》2023年第20期。

张继华:《新时期网络文明建设对策研究》,《安徽职业技术学院学报》2014年第2期。

张乐:《数字生态向善中的企业责任与行动路径》,《人民论坛》2021年第36期。

张晓锋、江小轩:《网络文明建设的逻辑体系、发展方向与实践路径》,《现代出版》2023年第3期。

张亚雄、马跃华、苏伟珍:《营造文明网络生态 共享美好数字生活》,《光明日报》2023年7月19日,第4版。

赵兵:《当好网络文明建设的主力军》,《新闻战线》2022年第1期。

郑洁:《共建共治共享:数字化时代网络文明建设的实践路径》,《广西社会科学》2022年第7期。

中共中央党史和文献研究院编《习近平关于网络强国论述摘编》,中央文献出版社,2021。

中国网络空间研究院:《中国互联网20年发展报告》,人民出版社,2017。

钟志新:《互联网企业承担社会责任的现状与影响因素研究》,《互联网周刊》2022年第10期。

庄荣文:《汇聚向上向善力量 加快网络文明建设》,《旗帜》2022年第1期。

分 报 告

B.3
2023年深圳互联网企业
网络空间正能量传播调查报告

杨洸　杜丽洁*

摘　要：　　网络空间正能量传播是互联网企业网络文明建设的重要组成部分，是互联网企业在网络文明建设中思想水平的体现。在5个一级指标中，深圳互联网企业在网络空间正能量传播方面的得分最高，为93.15分，表现优秀。深圳互联网企业坚持以党的创新理论统领互联网内容建设，不仅为企业指明了发展方向，还激发了企业的创新精神。结合深度访谈与典型案例分析，深圳互联网企业在对内对外的网络空间正能量传播方面都有亮眼表现。在内部传播方面，主要表现为"发挥技术优势，提升传播效率""丰富线上线下正能量传播活动，提高发展质量""深化正能量传播与业务融合，增强进步动力"三个方面。在对外宣传方面，主要表现为"搭建多样化平台渠道，宣传党的创新理论""打造精品内容，拓展理论宣传广度""注重宣传时效，强化正能量引领"三个方面。深圳互联网企业应继续发挥智慧与优势，加强网络传播手段建设与创新，通过高质量的"现象级"传播产品，积极引导网络空间朝健康向上的方向发展。

---

* 杨洸，深圳大学传播学院教授、博士生导师、副院长，研究方向为网络传播、网络文明、舆论极化；杜丽洁，深圳大学传播学院2021级博士生，研究方向为网络传播、数字韧性。

关键词： 网络空间正能量传播　深圳互联网企业　内部传播　对外宣传

2021 年，中共中央办公厅、国务院办公厅印发《关于加强网络文明建设的意见》，指出要加强网络空间思想引领，坚持以习近平新时代中国特色社会主义思想统领互联网内容建设，推动党的创新理论走深走心走实①。党的创新理论具有强大的思想引领力、实践指导力、精神感召力。深圳互联网企业在创造、传播、疏导和转化这四个方面，一直坚持以党的创新理论为指导，通过技术、内容、形式等多方面创新，不断应对和解决网络文明建设中的新挑战、新问题、新矛盾。在网络空间正能量传播方面，深圳互联网企业将党的创新理论与自身的发展、行为和实践紧密联系，为新时代网络文明建设奠定了思想基础，进一步提升了党的创新理论在网络空间中的引领作用。

互联网企业的发展需要把握时代脉搏，紧跟时代步伐。党的创新理论指明了正确、清晰的发展方向，互联网企业应更好地把握数字经济、人工智能等新兴产业的发展趋势，制定符合自身特点的发展战略。党的十九届六中全会指出："党确立习近平同志党中央的核心、全党的核心地位，确立习近平新时代中国特色社会主义思想的指导地位，反映了全党全军全国各族人民共同心愿，对新时代党和国家事业发展、对推进中华民族伟大复兴历史进程具有决定性意义。"② 发挥党的创新理论引领网络空间的作用，离不开互联网企业贡献智慧与力量。深圳互联网企业通过打造"内外联动，壮大主流价值"的思想引领格局，在提高自身业务能力的同时，努力推动网络空间思想学习的常态化和制度化。深圳互联网企业作为网络文明建设的传播者、践行者和培育者，应充分发挥网络技术优势，通过构建网络理论传播空间，让党的创新理论不断深入人心；应通过开展积极向上的党建活动，创新话语体系、组织方式、传播形式，让党的创新理论更加鲜活、可亲可知可感，不断筑牢全党全国人民团结奋斗的思想基础。

课题组从深圳众多互联网企业中，选择 210 家代表性企业进行网络文明建

① 《中共中央办公厅 国务院办公厅印发〈关于加强网络文明建设的意见〉》，新华网，2021年9月14日，http://www.xinhuanet.com/politics/2021-09/14/c_1127861062.htm。
② 《中共中央关于党的百年奋斗重大成就和历史经验的决议》，新华网，2021年11月16日，http://www.xinhuanet.com/politics/2021-11/16/c_1128069706.htm。

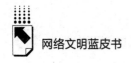
设评估调研，在 10 个月的研究过程中，实地走访 15 家企业进行深度访谈，累计访谈时长 3620 分钟；采用配额抽样方法，选择不同规模、类型和所在区域的 210 家企业进行问卷调查；采集 14 家重点企业官方网站上的 10659 条文本和官方微博上的 1708 条文本进行大数据分析，形成丰富扎实的质性和量化数据，揭示了深圳互联网企业网络文明建设的生动图景。在 5 个维度中，深圳互联网企业在网络空间正能量传播这一维度的得分最高，为 93.15 分。在网络空间正能量传播维度，主要从内部传播和对外宣传两个方面进行评估。深圳互联网企业坚持以党的创新理论统领互联网内容建设和企业宣传工作，坚持将党的创新理论融入企业网络文明建设工作。

一　内部传播

（一）发挥技术优势，提升传播效率

在信息化和数字化快速发展的背景下，党建工作面临新的挑战与机遇。在如何发挥技术优势保障党建工作高质量开展方面，深圳互联网企业一直坚持探索、不断创新。首先，充分发挥技术优势，实现更高效的党建工作、更便捷的资源共享和更精准的数据分析，在内部形成常态化的宣传平台。大型互联网企业更是整合线下与线上资源，建立党建信息化平台。其次，充分利用技术优势，大幅提升党建工作效率，促进党员之间的沟通与交流。深圳互联网企业通过自动化办公系统、协同工作平台等，优化党建工作流程，减少烦琐的纸质工作。最后，利用数据分析、虚拟现实、人工智能等先进技术，在收集和分析党员数据基础上，优化党建资源配置，提升党建工作针对性，创新党员教育培训方式，提高党建培训参与度。

从总体来看，深圳互联网企业积极组织学习党的创新理论，并形成常态化学习机制，通过多种多样的形式在内部组织学习活动，加深员工对党的创新理论的理解和掌握，通过学习理论指导企业的实践和创新，确保企业的发展与国家的战略方向保持一致。发挥科技优势，提升党建效率，是深圳互联网企业长期坚持并不断探索创新的任务。同时，为推动党建工作向更高水平发展，也要注意防范技术风险，确保技术应用的安全性和稳定性。在具体案例中发现，腾讯在这方面的表现与实践值得关注。

腾讯党委在组织架构上不断优化和完善，建立了四级组织体系，包括总部党委、分公司与事业群党总支、部门党支部以及项目团队党小组。为了进一步提升党建工作的信息化质量，腾讯建立了智慧党建体系。这一体系从党建引领、党务工作、互联网+党建创新三个维度出发，全面涵盖了腾讯的党建工作和业务工作，并充分适应了时代的发展要求①。通过运用以互联网为核心载体的现代技术，腾讯提升了党建工作的信息化水平。

在智慧党建的实践中，腾讯注重线上与线下的结合，通过多地连线等形式，协同开展党建活动，扩大党员和员工的覆盖面。同时，腾讯党委还定期开展形式多样的线下活动，如"行走的党课""青年读书会""党员爱分享"等。在线上方面，腾讯创新推出"微考学"活动，通过学习强国、深圳智慧党建等平台精选学习内容，并结合公司实际，编辑"微党课"和"微考卷"，通过内部平台推送给党员和员工，实现每周学习和考试。依托自身的数字化能力，腾讯运用互联网思维，打造多样的内容形式，如微党课、微视频、宣传片、漫画等，增强党建活动的吸引力。

除了内部党建工作，腾讯的"智慧党建"产品还为党政机关单位、国有企业和大型民营企业提供了党务管理、党员教育、党群互动和数据分析等整体解决方案。腾讯深入了解不同行业的党建需求，从产品规划、多应用场景融合和多渠道运营等方面，推动党建工作的信息化和现代化。该产品提升了信息化时代党建工作的一体化在线管理能力，推动党建工作的信息化和现代化，构建党建工作"一心多云、一云多端、一体多翼"的新格局②。在大数据、视频和存储等技术的支持下，腾讯通过智慧党建，帮助许多企业、组织等，将党建活动从物理空间延伸到虚拟空间。

在网络安全领域，腾讯党委始终发挥重要的引领作用，确保公司党员和员工牢固树立"网络安全是腾讯的生命线"这一核心理念。腾讯对这一理念的践行，主要体现在安全管理组织机构的设置上，腾讯不断完善信息安全决策委员会制度，通过加强党委对信息安全工作的领导，确保公司在网络安全方面的

---

① 王姣艳：《当前新型智慧党建平台建构路径》，《人民论坛》2016年第26期。

② 《智慧党建解决方案》，腾讯云，https：//cloud.tencent.com/solution/smart-party-building。

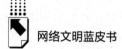

战略方向正确无误。同时，腾讯积极组建由优秀党员、企业高管和技术骨干组成的"三位一体"安全管理团队，充分发挥各方优势，共同应对网络安全挑战。近几年，腾讯还高度重视对人工智能技术的应用，通过人工智能赋能，协助有关部门和警方有效识别和预警诈骗活动，实现了对诈骗行为事前识别预警、事中拦截阻断和事后打击治理的全方位覆盖①。

（二）丰富线上线下正能量传播活动，提高发展质量

深圳互联网企业通过举办丰富多样的正能量传播活动，有效增强了党组织在企业中的凝聚力和战斗力，为企业的持续发展提供了坚实的组织保障。同时，深圳互联网企业的快速发展为正能量传播活动提供了更多的资源和平台，进一步推动了党建工作的深入开展。其一，深圳互联网企业注重正能量传播活动的形式创新，采用主题党日、党员志愿服务、党员先锋岗等多种方式，使正能量传播活动更加生动、有趣且富有成效。这些活动不仅丰富了党员的精神文化生活，也增强了党员的归属感和责任感，使党组织成为推动企业发展的重要力量。其二，深圳互联网企业围绕理论学习、红色教育、业务技能提升等方面，设计了丰富多样的正能量传播活动。这些活动不仅体现了不同企业的差异化和多元化特色，也满足了企业党员的不同需求。通过参加这些活动，党员能够不断提升自身素质和能力，更好地发挥先锋模范作用。其三，为了确保正能量传播活动顺利开展，深圳互联网企业提供了充分的资源支持，并建立了健全的党建活动组织机制。这不仅有助于正能量传播活动的高质量开展，也有助于推动党建工作与国家战略、区域发展等深度融合、相互促进。简言之，深圳互联网企业通过举办丰富多样的正能量传播活动，不仅增强了党组织的凝聚力和战斗力，也为企业发展提供了有力保障。同时，正能量传播与企业发展的深度融合，促进了企业的快速发展，实现了正能量传播与企业发展的双赢局面。

在党组织"三会一课"（支部党员大会、支部委员会、党小组会和党课）的召开频率方面，从总体来看，119个深圳互联网样本企业会组织召开"三会

---

① 《腾讯智能反诈中枢全链条打击网络黑产》，环球网，2020年3月30日，https：//tech. huanqiu. com/article/3xdEt2rjttW。

一课"，以增强党员组织观念，加强党员教育管理，督促党员发挥先锋模范作用。其中，62个企业建立了组织"三会一课"的常态化机制。

在具体案例中发现，自2018年3月中手游党支部成立以来，该公司党建工作得到全面发展。随着党员队伍的不断壮大，中共深圳市中手游网络科技有限公司总支部委员会（以下简称"中手游党总支"）于2023年7月6日在该公司深圳总部正式揭牌，标志着中手游党支部成功升格为党总支，该公司党建工作也迈入崭新的发展阶段。该公司一直以"党建+企业文化""党建+企业公益""党建+信息安全"等创新工作模式为引领，努力成为互联网企业先进文化的引领者和实践者，不断推动企业健康、稳定、持续发展。中手游党总支在党建工作中展现出两大亮点：一是通过党建与企业公益的有机结合，积极践行社会责任；二是借助党建与企业交流的深度融合，为粤港澳大湾区建设贡献智慧和力量。

第一，党建与企业公益有机结合，积极履行社会责任。中手游党总支始终秉持积极履行社会责任的核心理念，将"公益和社会责任"深深融入企业的核心文化。自2017年起，中手游组建了一支近百人的"中手游筑梦志愿者团队"。2018年开始，该公司与无锡灵山慈善基金会"图书馆计划"携手，共同推进"筑梦图书馆"项目，已在广东郁南、河北正定、江西吉安等地设立12所图书馆。中手游筑梦志愿者团队通过组织和参与各类志愿服务活动，不仅推动了企业文化建设，更为社会公益事业贡献了力量。

2023年，中手游党总支获得中共深圳市委互联网企业工委颁发的"先进基层党组织""五星支部"殊荣。在广东时代传媒集团主办的第十六届时代营销盛典颁奖典礼上，中手游因长期坚持开展"筑梦图书馆"公益项目，荣获"2023年度时代公益先锋奖"。此外，在深圳互联网行业高质量发展星光大典上，中手游"筑梦图书馆"项目被评为"当先锋、促发展"——党建引领互联网企业高质量发展创新创优活动、党建引领互联网企业高质量发展十大先锋项目之一。

第二，党建与企业交流深度融合，为粤港澳大湾区建设贡献智慧力量。在粤港澳大湾区建设的国家战略背景下，中手游党总支充分发挥企业优势，积极组织交流活动，为这一重大区域发展战略贡献了重要力量。2023年7~12月，该公司相继接待由香港青年组成的多个交流团，包括香港软件行业协会考察团、"青苗计划"国情交流团等。这些交流活动以青年人为主体，通过实地参观、座谈交流等形式，让香港青年深入了解中手游的发展历程、业务布局和企

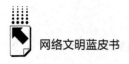

业文化，增进他们对粤港澳大湾区科创领域发展的认识，激发他们融入大湾区建设的热情和动力。

中手游党总支在党建+企业交流方面取得显著成效。通过企业交流参访等活动，中手游积极宣传粤港澳大湾区的政策和营商环境。这些活动不仅让更多的人了解到大湾区的优势和机遇，也为其他企业、组织和个人提供了参与大湾区建设的平台与机会。通过分享经验、交流思想，中手游激励更多企业把握大湾区建设机遇，共同推动区域高质量发展。通过一系列有针对性的交流活动，中手游不仅为粤港澳大湾区建设贡献了力量，也在促进粤港澳三地之间的深度融合与发展方面发挥了积极作用。这些成果充分展示了中手游党总支在党建工作中的创新与实践，也为其他企业提供了有益的借鉴和启示。

（三）深化正能量传播与业务融合，增强进步动力

互联网企业员工呈现年轻化、思想活跃、文化背景多元和流动性大等特点，给正能量传播工作带来新的挑战。如何调动员工参与党建活动的积极性，成为基层党组织面临的工作难点。正能量传播与业务深度融合，是提升组织效能、增强发展动力的关键。

这种融合的重要性在于，它能够有效激发互联网企业的组织活力，推动业务发展，实现党的建设与企业发展的双赢。一方面，党建工作能够引领业务发展，确保互联网企业业务方向正确；另一方面，业务发展可以为党建工作提供实践平台和检验标准。这种融合不仅可以提升企业的整体效能，也有助于企业在激烈的市场竞争中保持领先地位。

深圳互联网企业在这方面进行了积极探索，通过党建与业务的融合，提高了员工的业务能力，增强了员工在思想层面的凝聚力和向心力。深圳互联网企业的经验与做法，主要体现在以下三个层面。在思想层面，深圳互联网企业加强了企业党员对党建与业务融合重要性的认识，确保党员在思想上保持高度统一，形成了推动融合发展的强大合力。在制度层面，深圳互联网企业建立了成熟健全的党建与业务融合机制，将党建工作与业务工作同部署、同落实、同考核，确保了两者在制度层面的有机融合。在业务层面，深圳互联网企业不仅注重将党的理论、政策、方针融入工作，将党建工作成果转化为业务发展的强大动力，还注重解决党建工作中的实际问题，推动业务工作创新发展。

此外，深圳互联网企业还围绕党的二十大、建党百年、党史学习教育等主题，积极开展各类学习活动。例如，2021年7月，在深圳市互联网行业"四史"宣传教育知识竞赛中，深圳市君曼科技发展有限公司、深圳市安络科技有限公司等企业精心组织党员、群众全程参与并成功进入决赛，最终获得佳绩。

在内部传播方面，深圳互联网企业一方面努力提升党建工作对企业发展的支撑作用，调动员工参与党建活动的积极性；另一方面期待得到更多的指导和帮助，创新党建工作抓手，并且促进党建工作与企业经营之间的良性关系。

二　对外宣传

2020年10月，习近平总书记在深圳经济特区建立40周年庆祝大会上发表重要讲话时指出："经济特区处于改革开放最前沿，加强党的全面领导和党的建设有着更高要求。要深入贯彻新时代党的建设总要求，以改革创新精神在加强党的全面领导和党的建设方面率先示范，扩大基层党的组织覆盖和工作覆盖。广大党员、干部要坚定理想信念、更新知识观念、掌握过硬本领，自觉站在党和国家大局上想问题、办事情。"① 在数字化、信息化时代，互联网企业在传递社会正能量、塑造积极健康的网络空间方面发挥着重要作用。网络空间正能量传播不仅有助于深圳互联网企业提升正面形象，还能激发全社会向上向善的正能量，促进社会和谐进步，为发挥好经济特区的示范作用贡献力量。

深圳互联网企业在正能量传播方面，探索和形成了具有特色且务实有效的经验与做法，充分发挥了自身的技术优势，传播党的声音，宣传党的政策。其一，运用新技术、新手段，创新思想引领方式，通过传播优质内容，引导用户关注积极、健康的信息，增强党的指导思想和创新理论在网络空间中的传播效果；其二，借助互联网平台，鼓励更多用户积极参与正能量传播，通过多样化的方法，激发用户的参与热情；其三，根据自身情况，积极投入资源，支持党的指导思想和创新理论宣传实践，从党的创新理论到网络安全等内容，从设立专项资金到建立专业团队，保证思想宣传内容持续、稳定地输出。

---

① 《习近平：在深圳经济特区建立40周年庆祝大会上的讲话》，新华社，2020年10月14日，http://www.xinhuanet.com/politics/2020-10/14/c_1126611290.htm。

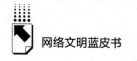

（一）搭建多样化平台渠道，宣传党的创新理论

随着数字技术的迅猛进步，人们获取信息的方式越发多元化。面对这一趋势，互联网企业需通过多渠道传播党的声音，扩大党的方针政策和工作成果的影响力。深圳互联网企业在这方面的表现尤为突出，它们充分利用各类资源和手段，有效提升了党的创新理论宣传效果。

深圳互联网企业高度重视社交媒体平台的作用，积极利用微博、微信、抖音等流行社交媒体，宣传党建活动，与网民进行互动交流。这种方式不仅能够迅速传达党的声音，还能够及时了解网民的反馈和意见，实现信息的双向流通。深圳互联网企业注重官方网站和移动应用的内容更新，定期发布党的创新理论、国家政策法规、工作成果等信息，为公众提供了全面、准确的信息服务，也提高了信息的传播效率。深圳互联网企业还积极组织策划各种形式的宣传活动，通过线上线下相结合的方式，向公众传递党的声音，增进公众对党的认识和了解。这些活动不仅形式多样、内容丰富，而且具有很强的互动性和参与性，有效提升了宣传效果。

在对外宣传方面，深圳互联网企业普遍重视宣传学习党的创新理论。调研显示，深圳互联网企业经常通过新颖、丰富的形式，如互动问答、短视频、在线海报等，开展党的创新理论宣传学习活动。同时，认真学习贯彻党的方针政策，发挥网络传播优势，做好重大主题宣传，增强党的创新理论在网络空间的传播力与引领力。做好党的指导思想的宣传工作，不仅有助于互联网企业了解时代发展与社会需要，还可以为推动党的创新理论深入人心、落地生根贡献力量。

在宣传平台的选择上，131个深圳互联网企业会选择外部资源途径，如学习强国、深圳智慧党建、深圳先锋等App或栏目，宣传学习党的创新理论；64个企业会通过企业官方微信公众号宣传学习党的创新理论；41个企业会通过企业官方网站宣传学习党的创新理论；19个企业会通过企业官方客户端宣传学习党的创新理论（见图1）。在宣传学习党的创新理论时，56个深圳互联网企业通过2个平台宣传学习，121个企业通过1个平台宣传学习，16个企业通过3个平台宣传学习，7个企业通过4个平台宣传学习。总体而言，深圳互联网企业充分发挥新媒体平台优势，不断创新党建工作形式和内容，为传播党的声音、学习党的政策、引导社会舆论积极贡献力量。

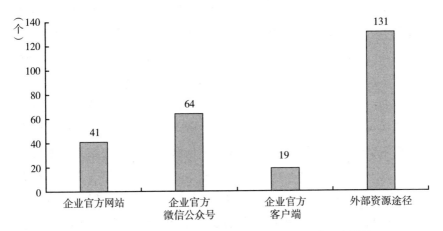

图1　深圳互联网样本企业宣传学习党的创新理论平台统计

在具体案例中发现，深圳热播网络科技有限公司自2009年成立以来，始终致力于在新媒体领域开拓创新。2017年8月，该公司成立中共深圳全接触新媒体平台党支部（以下简称"深圳全接触党支部"），致力于打造一个充满灵魂、担当与品质的红色新媒体平台。深圳全接触党支部以"展示新形象、引领新风尚、传播正能量、做好新榜样"为行动准则，充分发挥新媒体平台优势，积极传播党的声音，深入学习党的政策，主动沟通社情民意，努力引导社会舆论。

该公司始终将党建工作与企业文化紧密结合，通过张贴"跟党一起创业""幸福都是奋斗出来的"等宣传标语，营造浓厚的党建氛围。同时，深圳全接触党支部建立微信公众号、微博账号和党员学习群，定期发布党建资讯和学习动态，为党员提供便捷的学习和交流平台，还积极宣传改革开放40年的辉煌成就，宣传"粤港澳大湾区"和"中国特色社会主义先行示范区"的发展战略。该公司通过创作《40张珍贵老照片，带你见证深圳40年的巨变！超震撼》等系列作品和《奔跑的深圳，充满了想象力！》等文章，生动展现深圳作为改革开放前沿阵地的奋斗历程和辉煌成就。凭借出色的党建工作，深圳全接触党支部在2020年和2021年分别获得全国数字经济党建创新项目前三十强和前十强的殊荣，并先后被中共深圳市委和龙岗区委评为"先进基层党组织"和"典型示范党支部"。

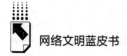
除了线上宣传,深圳互联网企业还充分利用深圳的区域优势,在政府的大力支持下,开展丰富多彩的线下活动,深入宣传党的理论、方针和政策。例如,深圳市网眼传媒有限公司(以下简称"网眼传媒"),作为新媒体内容产品供应商和新媒体顾问服务提供商,持续组织新的社会阶层人士学习党史系列活动,其中"寻美·深圳"系列活动是贯彻落实中央统战部"寻美·中国"再出发活动要求,推进新的社会阶层人士党史学习教育的重要举措,也是引领全市新的社会阶层人士发现深圳创新之美、奋斗之美的重要平台。货拉拉作为一家知名的互联网物流运营平台,成立了司机流动党员党支部,积极响应党中央关于新业态、新就业群体党建试点工作的部署。货拉拉通过举办"赋能高质量发展·2023货拉拉 & 小拉出行'全民就业季'"活动,为货车司机、网约车司机等提供了大量就业岗位,不仅提升了平台的运力,也为经济社会发展提供了有力的物流服务保障。同时,货拉拉还发布了司机权益保障计划,从多个方面保障新就业群体的合法权益①。腾讯音乐娱乐(深圳)有限公司(以下简称"腾讯音乐")通过"国乐焕新"IP项目,与多个传统院团开展深度合作,共同推动传统文化的数字化与推广。未来,腾讯音乐还将与更多非遗文化,尤其是少数民族音乐开展跨界创新合作,探索传统文化与现代科技的融合之路。

(二)打造精品内容,拓展思想宣传广度

精品内容具有引发共鸣、引人思考和价值传递等重要意义。因此,互联网企业可以通过打造高质量的内容,为社会传递更多积极、向善向上的信息,激发人们乐观积极的精神,扩大正能量的传播范围,增进网民对正能量的分享,不断提升正能量内容的影响力和引导力。网络精品内容的创作既要投入时间和精力,注重内容的原创性、准确性和可读性,也要兼顾受众的兴趣、需求和习惯,关注社会热点和趋势。网络空间中的行动主体往往具有不同的优势,在正能量传播中发挥不同作用。因此,通过合作、协同、共享等方式,建立与其他媒体、创作者和平台的合作关系,有助于不同行动主体共同传播正能量内容,

---

① 《党建引领助力企业高质量发展 2023货拉拉 & 小拉出行"全民就业季"启动》,深圳新闻网,2023年2月8日,https://www.dutenews.com/n/article/7333305。

让更多更大范围的网民受益。

习近平总书记在深圳经济特区建立 40 周年庆祝大会上指出："中国特色社会主义是物质文明和精神文明全面发展的社会主义。经济特区要坚持'两手抓、两手都要硬'，在物质文明建设和精神文明建设上都要交出优异答卷。要加强理想信念教育，培育和践行社会主义核心价值观，深化中国特色社会主义和中国梦宣传教育，教育引导广大干部群众特别是青少年坚定中国特色社会主义道路自信、理论自信、制度自信、文化自信。"① 深圳互联网企业通过多样化的宣传平台，传播党的声音，扩大了党的创新理论在网络空间的影响力。在网络上配合开展重大主题宣传活动，反映新时代党和国家事业发展的新变化新成就方面，105 个深圳互联网企业主动在网络上配合开展重大主题宣传活动，38 个企业积极在网络上配合开展重大主题宣传活动（半年宣传3~6 次）。

对于网络作品，需要评估总结，调整内容策略，优化内容质量和传播方式，不断适应时代需求，提升传播效果。同时，对网络内容的征集与展播，有助于鼓励互联网企业提升创作能力、传播能力和统筹协调能力。在具体案例中发现，腾讯作为一家以互联网为基础的科技与文化公司，一直重视打造高质量的传播产品，在自有平台上积极开展系列主题的优秀网络视听作品展播与宣传。

腾讯多年来一直致力于网络精品的创作，并有多部作品入选由中央网信办（国家网信办）指导、中国互联网发展基金会主办的全国性活动——中国正能量"五个一百"网络精品②征集评选活动，不仅创作了多部社会认可、网民认可、影响广泛的网络正能量作品，还凝聚了社会共识，助力建设清朗网络空间，并产生了积极良好的社会反响。以下是腾讯 2022 年和 2023 年入选由中共中央网信办指导的中国正能量"五个一百"网络精品征集评选展播活动名单（见表1、表2）。

---

① 《习近平：在深圳经济特区建立 40 周年庆祝大会上的讲话》，新华社，2020 年 10 月 14 日，http://www.xinhuanet.com/politics/2020-10/14/c_1126611290.htm。

② "五个一百"网络精品包括网络正能量榜样、网络正能量文字、网络正能量图片、网络正能量动漫音视频作品、网络正能量专题活动。

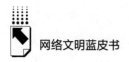

表1 深圳市腾讯计算机系统有限公司2022年中国正能量"五个一百"网络精品名单

序号	类型	标题	作者	主创单位
1	网络正能量文字	中共二十大:大国、大党、大目标、大历史	明叔杂谈	个人(腾讯报送)
2		3小时12分钟,中美元首会晤释放这些重要信息!	补壹刀	个人(腾讯报送)
3		这是一场激烈的斗争,中国身后已有160多个国家	牛弹琴	个人(腾讯报送)
4	网络正能量图片	一起"手"护野生动物	《一起"手"护野生动物》主创团队	腾讯QQ、大自然保护协会、国家林业和草原局宣传中心
5	网络正能量音视频	嘿!梦想家,愿你不失孩子气	《嘿!梦想家,愿你不失孩子气》主创团队	新华社新媒体中心、上海美术电影制片厂、深圳市腾讯计算机系统有限公司
6		《一切只为热爱》冬奥主题定格动画	《〈一切只为热爱〉冬奥主题定格动画》主创团队	人民日报社新媒体中心、深圳市腾讯计算机系统有限公司
7		笃定	岳淼、唐烨平、金奕涵、肖健、金慧子、程盟超	共青团中央宣传部、深圳市腾讯计算机系统有限公司、《中国青年报》
8		与象同行	《与象同行》主创团队	中国外文局国际传播发展中心解读中国工作室、腾讯可持续社会价值事业部、缤纷自然(北京)文化传媒有限公司、云南省森林消防总队
9		系列纪录片《百年家书》	骆国骏、李斌、涂铭、乌梦达、李放、魏梦佳	新华社全媒体编辑中心、新华社音视频部、新华社北京分社、腾讯影业
10	网络正能量专题专栏	无穷青年	《无穷青年》主创团队	深圳市腾讯计算机系统有限公司、新京报社
11		《给孩子们的大师讲堂》农业科普特辑	《〈给孩子们的大师讲堂〉农业科普特辑》主创团队	新华社客户端、《新华每日电讯》、中国宋庆龄基金会、深圳市腾讯计算机系统有限公司
12		《闪光吧!少年》(纪录片)	《〈闪光吧!少年〉(纪录片)》主创团队	深圳市腾讯计算机系统有限公司
13		《柴米油盐之上》(纪录片)	《〈柴米油盐之上〉(纪录片)》主创团队	深圳市腾讯计算机系统有限公司

续表

序号	类型	标题	作者	主创单位
14	网络正能量主题活动	亿缕阳光	《亿缕阳光》主创团队	人民网、人民视听科技有限公司、深圳市腾讯计算机系统有限公司
15		"低碳星球"碳普惠互动平台	"低碳星球"碳普惠互动平台主创团队	光明日报全媒体、深圳市腾讯计算机系统有限公司、深圳市生态环境局、深圳排放权交易所
16		"向上吧,青年!"主题活动	"向上吧,青年!"主题活动主创团队	共青团中央宣传部、深圳市腾讯计算机系统有限公司
17		《照见天地心——中国书房的意与象》故宫午门展览	《照见天地心——中国书房的意与象》故宫午门展览主创团队	深圳市腾讯计算机系统有限公司、故宫博物院

资料来源:根据 2022 年中国正能量"五个一百"网络精品名单整理。

表 2 深圳市腾讯计算机系统有限公司 2023 年中国正能量"五个一百"网络精品名单

序号	类型	标题	作者	主创单位
1	网络正能量文字	今天开通!"火车开进我家乡"!	集体	中国铁路昆明集团有限公司融媒体中心(腾讯报送)
2		"没关系,勇敢地申请吧,这是国家对你的信任!"	孟诗琪、简蓓茜	共青团中央宣传部(腾讯报送)
3		CR450 动车组研制取得阶段性成果 新技术部件在列车高于时速 400 公里运行条件下的性能验证试验取得圆满成功	集体	国铁集团(腾讯报送)
4	网络正能量图片	民主的打开方式	集体	新华社新媒体中心、腾讯新闻
5	网络正能量音视频	人民日报杭州亚运会助威曲《登场》	集体	《人民日报》、腾讯
6		当然青春	集体	腾讯视频
7		《敦煌师父》第二季	集体	腾讯新闻

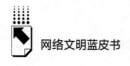

续表

序号	类型	标题	作者	主创单位
8	网络正能量专题专栏	亿缕阳光	集体	腾讯、人民视频
9		罕见	集体	腾讯新闻
10	网络正能量主题活动	先快乐 再发光	集体	腾讯

资料来源：根据 2023 年中国正能量"五个一百"网络精品名单整理。

在中央网信办网络传播局指导下，人民网、人民视听科技有限公司、腾讯共同推出的《亿缕阳光》连续两年被评为中国正能量"五个一百"网络精品栏目。该栏目发布的视频是由网民创作的内容和新闻素材经过二次剪辑形成，采用适应当下移动传播场景的竖版形式，通过深入挖掘社会话题的价值内核，实现一次生产、多次生成、多平台播发，在情感上打动网民，让普通人身上的正能量在网络空间引起共鸣，激励人们团结奋斗，共同创造文明友爱的社会。

（三）注重宣传时效，强化正能量引领

提升党建工作的宣传时效，一直是党的思想建设的重要保障。在数字化时代，及时传达党的声音、党的政策、党的主张，让人民群众及时了解党的决策和行动，有助于增强党的凝聚力和影响力，引导全社会积极投身党的建设和国家发展。深圳互联网企业坚持以党建引领企业科技创新，增强企业党组织政治功能，持续激发企业党组织内生动力。其中，党建工作关系到党组织在企业中的凝聚力、影响力和战斗力。网络空间党建宣传是党建工作的重要组成部分。深圳互联网企业结合自身实际情况，在形式上充分运用新媒体，提高宣传工作的时效性；在内容上紧跟时代发展，融入党的路线、方针、政策，积极推动网络空间的宣传工作。

课题组通过对企业官方网站、官方企业微信公众号中的内容进行分析发现，深圳重点互联网企业能在自有平台上及时宣传党建工作，总结党建活动经验。在党建交流活动的传播过程中，深圳互联网企业不仅融入了企业文化、企业业务、企业重点项目等信息，还传递了科技兴国、科技治理、科技赋能等理念。

除此之外，深圳多家互联网企业还参与了由政府部门、党媒、行业协会等组织的正能量宣传活动。例如，网眼传媒主创团队参与制作了由中共深圳市委统战部办公室统筹拍摄的系列短视频《深圳·这里是家乡》，通过请深圳统一战线各领域人士讲述亲身经历，着力打造深圳的"家"文化，推动"来了就是深圳人"的观念深化为"深圳·这里是家乡"的认同，引发社会广泛关注①；为推动党的二十大精神在网络空间的传播，中共深圳市委网信办发布"二十大·V传播"深圳网络名人说系列视频，邀请深圳互联网文化企业主要负责人等10位深圳网络名人，立足深圳、结合自身经历，传播党的二十大声音。

在保证宣传时效的同时，深圳互联网企业也注重宣传效果的提升。例如，迷你创想为进一步促进党建与产品相融合，以沙盒平台、IP文创为抓手，打造了新时代党建品牌。迷你创想结合建党100周年、八一建军节、中国航天日、国庆等元素，开展主题创作赛事，覆盖历史建筑、传统文化、科普知识、爱国主义教育、家庭教育等方面，共计200余场，超30万名参赛者②。在建党100周年时，迷你创想与新华网联合创作"一百"红歌RAP歌曲和红色沙盒创作赛事。迷你创想推出的沙盒类游戏《迷你世界》，在游戏世界里积极响应国家政策，顺应时代潮流，推出"星星之火，百年风华"活动。该游戏为玩家呈现了中国共产党人穿越惊涛骇浪，历经磨难，承担起人民重托与民族希望的游戏背景，还原了"飞夺泸定桥""万里长征"等经典红色场景，使参与游戏的每个人都能在游戏中了解党的发展历程，加深对党的认识，将党史铭记于心。

为增强党的思想宣传时效，快速且准确地传达党的理论成果、政策主张和实践要求，深圳互联网企业基本形成了完善的宣传机制，包括及时收集、整理和发布党的理论创新成果，兼顾宣传的针对性和实效性，确保宣传内容能够引起人们的共鸣和关注。同时，深圳互联网企业注重把党建工作融入企业管理，不断适应新时代党的建设新要求，探索和创造了有特色又务实有效的党建工作经验。新时代对党建宣传工作提出新的要求，党的宣传工作既要紧跟时代步

---

① 《〈深圳·这里是家乡〉第二季|用创新铸魂深圳》，中共深圳市委统战部办公室，2023年12月18日，http：//www.tzb.sz.gov.cn/zdzl/szzlsjjdej/content/post_1120774.html。

② 数据来源：《迷你创想八周年社会责任层面报告》，迷你创想，2023年。

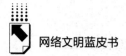
伐，又要及时反映党的政策和群众呼声。深圳互联网企业在党建活动中，一方面兼顾党建工作的政治性、严肃性，时刻不忘宣传红色文化、弘扬革命精神；另一方面运用新的传播形式，切实增强党建工作的传播力和引导力。

三 总结与建议

深圳互联网企业在网络空间正能量传播方面的表现突出，整体得分在五大维度中最高，充分展现了在这方面的优秀表现。深圳互联网企业不仅重视党的理论和政策的及时准确传播，还凸显了对传播正能量工作的高度重视。数据分析显示，大型企业在内部和外部的网络空间正能量传播上均表现良好，这与其党员数量多、组织机构完善以及员工积极性高等因素密切相关。大型企业党委积极发挥企业力量，为网络空间正能量传播做出突出贡献，而中小微型企业也在网络空间正能量传播中发挥出特色优势。

在内部传播方面，深圳互联网企业充分发挥党建引领作用，形成了务实高效的党建经验。深圳互联网企业利用技术优势，将党建工作技术化，提高了工作效率，同时强调党员在企业工作中的模范作用，增强了队伍的凝聚力。深圳互联网企业还依托地域、行业等优势，开展多种形式的党建活动，积极承担社会责任，传递社会正能量。深圳互联网企业都会组织员工学习党的创新理论，提升员工思想水平；大多数企业会组织召开"三会一课"，形成了规范化、常态化的学习制度。然而，不同规模的深圳互联网企业在内部传播方面存在显著差异。大型企业在党建学习频率和"三会一课"召开频率上均超过中小微型企业。因此，未来需要为不同规模的企业提供差异化的党建指导，解决其党建工作中的具体问题，提升其党建工作的质量和水平。

在对外宣传方面，深圳互联网企业在技术支持、内容创作以及传播效果与力度方面均表现出色。深圳互联网企业利用平台优势，搭建新媒体宣传矩阵，创作优秀的正能量作品，获得良好的社会反响。同时，深圳互联网企业注重宣传工作的时效性，及时宣传党建活动和正能量产品，展现了高度的责任感和使命感。深圳互联网企业会积极宣传学习党的创新理论，配合开展重大主题宣传活动，反映新时代党和国家事业发展的新变化新成就。大型企业在宣传学习党的创新理论和配合开展重大主题宣传活动方面的频率高于其他规模企业，展现了其在这方面的引领作用。

互联网企业在新时代党的创新理论宣传工作中扮演着重要角色。作为网络空间中的重要一员，深圳互联网企业在网络空间正能量传播方面，首先要坚持以党的创新理论统领网络文明建设，与党组织保持密切联系，积极响应党的号召，配合党组织做好思想政治工作；其次要持续创新宣传方式和内容，加强与公众的互动和交流，不断提升宣传内容质量，推动党的创新理论走深走心走实；最后要不断提高员工的政治素养和业务能力，鼓励企业内部员工和外部公众参与党的创新理论宣传，推动中国特色社会主义理论创新，为深圳建设、区域发展、国家战略实施等奠定良好的思想基础，更好地发挥党的指导思想凝心聚力的作用。

参考文献

骆郁廷：《新时代如何提升党的思想引领力》，《人民论坛》2019年第12期。

中共广东省互联网行业委员会办公室编《广东省互联网行业党建工作经验选编》，广东人民出版社，2021。

B.4

2023年深圳互联网企业网络
空间文化培育调查报告

杨洸　邹艳雪*

摘　要：　2021年，中共中央办公厅、国务院办公厅印发的《关于加强网络文明建设的意见》指出，要加强网络空间文化培育。网络空间文化培育是指在网络环境中，通过一系列措施和行动，引导和塑造健康的、积极的、有益的网络文化。互联网企业在互联网时代不仅是经济活动的主体，也是网络文明建设的重要参与者。调研发现，深圳互联网企业的网络空间文化培育具体体现为开展网上"四史"学习教育、引领网络文化建设、策划优质网络文化产品三个维度。其中，开展网上"四史"学习教育维度的表现较好，引领网络文化建设、策划优质网络文化产品维度的表现优秀。大型企业是网络空间文化培育的主力军与推动者，中小微型企业则不同程度地参与了网上"四史"学习教育、传播中华优秀传统文化与打造网络文化产品。深圳互联网企业可从建设一支具备高水平技术能力和专业素养的人才队伍、坚持"内容为王"、打造网络文化品牌、坚持科技手段与文化创意相融合等方面持续努力，以全面提升网络空间文化培育的效能和影响力。

关键词：　深圳互联网企业　中华优秀传统文化　网络文化产品　科技赋能
文化传播

网络空间文化培育是指在网络环境中，通过一系列措施和行动，引导和塑造健康的、积极的、有益的网络文化。网络空间文化培育涉及多个方面，包括

---

* 杨洸，深圳大学传播学院教授、博士生导师、副院长，研究方向为网络传播、网络文明、舆论极化；邹艳雪，深圳大学传播学院2022级博士研究生，研究方向为网络传播、舆论极化。

价值观引领、文明素养提升、文化传承与创新以及公共话语空间建设等。通过网络空间文化培育，可以促进网络文化健康发展，推动社会文明进步。

在互联网时代背景下，互联网企业不仅是经济活动的主体，也是网络文明建设的重要参与者，在网络空间文化培育过程中发挥着重要作用。在培育健康、积极、有益的网络文化方面，互联网企业不仅可以利用自身平台和渠道优势，通过官方网站、社交媒体等平台，积极传播社会主义核心价值观，弘扬正能量；还可以结合地方特色，举办网络文化活动，如网络文化节、网络公益活动等。深圳互联网企业网络空间文化培育具体体现为开展网上"四史"学习教育、引领网络文化建设、策划优质网络文化产品三个维度，旨在向广大网民传播中国特色社会主义文化，创新中华优秀传统文化，提供更多优质、积极、健康的网络文化产品和服务。

课题组采用配额抽样方法，选择不同规模、类型和所在区域的 210 家企业进行问卷调查。经分析发现，在网络空间文化培育方面，深圳互联网企业总体得分为 91.37 分，其中大型企业得分为 92.60 分。在三个细分维度上，开展网上"四史"学习教育的得分为 85.33 分，引领网络文化建设的得分为 93.77 分，策划优质网络文化产品的得分为 95.00 分。深圳互联网企业在网络空间文化培育方面的整体表现良好，其中，大型互联网企业的整体表现尤为突出，但在不同维度上的表现存在差异。

一 开展网上"四史"学习教育

在本次调查中，深圳互联网企业开展网上"四史"学习教育主要体现在以下三个方面：（1）深入开展党史、新中国史、改革开放史、社会主义发展史学习教育，得分为 83.69 分；（2）在网络上传播党在革命、建设、改革各个历史时期取得的伟大成就，得分为 85.23 分；（3）在网络上弘扬党和人民在奋斗中形成的伟大精神，得分为 87.07 分，这一方面的得分最高。

根据数据分析结果可知，深圳互联网企业在深入开展党史、新中国史、改革开放史、社会主义发展史学习教育方面的表现良好。具体而言，47.40%的企业不定期开展，26.30%的企业"经常"开展，26.30%的企业"总是"开展。这反映了近半数的深圳互联网企业已经意识到深入学习党史、新中国史、

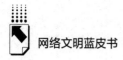
改革开放史、社会主义发展史的重要性，并在此方面有所建树。在具体案例中发现，任子行网络技术股份有限公司建立了企业微信党建学习平台，每周推送"四史"学习内容，展现出在此方面的积极努力。相比之下，深圳少部分中小微互联网企业可在此方面继续努力。

根据数据分析结果可知，深圳互联网企业较为重视在网络上传播党在革命、建设、改革各个历史时期取得的伟大成就，其次关注开展党史、新中国史、改革开放史、社会主义发展史学习教育。具体而言，44.60%的企业不定期在网络上传播相关内容，23.40%的企业"经常"进行传播。这说明超过半数的企业开始意识到传播党在各个历史时期伟大成就的重要性。值得欣慰的是，超30.00%的企业将这一工作常态化，显示出它们在传播党在革命、建设、改革各个历史时期取得的伟大成就方面的积极态度。

在具体案例中发现，平安科技（深圳）有限公司（以下简称"平安科技"）作为因改革开放而生、随党和国家事业繁荣发展而壮大的企业，始终与党同心，以服务国家发展为己任。在新时代新征程中，平安科技不仅深入学习贯彻党的二十大精神，还准确把握国家战略发展的指导原则和重点领域，坚定不移地服务国家战略。为了迎接党的二十大胜利召开，平安科技全体党员通过多种形式，收看了开幕会，其党委更是带头抒发担当奋进情怀，并及时在官方微信公众号平台"平安科技范儿"上发布相关信息[1]。

根据数据分析结果可知，在网络上弘扬党和人民在奋斗中形成的伟大精神方面，深圳互联网企业的整体表现最为出色。超过三成的深圳互联网企业"经常"或"总是"在网络上弘扬党和人民在奋斗中形成的伟大精神，这部分企业是在网络上弘扬党和人民在奋斗中形成的伟大精神的主力军，它们的积极参与和持续投入对于在网络上弘扬党和人民在奋斗中形成的伟大精神方面起到关键作用。

在具体案例中发现，银盛科技服务集团有限公司（以下简称"银盛科技"）是一家以金融科技服务为主导、聚焦产业发展的集团企业。为了弘扬特区精神，激励党员牢记嘱托，银盛科技组织全体党员重温了习近平总书记

---

[1] 《学习二十大，平安科技党员在行动》，平安科技范儿，2022年10月21日，https：//mp. weixin. qq. com/s/eeE1r3XbddUj_Ac6EWvSkA。

在庆祝中国共产党成立100周年"七一勋章"颁授仪式上的重要讲话精神，要求所有党员坚定对党的理想信念，保持锐意进取的奋斗精神，为新经济组织的发展贡献坚实的力量。在活动中，大家积极分享了在学习习近平总书记系列重要讲话精神过程中的思考与实践。2023年7月10日，银盛科技组织党员员工与相关部门举办共建联学活动，加强党的优良传统教育，通过组织"五老"讲述党的故事、利用军休中心爱国主义教育基地开展体验式红色主题教育等方式，深化党建共建和联学，引导全体党员从思想上正本清源、固本培元，展现出新时代的新担当。银盛科技通过这些举措，不仅加强了党员的党性教育，也提升了企业的凝聚力和向心力，展现了其在新时代的担当和作为[1]。

同时，我们也应充分认识到不同企业的活跃度和参与度存在较大差异。近半数深圳互联网企业会不定期在网络上弘扬党和人民在奋斗中形成的伟大精神，表明在深圳这片改革开放的热土上，大多数互联网企业对于在网络上弘扬党和人民在奋斗中形成的伟大精神较为重视。

深圳市迅雷网络技术有限公司（以下简称"迅雷"）通过召开"四史"学习动员会，开展"书记讲党课"活动，组织共学《中国共产党简史》等"必学书目"，组织观看线上党课直播，组织观看红色题材电影《1921》《长津湖》等，扎实开展"四史"学习教育30余次。同时，迅雷组织党员和入党积极分子参观红色遗址，赴广州开展"追寻红色足迹，汲取奋进力量""四史"学习教育，到中共三大会址纪念馆、辛亥革命纪念馆和黄埔军校等红色旧址进行参观学习[2]。迅雷开展的"云走长征路，重忆百年史"线上重走长征路活动，以红军长征历史为背景，突出互联网行业特色，通过微信小程序，用"步数换里程"的方式模拟行走25000里长征路，完成线上长征任务。微信小程序用户打开首页，会弹出每日党史，兑换里程后，可点击了解长征知识。用户每走到一个节点，系统都会对应显示这个节点的历史知识，将党史学习教育与人文、健身融为一体[3]。

---

① 《银盛集团党委庆祝中国共产党成立102周年开展系列主题党日活动》，银盛集团，2023年7月25日，https：//mp.weixin.qq.com/s/l95bvCQF-TV2RkbY2etTyA。
② 来源于迅雷采访稿。
③ 来源于迅雷采访稿。

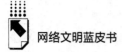

深圳互联网企业在网络上传播党在革命、建设、改革各个历史时期取得的伟大成就时，采取了多样化的传播策略，以更有效地进行宣传。具体而言，29.50%的企业选择通过企业官方网站这一权威渠道进行传播，以确保信息的准确性和权威性；45.50%的企业倾向于利用企业官方微信公众号这一受众广泛的平台，以便更好地触达目标群体；11.50%的企业选择通过企业官方微博进行实时互动，以增强与用户的沟通和联系；9.00%的企业借助企业官方抖音这一短视频平台，以更加生动直观的方式展示党的光辉历程；25.50%的企业选择主流官方媒体平台，借助其强大的传播力，扩大影响力；21.00%的企业选择其他媒体平台，如行业媒体、地方媒体等，以有针对性地覆盖特定受众；13.00%的企业则选择其他途径，如线下活动、合作推广等，以丰富传播形式（见图1）。

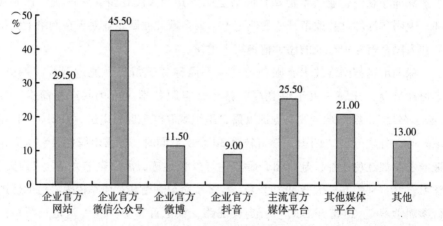

图1　深圳互联网企业在网络上传播党在革命、建设、改革各个历史时期取得的伟大成就的媒体类别统计（多选）

在网络上弘扬党和人民在奋斗中形成的伟大精神方面，深圳互联网企业同样采用了多样化的传播手段。其中，33.50%的企业选择通过企业官方网站进行传播，展示企业的责任与担当；42.50%的企业借助企业官方微信公众号这一便捷渠道，让更多人了解和学习党和人民在奋斗中形成的伟大精神；10.50%的企业通过企业官方微博分享感人故事和先进事迹，彰显人性光辉，凝聚社会共识；7.00%的企业利用企业官方抖音传播富有创意的视频内容，吸引年轻受众；20.50%的企业选择主流官方媒体平台，与权威媒体共同传播正能量；22.00%的企业选择其他媒体平台；9.50%的企业选择其他途径（见图2）。以上这些共同构成了深圳互联网企业弘扬党和人民在奋斗中形成的伟大精神的传播矩阵。

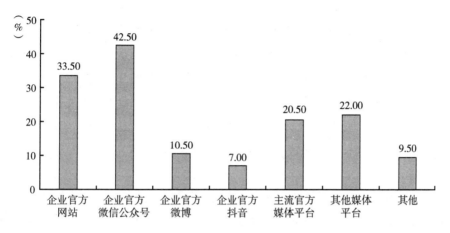

图2 深圳互联网企业在网络上弘扬党和人民在奋斗中形成的伟大精神的媒体类别统计（多选）

以上两组数据进一步细化了深圳互联网企业在网络上传播党在革命、建设、改革各个历史时期取得的伟大成就与在网络上弘扬党和人民在奋斗中形成的伟大精神时所采用的媒体类别，揭示了深圳互联网企业对不同媒体平台的使用偏好。从数据中可以看出，企业官方微信公众号是最受深圳互联网企业欢迎的媒体平台，近半数的深圳互联网企业选择通过企业官方微信公众号进行传播，这是因为微信公众号具有广泛的用户基础和较高的用户黏性。同时，微信公众号提供了多样的内容形式，包括文字、图片、音频和视频，有助于通过生动、形象的方式，展示党在革命、建设、改革各个历史时期取得的伟大成就以及党和人民在奋斗中形成的伟大精神。

此外，企业官方网站也是一个重要的传播渠道，三分之一左右的深圳互联网企业选择使用企业官方网站进行内容传播，这表明官方网站依旧是深圳互联网企业重要的信息发布平台。深圳互联网企业可以继续挖掘抖音等短视频平台等新媒体的传播规律，精准把握用户需求，灵活运用创意传播手段，借助新媒

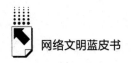

体的流量红利，积极传播党在革命、建设、改革各个历史时期取得的伟大成就，弘扬党和人民在奋斗中形成的伟大精神。

二 引领网络文化建设

在本次调查中，深圳互联网企业引领网络文化建设主要体现为两个方面：
（1）在网络上向广大网民和社会各界传播社会主义核心价值观，得分为96.20分；（2）在网络上弘扬发展中华优秀传统文化，得分为91.34分。

根据数据分析结果可知，在网络上向广大网民和社会各界传播社会主义核心价值观方面，34.10%的企业不定期传播社会主义核心价值观，21.40%的企业"经常"传播社会主义核心价值观，44.50%的企业"总是"传播社会主义核心价值观。

根据数据分析结果可知，深圳大多数互联网企业意识到弘扬发展中华优秀传统文化属于自己的社会责任，并付诸行动。分别有23.10%与21.20%的深圳互联网企业"经常"和"总是"在网络上弘扬发展中华优秀传统文化，说明近50.00%的深圳互联网企业充分意识到中华优秀传统文化的重要价值，并将弘扬发展中华优秀传统文化作为自己常态化工作的一部分。

在具体案例中发现，深圳市中手游网络科技有限公司在游戏研运及IP运营过程中，深度融入中华优秀传统文化，面向全球市场，不断推出具有全球传播价值的中国文化IP游戏作品，包括《仙剑奇侠传》IP系列产品、《新射雕群侠传之铁血丹心》、《斗罗大陆-斗神再临》等。例如，基于仙剑奇侠传IP自研的首款仙侠开放世界作品《仙剑世界》力求展现中华文化之美，还原中华山水美景、传统城镇风貌、风土人情和人文历史，通过地域特色呈现多样文化内涵，拥有极为丰富的文化内容表达。《仙剑世界》的元宇宙空间还通过植入线上博物馆、非遗文化体验馆、文旅景点还原等方式，持续增强文化内涵属性①。

深圳市大疆创新科技有限公司（以下简称"大疆"）积极联合其他机构，

---

① 《中手游董事长兼CEO肖健CDEC2023主题演讲》，CMGE中手游，2023年7月31日，https：//mp.weixin.qq.com/s/JO1LF12AQVNgeTSDi4kqTg。

发起"文化遗产数字化无人机贴近摄影测量大赛",在线征集、评选无人机贴近摄影测量技术所呈现的文化遗产精细化模型,旨在促进中国文化遗产数字化保护,探索"实景三维"建设的新方法、新路径,弘扬中华优秀传统文化。在文化遗产保护领域,大疆还提供了古迹测绘全流程解决方案。多地文物保护部门利用该方案,先后完成对乐山大佛、花山岩画、广胜寺飞虹塔、平遥古城、程阳风雨桥等重点历史文化遗产的高精度测绘工作,为这些历史建筑建立了完整、准确、永久的数字档案。精准的数字化成果,不但能够为历史建筑优化、保护、监测和修复工程提供科学决策依据,还可以让历史元素与现代人类活动和谐共存①。

深圳互联网企业在网络上向广大网民和社会各界传播社会主义核心价值观时,39.50%的企业选择企业官方网站,49.00%的企业选择企业官方微信公众号,15.00%的企业选择企业官方微博,7.00%的企业选择企业官方抖音,19.50%的企业选择主流官方媒体平台,29.50%的企业选择其他媒体平台,7.50%的企业选择其他途径(见图3)。

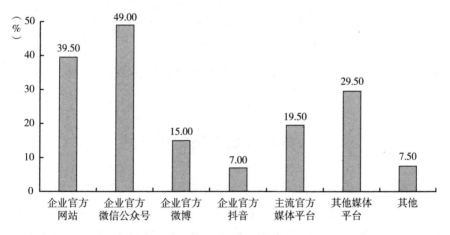

图3　深圳互联网企业在网络上向广大网民和社会各界传播社会主义核心价值观的媒体类别统计(多选)

---

① 《大疆创新联合多家机构发起文化遗产数字化无人机贴近摄影测量大赛》,新浪 VR,2021年9月9日,https://vr.sina.com.cn/2021-09-09/doc-iktzscyx3221705.shtm。

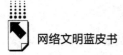

深圳互联网企业在网络上弘扬发展中华优秀传统文化时，32.50%的企业选择企业官方网站，45.50%的企业选择企业官方微信公众号，13.00%的企业选择企业官方微博，9.00%的企业选择企业官方抖音，23.50%的企业选择主流官方媒体平台，23.00%的企业选择其他媒体平台，9.00%的企业选择其他途径（见图4）。根据数据分析结果可知，企业官方微信公众号和企业官方网站成为深圳互联网企业最常用也最偏爱和信赖的传播渠道，企业官方微博与企业官方抖音等新媒体平台的运用还有提升空间。

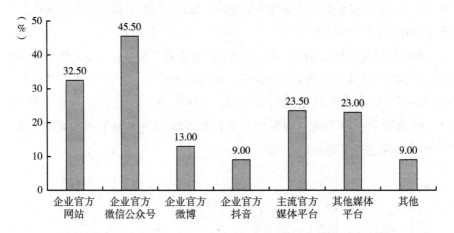

图4 深圳互联网企业在网络上弘扬发展中华优秀传统文化的媒体类别统计（多选）

三 策划优质网络文化产品

在本次调查中，深圳互联网企业策划优质网络文化产品主要体现在以下两大方面：（1）在网络上提供积极健康、向上向善的网络文化产品（如网络电影、网络动漫等作品），得分为96.08分；（2）在网络上打造特色品牌活动或原创精品，推动中华优秀传统文化创造性转化、创新性发展，得分为93.92分。调查结果显示，总体来说，策划优质网络文化产品是深圳互联网企业在网络空间文化培育维度中表现最好的一个子维度。

根据数据分析结果可知，深圳互联网企业在在网络上提供积极健康、向上向善的网络文化产品方面的表现优秀。"经常"与"总是"在网络上提供积极健康、向上向善的网络文化产品的企业占比之和为42.90%，说明近半数的深圳互联网企业已在此方面有所表现与行动。

在具体案例中发现，深圳市点维文化传播有限公司（以下简称"点维文化"）协调深圳各部门，出动上千架无人机，拍摄了《冬奥会24节气》中无人机组成的水滴落下的美如画镜头。2023年，亚运会在杭州顺利举办，其中由点维文化制作的开幕式主题短片《相约杭州》收获大量好评。该短片时长不到三分钟，却浓缩了杭州的千年历史，让无数国人印象深刻[①]。

根据数据分析结果可知，"经常"与"总是"在网络上打造特色品牌活动或原创精品的深圳互联网企业占比之和为43.75%，说明近半数的深圳互联网企业已经形成自主意识，积极参与在网络上打造特色品牌活动或原创精品行动，并已形成诸多高知名度、高讨论热度和高用户参与度的成果。

在具体案例中发现，迅雷结合公司旗下的数字产品平台打造的数字藏品平台——非同数艺，秉持人人都能参与和探索数字藏品生态的理念，为用户带来充满科技感与富有艺术价值的数字藏品。该数字藏品平台与山西博物院开展深度合作，发售山西博物院典藏珍宝"流"金千年岁月金银器系列数字藏品，如辽·云凤纹金靴、北齐·金饰、战国·错金夔纹豆、清·白玉嵌宝石描金碗、唐·鸳鸯石榴纹金盒、唐·龟形银香薰，以及唐伯虎、郑板桥、齐白石等的系列画作[②]。技术发展与行业融合是大势所趋，数字藏品可以完美地将艺术与科技相融合，这种方式也为文创行业探索出新的商业模式，加速了文化产业数字化建设。

由深圳市点石数码科技有限公司打造的《罗湖城区宣传片》，时长3分30秒，分为"酷酷的罗湖""焕新罗湖""一半山水一半城"及无命题四个段落，综合运用实拍、三维、合成、特效等电影制作技术，通过一镜到底拍摄手法，将口岸经济带、蔡屋围片区、湖贝片区和笋岗-清水河片区的巨大变化串联起来，展现了深圳罗湖城区发展的惊艳过程和优美丰厚的人文生态。该宣传片节奏紧凑，呈现了罗湖区的潮流气息和创新精神，观看者为之震撼。该宣传

---

① 《深企打造短片惊艳亮相亚运！制作团队揭秘背后故事》，《深圳特区报》2023年9月26日，https://baijiahao.baidu.com/s? id=1778055289902686821&wfr=spider&for=pc。

② 《迅雷为南山区新联会提供技术支持发布徽章数字藏品》，迅雷的雪球专栏，2022年11月18日，https://xueqiu.com/1479126859/235790070。

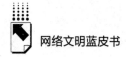

片于 2022 年 4 月 18 日正式上线，一经播出，便在微信、人民网、新华网、深圳发布、今日头条等媒体火"出圈"①。

深圳市梦网科技发展有限公司（以下简称"梦网科技"）联合其他机构打造的数字藏品平台——艺次元，首发元宇宙数字藏品"景德镇·佑陶瓷学"。艺次元是以陶瓷为主要题材的元宇宙数字藏品平台，立足世界陶瓷文化名城景德镇，是景德镇市做优做强数字经济发展"一号工程"和景德镇国家陶瓷文化传承创新试验区建设的重要成果。艺次元平台的上线运营，是江西内陆开放型经济试验区建设的一次重要尝试，也是久负盛名、享誉世界的景德镇陶瓷文化"扬帆出海"的关键一步②。2023 年 7 月 5 日，由梦网科技与其他机构共同投资建设的全球首个陶瓷与元宇宙深度结合的科技馆——陶瓷元宇宙馆落地景德镇。该展馆以"陶瓷元宇宙"为展示主线，分为数字陶瓷展示区、元宇宙科普区、AI 交互区、VR 体验区、文创休闲区五大板块，并配有元宇宙咖啡，展陈面积约为 2000 平方米。陶瓷元宇宙馆展示了一系列陶瓷文化与元宇宙结合的成果，游客可近距离欣赏各种各样的陶瓷元宇宙作品。艺次元赋能陶瓷文化的传承与创新，提升了参观者的体验感与展馆的竞争力，助力景德镇数字经济高质量跨越式发展③。陶瓷文化具有深厚的历史底蕴和独特的艺术魅力，互联网企业将其数字化并呈现在艺次元平台上，可以丰富公众的精神文化生活，引导公众形成正确的文化观，为网络文明建设提供丰富的内容支持。

四 总结与建议

2021 年，中共中央办公厅、国务院办公厅印发的《关于加强网络文明建设的意见》指出，要加强网络空间文化培育，以社会主义核心价值观引领网络文化建设，广泛凝聚新闻网站、商业平台等传播合力，把社会主义核心价值

---

① 《罗湖城区宣传片来了，每一秒都很震撼很走心》，深圳新闻网，2022 年 4 月 20 日，https://www.sznews.com/news/content/2022-04/20/content_25073235.htm。

② 《重磅！景德镇艺次元数字藏品平台正式上线！》，梦网科技，2022 年 10 月 10 日，https://mp.weixin.qq.com/s/f8lgckXOT5zZ5jk4dz9ygA。

③ 《夏日炎炎，人气爆馆｜全球首个陶瓷元宇宙馆正式试运营》，梦网科技，2023 年 7 月 16 日，https://mp.weixin.qq.com/s/2dmfoYur_vg7pQN-aCAYEQ。

观传播到广大网民中、传导到社会各方面；深入开展网上"四史"学习教育，传播党在革命、建设、改革各个历史时期取得的伟大成就，弘扬党和人民在奋斗中形成的伟大精神，旗帜鲜明反对历史虚无主义；激发中华优秀传统文化活力，打造广大网民喜闻乐见的特色品牌活动和原创精品，推动中华优秀传统文化创造性转化、创新性发展。

在本次调研中，深圳互联网企业在网络空间文化培育维度的总体得分为91.37分。其中，开展网上"四史"学习教育的得分为85.33分，引领网络文化建设的得分为93.77分，策划优质网络文化产品的得分为95.00分。深圳互联网企业在开展网上"四史"学习教育维度的表现较好，在引领网络文化建设与策划优质网络文化产品维度的表现优秀。大型企业是网络空间文化培育的主力军与推动者，中小微型企业则不同程度地参与了开展网上"四史"学习教育、引领网络文化建设与策划优质网络文化产品。展望未来，深圳互联网企业可以在以下几个方面持续加强，以全面提升网络空间文化培育的效能和影响力。

首先，建设一支具备高水平技术能力和专业素养的人才队伍。作为网络文明建设的重要参与主体，深圳互联网企业员工在掌握先进的信息网络技术的同时，还需要具备一定的历史文化知识和科学理论素养。深圳互联网企业要更加注重引导员工积极学习中国特色社会主义文化，提升员工学习"党史、新中国史、改革开放史、社会主义发展史""党在革命、建设、改革各个历史时期取得的伟大成就""党和人民在奋斗中形成的伟大精神"的广度与深度，将其纳入员工的日常行为规范，通过更有针对性的培训和学习，提升员工的历史文化素养。这样不仅能够增强企业的文化凝聚力，也能够为企业的可持续发展注入更深厚的历史底蕴。同时，可以借助微信公众号、微博、主流官方媒体与其他媒体渠道，对引导员工学习中国特色社会主义文化的活动进行报道，引导广大群众了解中国特色社会主义文化的真正内涵。

其次，进行网络空间文化培育时，坚持"内容为王"的原则。互联网平台之间的竞争，最终都归结于内容的竞争。内容的吸引力和可信度，是衡量互联网平台竞争力的关键。深圳互联网企业要更加注重运用中国特色社会主义文化资源，"活化"网络文化产品内容。应充分汲取这些文化资源的思想内涵，围绕服务人民和富强国家的需求，打造更多、更优质的立足中华优秀传统文

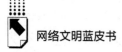

化、彰显革命精神、蕴含社会主义先进文化的新时代高质量网络文化作品。

再次，依托中国特色社会主义文化内容，打造网络文化品牌。在数字化时代，优质的网络文化品牌可以说是国家的重要名片。运用网络文化品牌，可以打开弘扬中华优秀传统文化和国家形象传播的新局面。深圳互联网企业要将网络文化品牌的建设工作视为一种系统性工作，从品牌构建的理念、方针、措施等多方面入手，运用中国特色社会主义文化中的经验方法、价值理念和现实资源，建设一系列真正满足人民精神生活需求、真正服务社会主义建设、真正弘扬主旋律和正能量的网络文化品牌。

具体而言，可组织开展特色品牌活动或原创精品的竞赛和展览，提供展示和交流的平台，这不仅可以鼓励企业展示它们的创新成果，还能够吸引更多的投资和关注。更为重要的是，相关部门应进一步加强版权保护，制定相关政策，保护互联网企业的品牌活动和原创精品，并适时提供法律和技术援助，帮助企业解决版权问题，激发他们更大的创作热情。深圳是一座充满活力和魅力的创新城市，博物馆、美术馆、画廊、剧院、书店等艺术和文化机构遍及各区。深圳互联网企业应因地制宜，把握机遇，积极与各种公益或商业机构合作，聚集更多的创意人才，共同打造特色品牌，开发原创精品。这种跨界合作可以为互联网企业带来新的生机和灵感，同时能够吸引更多的潜在客户，提升品牌竞争力。

最后，以科技为支撑，建立新的数字安全屏障，为网络空间文化培育奠定坚实的基础。科技是网络空间文化培育的重要支撑，它不仅引领发展的方向，还是实现可持续发展的基础。每一项关键技术的突破，都将深刻影响网络空间的发展进程。现代科技飞速发展，大数据、云计算、5G、虚拟现实、人工智能等前沿技术已经广泛应用于文化领域，对文化传播产生深远影响。科技赋能不仅可以加快文化产品和服务的扁平化传播，降低文化消费壁垒，促进文化服务均等化、公平化，还可以帮助文化传播在更科学的管理和引导机制下运行。因此，深圳互联网企业要注重将科技手段与文化创意完美地融合在一起，坚持利用科技赋能网络内容建设，通过运用新技术和新方式，打造更多样的网络文化产品和更多元的网络文化品牌，并积极推动优秀视听作品的网络传播。

B.5
2023年深圳互联网企业网络空间道德建设调查报告

姚文利　吴怿　吴楚佳*

摘　要： 网络空间道德建设是指在互联网空间中，通过制定和实施一定的道德规范和行为准则，约束和引导人们的行为，以此维护网络秩序、促进信息传播、保护个人隐私和社会公正等。对于互联网企业来讲，网络空间道德建设是指其在运营和发展过程中，针对网络空间这一特殊环境，积极培养和践行良好的道德行为准则的活动与措施。互联网企业网络空间道德建设是网络文明建设中的重要一环。通过构建科学评价指标，本报告发现，深圳互联网企业网络空间道德建设维度的得分为82.93分，表现良好。其中，在深化网络诚信建设方面做得最好，其次为打造网络公益品牌和引领网络道德示范。深圳互联网企业可以通过明确网络道德标准、加强与外部公众沟通、打造特色网络公益品牌，以及创新志愿服务内容等方式，提升网络空间道德建设的质量和效果。

关键词： 深圳互联网企业　网络空间　道德建设　诚信建设　公益品牌　道德示范

网络空间道德建设是全面建成社会主义现代化强国的关键一环，是全面依法治国和以德治国的必然要求，也是网络意识形态安全的重要保障。随着网络成为人类社会生活的新空间，网络空间道德建设成为新时代的重要课题。网络空间道德建设是指在互联网空间中，通过制定和实施一定的道德规范和行为准

---

* 姚文利，中共深圳市委网信办网络传播处副处长、二级调研员，研究方向为网络传播、网络文明、网络社会工作；吴怿，深圳大学传播学院助理教授，研究方向为网络舆论、协商传播；吴楚佳，深圳大学传播学院2023级硕士研究生，研究方向为融合媒体新闻。

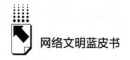

则，约束和引导人们的行为，以此维护网络秩序、促进信息传播、保护个人隐私和社会公正等。网络空间道德建设旨在解决与应对人们在网络空间中面临的道德问题和挑战，建立健康、和谐、安全的网络环境。

对于互联网企业来讲，网络空间道德建设是指其在运营和发展过程中，针对网络空间这一特殊环境，积极培养和践行良好道德行为准则的活动与措施。这主要涉及互联网企业如何制定和执行网络道德规范，如何引导和教育员工及用户在网络空间中遵循道德标准，以及如何通过技术手段和互联网平台推动网络道德的传播与实践。习近平总书记强调，互联网企业应"坚持经济效益和社会效益并重。一个企业既有经济责任、法律责任，也有社会责任、道德责任"[①]。可见，互联网企业应该树立正确的价值观，以社会效益为先，培养诚信经营、积极奉献、勇于担当的企业文化。

互联网企业是网络空间的重要参与者，其技术创新、信息传播、网络文化氛围以及社会责任的履行，都会对网络空间的建设和发展产生深远影响。首先，互联网企业在技术创新方面扮演着关键角色。它们通过不断研发和引入新技术，推动网络空间的拓展和优化，为用户提供更加便捷、高效的网络服务。这些技术创新在丰富人们网络生活的同时，也会对网络空间的建设和发展提出挑战。其次，互联网企业在信息传播方面承担着重要责任。作为网络信息的集散地，互联网企业有责任确保信息的真实性、合法性和公正性。此外，互联网企业还可以推动形成积极向上的网络文化氛围。通过举办网络文化活动、开展网络教育等方式，互联网企业可以提升网民网络素养，引导网民树立正确的网络价值观，共同维护网络空间的健康、和谐。互联网企业在网络文明建设中起着至关重要的作用，其中，网络空间道德建设是不可或缺的一环。互联网企业应该关注社会责任的履行，在追求经济效益的同时，关注社会福祉，积极参与公益事业，为社会做出积极贡献。通过履行社会责任，互联网企业可以塑造良好的企业形象，增强社会认同感，为网络空间道德建设提供有力支撑。

深圳作为中国的科技与创新之都，集聚了众多互联网企业。深圳互联网

---

① 《习近平在网络安全和信息化工作座谈会上的讲话》，新华社，2016年4月25日，http://www.xinhuanet.com//zgjx/2016-04/26/c_135312437.htm。

企业为网络空间道德建设提供了良好样本，不仅注重技术创新和业务发展，更将网络空间道德建设作为企业文化的重要组成部分，遵守积极、健康、向上的网络行为规范，致力于营造清朗、和谐、有序的网络环境。这些企业在推动经济繁荣的同时，也深知网络空间道德建设的重要性，并积极履行社会责任，致力于培育公益品牌。网络空间道德建设不仅关乎企业的声誉，更是对用户负责、对社会负责的表现。深圳互联网企业积极将道德建设融入企业文化和日常运营中。它们明确道德标准，坚守诚信底线，通过制定行为规范，加强员工教育和培训，努力营造健康、正向的网络环境。同时，深圳互联网企业深知履行社会责任的重要性。它们不仅关注经济效益，更重视对用户、环境和社会的影响。通过减少能源消耗、推动数据安全和隐私保护、参与社会公益项目等方式，深圳互联网企业积极为网络文明建设和社会发展做出贡献。在培育公益品牌方面，深圳互联网企业同样不遗余力。它们通过发起和参与各种公益活动，如扶贫济困、环境保护、教育支持等，传递正能量，展示企业的社会担当。这些公益活动不仅提升了企业的社会形象，也吸引了社会公众的关注和支持。深圳互联网企业通过加强网络空间道德建设、履行企业社会责任和培育公益品牌，不仅提升了自身竞争力，也为社会和谐与进步做出积极贡献。这种负责任的态度和行动，为整个互联网行业树立了良好的榜样。

本报告在网络空间道德建设指标下，设立三个二级指标，分别为引领网络道德示范、深化网络诚信建设、打造网络公益品牌。在引领网络道德示范指标下设立三个题项，分别为"在内部开展道德标兵评选活动""列举道德标兵评选活动的具体名称""在网络上开展道德示范学习宣传活动"；在深化网络诚信建设指标下设立四个题项，分别为"倡导诚实守信的价值理念，传播诚信文化""举办线上线下品牌活动，传播诚信文化""列举传播诚信文化的品牌活动""建立内部诚信规范与机制"；在打造网络公益品牌指标下设立四个题项，分别为"开展网络公益活动""列举网络公益活动名称""开展网络文明志愿服务""列举网络文明志愿服务名称"。

从得到的词云图看，我们发现深圳互联网企业十分重视网络公益事业，履行社会责任。"公益""医疗"是这些文本中的高频词，这从一个侧面说明深圳互联网企业注重公益事业，在公益事业中发挥了重要作用。

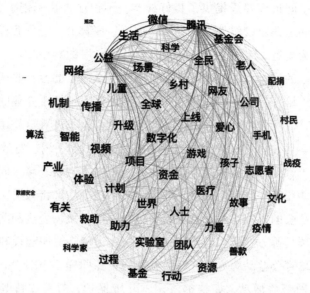

图1 深圳互联网企业网络空间道德建设表现社会网络分析

　　根据指标评估,深圳互联网企业网络空间道德建设的得分为 82.93 分。这表明,深圳互联网企业在网络空间道德建设这一维度的表现,在网络文明建设五大维度中处于中等水平。总的来讲,深圳大多数互联网企业比较重视这一维度,认为这一维度非常重要。

一　引领网络道德示范

　　引领网络道德示范是指通过一系列先进道德模范的评选和宣传活动,为网络空间道德建设树立"风向标",教育和引导广大网民遵德守法、文明互动、理性表达。引领网络道德示范是网络空间道德建设的重要环节。互联网企业是网络空间的重要参与者,其在网络空间道德建设中的示范引领作用至关重要。这一指标主要通过企业在内部开展道德标兵评选活动与在网络上开展道德示范学习宣传活动的频率和形式进行考察。总体而言,深圳互联网企业积极在内部开展道德标兵评选活动、在网络上开展道德示范学习宣传活动,推动形成崇德向善、见贤思齐的网络文明环境。

　　企业内部道德标兵评选是一项旨在表彰和激励员工在职业道德、团队协作、诚信经营等方面做出杰出表现的荣誉活动。通过评选道德标兵，企业旨在树立榜样，引导广大员工自觉遵守职业道德规范，营造积极向上的企业文化氛围。评选标准通常包括员工的职业操守、诚信品质、责任意识、团队协作等多个方面，旨在全面评估员工在道德方面的综合素质。从整体上看，深圳部分互联网企业积极在内部开展道德标兵评选活动。这些企业通过开展优秀员工、劳动模范、企业文化践行官、最美行动者和最美工程师等荣誉称号的评选，在企业内部树立起积极向上的道德榜样。其中，16.00%的企业"经常"在内部开展道德标兵评选活动，这些企业在道德标兵塑造方面持更积极的态度，将道德建设视为自身的一项重要工作。"有时"开展道德标兵评选活动的企业占15.00%，这些企业同样注重对道德标兵的塑造、对员工价值观的培养，在公开场合表扬道德与职业操守表现优秀的员工，从而激励其他员工向这些优秀榜样学习。比如，深圳中泓在线每季度会开展"优秀员工""党员先锋""最佳新人"的评选活动。此外，因企业规模、属性和定位不同，还有69.00%的中小微企业"不定期"在内部开展道德标兵评选活动（见图2）。

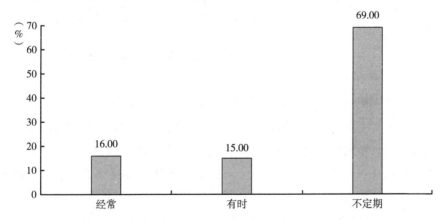

图2　深圳互联网企业在内部开展道德标兵评选活动频率统计

　　在网络上开展道德示范学习宣传活动方面，深圳互联网企业通过精心策划和组织，推出一系列道德模范宣传活动，展示优秀员工的先进事迹和良好精神风貌，以此激励广大员工和社会公众向善向上。同时，深圳互联网企业还注重与媒体、社会组织合作，共同发挥道德模范宣传的联动效应。它们通过联合举办道德模范评选、表彰活动等方式，扩大道德模范影响力，引导更多人关注道德建设，形成崇德向善的社会氛围。此外，它们积极利用互联网平台，创新道德模范宣传方式，通过微博、微信、短视频等新媒体平台，以生动、形象的方式展示道德模范的先进事迹，吸引更多年轻人关注和参与。从整体上看，深圳互联网企业积极在网络上宣传劳动模范、最美人物和优秀志愿者等典型案例与事迹。其中，14.00%的企业"经常"在网络上开展道德示范学习宣传活动，体现出对道德价值和正面人物宣传工作的高度重视。20.50%的企业"有时"在网络上开展道德示范学习宣传活动（见图3）。这些企业都树立了良好的网络道德模范标杆。

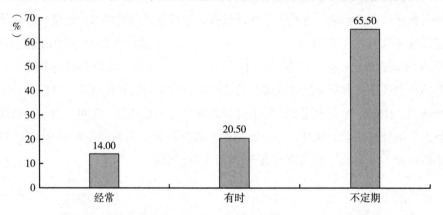

图3 深圳互联网企业在网络上开展道德示范学习宣传活动频率统计

在具体案例中发现，深圳美团科技有限公司（以下简称"美团"）积极鼓励员工和骑手参与网络文明建设，并注重对优秀典型进行表彰宣传，通过设立荣誉奖项，增强员工和骑手的个人获得感、认同感和满足感。同时，美团还会在其微信公众号"美团骑手"上，不定期地发布"先锋骑手"事迹，给予骑手善举充分的肯定。

深圳依时货拉拉科技有限公司（以下简称"货拉拉"）自2018年起连续7年举办"平凡之光魅力司机评选"活动，通过网络大众投票选出10名魅力司机。这项活动不仅是对货车司机辛勤劳动的肯定和表彰，也向公众展现了货车司机群体积极向上的态度和充满正能量的形象。此外，2018年，货拉拉还在深圳总部设立"货拉拉司机关怀基金"，用于帮助有需要的司机和家庭。

任子行网络技术股份有限公司（以下简称"任子行"）通过企业微信，

组建了企业文化平台——任家园。这是一个面向企业内部、日常通过征稿形式收集员工声音、同时组织一些活动的平台。任家园开设了"榜样的力量"人物专栏，对表现突出员工进行案例表彰和宣传，营造积极进取的公司氛围，发挥道德模范的带头引领作用，增强其他员工的使命感。任子行还开展优秀员工评选活动，设置突出贡献奖、总裁创新奖，从多个维度对员工的道德和精神风貌进行评估，给予正向表现的员工积极的鼓励。

深圳市房多多网络科技有限公司在其举办的年度颁奖盛典上设有多种奖项，对员工的业务能力和工作态度给予鼓励，同时对员工道德素养建设有所侧重。该公司设有年度价值观标兵奖，奖励在价值观上有突出表现的员工。公司会在其微信公众号"房多多"上宣传每一位获奖员工的先进事迹，这不仅是对员工工作能力的认可，也是为公司其他员工树立道德榜样。

银盛科技服务集团有限公司不仅注重对员工能力的培养，而且注重对员工道德观念的培养。该公司设立了"立足岗位作贡献"标兵奖项，鼓励先进榜样。公司会在其微信公众号"银盛集团"上对获奖员工的先进事例进行宣传，这对于其他员工道德素养的提升，也是一种很好的激励。

此外，另有65.50%的中小微企业"不定期"在网络上开展道德示范学习宣传活动，这些企业还需要在这方面有所加强。

总之，深圳互联网企业通过对内树立道德示范、对外宣传展示道德模范形象，不仅提升了企业的品牌形象和社会声誉，也为推动社会道德建设、弘扬社会主义核心价值观做出积极贡献。它们的示范引领作用，将激励更多企业加入道德模范宣传行列，共同引领崇德向善的社会风尚和营造积极健康的网络文明环境。

二　深化网络诚信建设

网络诚信建设是指通过一系列规范和机制，使具有完全民事行为能力的自然人、法人和非法人组织在网络空间活动中尊崇道德、遵守法律、履行契约、恪守承诺。它强调在网络空间中的信任与责任，倡导真实、可靠、公正的网络行为。网络诚信建设是构建健康、有序网络生态的基石，是网络综合治理和社会信用体系建设的重要基础。互联网企业网络诚信建设是塑造健康网络环境、提升企业品牌形象和保障用户权益的关键所在。在与用户的交互中，互联网企业应秉持诚信原则，尊重用户权益，及时响应和满足用户需求。

在本次调研中，深圳互联网企业在深化网络诚信建设层面的表现主要从两个方面进行考察，分别是"倡导诚实守信的价值理念，传播诚信文化"和"建立内部诚信规范与机制"。从总体上看，深圳互联网企业在深化网络诚信建设层面表现较好，近八成（77.50%）的企业在日常实践活动中积极倡导诚实守信的价值理念。其中，67.50%的企业"经常"倡导诚实守信的价值理念。比如，腾讯音乐通过制定《腾讯阳光行为准则》，约束、惩戒员工的不诚信行为，并在员工入职、在职期间开展多次专项培训。另外，"有时"倡导诚实守信价值理念的企业占10.00%，另有22.50%的企业"不定期"倡导诚实守信的价值理念（见图4）。

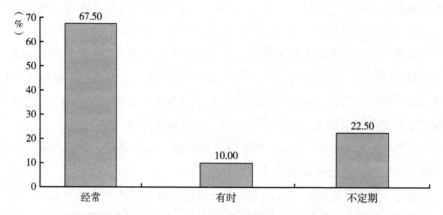

图4　深圳互联网企业倡导诚实守信的价值理念，传播诚信文化频率统计

具体而言，50.00%的深圳互联网企业通过积极举办线上线下品牌活动，传播诚信文化，倡导诚实守信的价值理念。其中，19.50%的企业"经常"举办线上线下品牌活动。比如，迷你创想科技（深圳）有限公司（以下简称"迷你创想"）联合湖南长沙警方，重拳打击游戏外挂，通过抵制各类游戏外挂和辅助工具，共同营造诚信、健康的游戏环境。这些企业会通过组织红色党建下乡、举办中华诚信文化学习竞赛或弘扬守信日活动等方式，传播诚信文化。另外，15.50%的企业"有时"通过举办辩论赛、主题讲座或诚信廉洁宣传教育等线上线下品牌活动，传播诚信文化。"不定期"举办线上线下品牌活动的中小微企业比"有时"举办的中小微企业多，占65.00%。可见，未来还需加强诚信文化宣传建设，通过更主动、更多元的品牌活动，传播企业诚信文化，推动企业可持续健康发展。

在具体案例中发现，深圳市腾讯计算机系统有限公司（以下简称"腾讯"）高度重视企业文化建设，以"用户为本，科技向善"为使命，倡导"正直、进取、协作、创造"的价值观。其中，"正直"就是鼓励员工诚信为人，坚守底线，以德为先，坦诚公正不唯上。该公司还要求全体员工遵守《腾讯阳光行为准则》，从"职业道德、公正客观、优质服务、社会责任、员工发展"五大维度，建立自己的行为准则。该准则要求员工坚守职业道德，以诚实守信、关注服务为前提，坚决抵制虚假宣传及损害他人利益行为，坚持公平、公正、客观原则，维护用户权利，提倡勤俭节约精神，以确保腾讯在各方面都遵守职业道德。

深信服科技股份有限公司（以下简称"深信服"）专门开设了"廉洁深信服"微信公众号，对公司内部的违纪情况进行通报批评，以此警示员工坚守岗位，提高自身素养，诚信为人处世。该公司各部门定期开展"向阳新生"的廉洁培训，积极宣扬廉洁文化，营造阳光透明工作氛围，建设廉洁供应链，拒绝受贿行贿诱惑，提倡诚信办公。

软通动力信息技术（集团）股份有限公司（以下简称"软通动力"）积极履行社会责任，不断加强诚信建设，将诚信作为公司文化价值建设的重点，荣获"2023年软件和信息服务业社会责任治理AAA评价"（该评价中的一项标准即诚信经营）。软通动力的核心价值观是客户至上、追求卓越、创新发展、诚信负责。在诚信负责层面，该公司注重诚信和责任，秉持真诚、诚实和透明的原则，与客户、合作伙伴和员工进行合作。诚信负责价值观的推行在该公司员工的道德建设中起到引领作用。

另外，深圳互联网企业积极建立内部诚信规范与机制，致力于营造依法办网、诚信用网的良好氛围。调研结果显示，超过半数（52.00%）的企业认为自己建立了"非常完善"或"比较完善"的内部诚信规范与机制。这不仅反映了深圳互联网企业对网络诚信建设的重视，也显示了目前深圳互联网企业在这一领域取得的显著成果。其中，42.50%的企业认为其内部诚信规范与机制"比较完善"，9.50%的企业认为其内部诚信规范与机制达到"非常完善"的水平。这些企业在网络诚信建设方面取得令人瞩目的成绩，能够通过各种举措，有效地促进内部诚信体系的健康发展。另外，认为公司内部诚信规范与机制完善程度一般

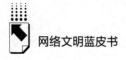

的占 24.50%，"不太完善"的占 9.00%，"不完善"的占 14.50%，反映了深圳部分互联网企业在内部诚信规范与机制建设上还有待提升。

在内部诚信规范与机制方面表现突出的企业有华为技术有限公司（以下简称"华为"）、迅雷和货拉拉等。华为一直致力于建立并完善诚信廉洁管理制度，为了确保企业在经营过程中遵守法律法规、诚实守信、公正透明，保持企业形象和声誉的良好状态，在内部制定了诚信廉洁管理制度，主要包括五个方面：（1）企业文化建设；（2）法律法规遵守；（3）财务管理制度；（4）风险管理制度；（5）诚信经营宣传。华为从多个角度，对员工进行诚信意识的培养。在企业文化建设层面，华为坚持"以客户为中心"的经营理念，鼓励员工以诚信、勤奋、创新、奉献的精神履行职责，提高工作效率，为客户提供优质的产品和服务。在诚信经营宣传层面，华为通过各种渠道，向内外部宣传诚信经营的理念和实践，鼓励员工和业务伙伴共同遵守诚信原则，提高诚信经营水平。迅雷在员工培训过程中开展诚信教育，强调不得触碰公司的高压线，其中包括：（1）不在关键问题上撒谎；（2）不散布谣言；（3）不利用公司资源/职务之便获取不正当的经济利益；（4）不泄露公司机密（包括产品、运营、研发相关数据及未公开发布的任何信息）；（5）不捏造虚假材料、损害公司利益；等等。货拉拉于 2019 年申请加入阳光诚信联盟。成为联盟会员后，货拉拉廉政部在阳光诚信联盟"信息共享"平台分享员工失信信息，共享反腐败信息，共享失信人员名单。货拉拉的新员工在入职时，都会接受诚信教育，教育的主要形式是培训，包括新员工入职培训、日常廉政培训、司机群体日常引导。其中，司机群体日常引导包括遵守法律法规与公司管理制度，倡导诚信接单、服务客户等。

网络诚信建设是互联网企业持续发展的基石。通过建立健全诚信机制、提升员工诚信意识、加强与用户的沟通互动，深圳互联网企业不仅能营造健康、可信赖的网络环境，为用户提供优质服务，更能实现自身的可持续发展，助力打造文明网络空间。

三 打造网络公益品牌

打造网络公益品牌是指行为主体在网络上通过打造公益产品、提供公益服务、开展公益活动等方式，积极践行公益使命、承担社会责任。打造网络公益品牌是一项利用互联网平台推动社会公益事业发展的重要举措，逐渐被视为企业形象传播的重要组成部分。互联网企业通过整合网络资源和创新力量，将公益理念与网络技术相结合，以更加高效、透明和广泛的方式传播公益信息，吸引更多人关注和参与。在开展网络公益活动方面，深圳互联网企业积极培育和引导公益力量，加强网络公益宣传，以科技赋能社会公益，创新公益模式，广泛开展形式多样的网络公益活动，践行企业社会责任。

从整体上看，超过四成（42.00%）的深圳互联网企业积极在扶老助残、教育助学和乡村振兴等领域推出网络公益活动、搭建公益平台。具体而言，24.5%的企业"经常"开展网络公益活动。比如，深圳中兴网信科技有限公司（以下简称"中兴网信"）创立公益基金会，致力于关爱抗战老兵。17.50%的企业会通过爱心支教、国家反诈宣传公益活动或爱眼日公益主题直播等公益活动，打造自己的网络公益品牌。"不定期"开展网络公益活动的中小微企业比"经常"开展和"有时"开展的企业多，占58.00%（见图5）。这一占比意味着深圳部分互联网企业需要在公益活动开展与公益平台建设方面多发力，更好地发展网络公益事业。

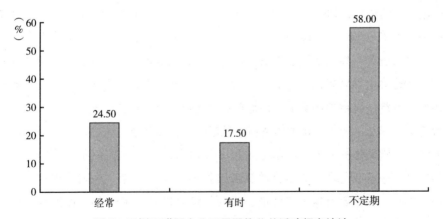

图5 深圳互联网企业开展网络公益活动频率统计

在具体案例中发现，深圳部分互联网企业充分发挥企业特色，赋能网络公益工程，建立可持续的公益新模式，打造特色网络公益品牌。美团联合慈善组织，发起"乡村儿童操场"公益计划，旨在为欠发达地区的乡村儿童铺设多功能操场，助力乡村儿童快乐奔跑、健康成长。截至 2024 年 4 月，在 79.50 万家公益商家、63.40 万名爱心网友的共同支持下，美团累计捐建 1591 座操场，覆盖贵州、云南、西藏、青海等 29 个省（自治区），使 23.70 万名乡村儿童直接受益。用户在美团 App 上搜索"特别的礼物"或"乡村儿童操场"，可直达公益捐赠页面，最低 1 元即可完成捐赠。美团商户可以设置每笔订单捐赠一小笔善款，每捐满 20 元，即可捐赠一块拼接地板及相关配置。从 2023 年起，该项目实现一天捐一座操场，借助互联网技术实现公益"加速度"。另外，美团推出国内首个外卖骑手子女公益帮扶计划——"袋鼠宝贝公益计划"，设立全行业首个袋鼠宝贝免费病房学校，为全行业遇到大病、意外伤害等困难的外卖骑手子女提供公益帮扶；同时关照骑手子女教育发展需求，搭建社区儿童托管机构——袋鼠宝贝之家，助力骑手子女健康成长。截至 2024 年 7 月，该计划在北京、河北、深圳建立 8 所机构，累计服务近 10 万人次。而且，在新时代绿色环保、可持续发展理念引领下，美团作为国内主要外卖平台之一，开启外卖行业首个关注绿色环保的"青山计划"。该计划着眼行业绿色低碳发展，带动生态各方共建共享，通过创新绿色包装，带动用户、商户践行低碳理念，建立美团碳账户，助力环保科研，设立环保公益专项基金等方式，促进可持续消费，加快行业绿色发展。截至 2023 年 8 月，该计划累计回收塑料餐盒 1.27 万吨，助力减碳 1.97 万吨，为环保事业的发展贡献了力量。

深圳还有一些互联网企业积极创新公益思路。例如，迷你创想运营的沙盒游戏《迷你世界》推出"世界守护计划"，在该游戏周年庆期间以游戏互动形式助力公益，引导游戏玩家尤其是青少年学习科技、历史、建筑等知识，在平台搭建、修复、参与创作主体情境，积极参与公益活动，关注环境保护、弱势群体、民族文化等主题。该计划自 2018 年以来，每年开展不同主题公益活动。2018 年，迷你创想联合腾讯公益及阿拉善 SEE 生态协会，在阿拉善种植 5 万棵梭梭树，以改善当地生态环境、遏制荒漠化趋势。2019 年，迷你创想联合中国儿童少年基金会，对国内部分受灾后重建地区的困难儿童发起"遇见天使"爱心捐赠活动，向江西受灾学校及学生捐赠 48.08 万元。2020 年，迷你创想联合中华环境保护基金会，举办"雪域守望"活动，捐赠 40.87 万元，支持新疆地区雪豹专项保护工作。2021 年，迷你创想联合敦煌博物馆，对馆内文物进行数字化保护，举办"迷你世界"修复敦煌活动，捐赠公益金用于文物保护、修复和展示，提高公众文物保护意识。2022 年，迷你创想联合中国长城学会，发起"共筑长城"主题活动，通过数字化形式弘扬长城文化，了解文物历史。迷你创想根据活动的共筑次数，代表用户将 40 万元助力善款全部捐赠，用于开展长城修缮及研究工作。除"世界守护计划"，迷你创想还联合广东省互联网业联合会，举办"守护花开　数字织爱"公益助学活动，旨在通过发动社会力量，帮扶贫困地区学校的信息化建设，打破数字鸿沟，通过"数字+乡村儿童关爱"公益模式，助力乡村教育事业。

还有企业利用自身平台优势，搭建新型公益平台。腾讯科学运营自主开发的在线捐赠平台——腾讯公益平台，协助慈善组织触达中国数亿用户，促进多个项目的捐赠和匹配。腾讯通过合作，扩大协同效应，并利用数字技术，提高公益慈善领域的透明度、公信力和效率。为助力更多公益性组织发展，腾讯推出技术公益志愿者平台，同时启动"腾讯技术公益创投计划"，聚焦乡村振兴、爱老助困、应急救灾、生态保护、文化保育、青少年发展和志愿服务七大领域，通过数字技术、资源和资金的助力，帮助其他公益组织提升运作效率和优化发展模式，支持优质项目的复制和扩展，共享数字化的便利，共建更高效的公益事业。另外，腾讯在公益行业内首次倡导公益机构召开公益"股东人"大会，邀请参与捐助的爱心人士通过腾讯会议、视频号直播等数字化工具，听取项目进展汇报，了解善款的使用和去向。此外，在 2022 年 99 公益日，腾讯首次推出全民共创的公益交互机制，上线"一花一梦想"公益画展。用户可以通过公益行为获得小红花，并捐给自己支持的公益梦想，如"带 1000 名乡村儿童去看博物馆""为 10000 名乡村老人提供听力筛查"等项目。活动期间，参与用户超过 1 亿人次，"一花一梦想"捐出小红花超 1.07 亿朵，公众捐款总金额超 33 亿元，捐款 5816 万人次。随后，腾讯持续升级公益模式，根据公益节点，开放多场"小红花日"活动，向公众倡导不同的公益议题，创新衍生出公益数字化区域专场活动，以地域为纽带联结公众情感，让公众参与家乡公益的理由更充分、目标更明确、渠道更畅通。

有的企业利用新科技，成为公益品牌的领先者。例如，迅雷运用区块链技术，助力海洋公益。2022 年，迅雷区块链数字藏品平台"非同数艺"联合广西科学院、深圳市海洋学会和 YOUME OCEAN，共同推出黑胶唱片的音频数字藏品，助力以"携手共建你和我的海洋"为主题的青少年海洋知识科普与海

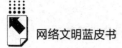
洋保护公益项目。迅雷创意发行团队深入研究鲸鱼相关资料,首次采用黑胶唱片的音频数字藏品形式,展现布氏鲸和抹香鲸的声音。人们购买后,即可听到布氏鲸和抹香鲸的声音,倾听海洋的声音,从而对海洋鲸类物种产生更全面的了解和认知,提升海洋保护意识。迅雷采用数字化的方式助力海洋文化传播,其相关藏品均基于迅雷链技术铸造生成,具有唯一、不可篡改、不可分割等特性,并将在迅雷链上贮藏,创新了海洋公益模式。

在线下公益方面,深圳市中手游网络科技有限公司(以下简称"中手游")秉持"让每个少年的人生未来充满美好和希望"的公益宗旨,积极履行企业社会责任,聚焦提升青少年阅读素养,于2017年启动"筑梦图书馆"项目。截至2023年12月,该项目在全国各地乡村小学成功建立12所"筑梦图书馆",服务乡村儿童,打造阅读环境。该公司还通过捐赠计算机、教师培训等多种方式,推动青少年阅读、数字化学习和心理健康发展,为社会公益贡献积极力量。同时,该公司承诺未来会坚持以每年2所的速度在全国各地持续捐建"筑梦图书馆",坚持践行企业社会责任。

此外,深圳互联网企业还积极寻求与政府部门、社区、公益组织等合作,充分利用自身技术、资源、资金等优势,助力社会公益服务,广泛开展各类网络公益活动。例如,深圳云天励飞技术股份有限公司(以下简称"云天励飞")研发了一个基于人脸识别和视频大数据的视觉智能系统"云天深目",能够通过大规模人像信息累积、搜索、布控和数据挖掘,实现"亿万人脸,秒级定位"。自2017年起,云天励飞与宝贝回家合作,无偿研发更具针对性的动态人脸识别技术,利用人工智能技术寻找失踪儿童,助力"宝贝回家",让更多失踪儿童与家人团聚。贝壳找房(深圳)科技有限公司(以下简称"贝壳找房")联合深圳市新现代社工服务中心,开展"我来教您防跌倒"项目,联合医疗领域专家资源制作手册,录制视频,开展防跌倒健康指导,助力老年人安度晚年。同时,贝壳找房与10家经纪品牌共同设立"高考服务站",为高考考生提供应急打印、物资补给等各类后勤保障服务,暖心陪伴全国高考家庭。此外,贝壳找房还与社区合作,开展"我来教您用手机"社区公益项目,通过定期开展培训及提供答疑咨询服务等,向社区老年人传授使用微信、手机挂号、手机缴费等与生活相关的技能,助力老年人享受便利的智能生活。截至2024年4月,该项目覆盖全国60个城市,累计组织12543场手机公益课堂,开展手机培训课程超 4.70 万节，服务老年人超 76 万人次；覆盖深圳全部城区，走进超 240 个社区，开展 1200 余节手机课堂，服务老年人超 2 万人次。

网络文明志愿服务是指由广大网络用户自发组成，以推动网络文明建设、传播正能量、提升网络素养为目标的一系列公益性活动。这些活动旨在通过互联网平台汇聚社会力量，共同维护网络空间的健康、有序和繁荣。广泛开展网络文明志愿服务，运用互联网广泛传播公益理念，有助于形成崇德向善、见贤思齐的网络文明环境。深圳互联网企业积极开展线上线下相结合的网络文明志愿服务活动，积极践行互帮互助、关爱他人、回报社会的理念，增强社会责任感，引领勇于担当、无私奉献、饮水思源的社会风尚。

从总体上看，25.50% 的深圳互联网企业在发展中注重开展网络文明志愿服务。具体而言，14.50% 的深圳互联网企业"经常"开展个人信息保护宣讲、公益美术课堂与网络技术支持服务等网络文明志愿服务。"有时"开展网络文明志愿服务的企业占 11.00%，这些企业会通过社区交通劝导、学校值日和重要节点节日文化宣传等服务活动，积极参与社区网络文明志愿服务。74.50% 的中小微企业"不定期"开展诸如爱心家政和防范社区网络诈骗宣传活动等网络文明志愿服务。

在具体案例中发现，腾讯为鼓励员工参与志愿服务，规定自 2012 年 4 月起，每位员工每年可获得一天全薪志愿服务假期。2022 年 1 月 1 日起，针对员工公益捐款，腾讯将以 1∶1 的比例进行资金配捐；针对员工志愿服务，腾讯将以每志愿服务时长人民币 100 元的标准进行配捐。志愿服务假期期间，腾讯志愿者团队开展了多样化的公益活动，广泛关注弱势群体。例如，在青少年保护和培养方面，开展多场未成年人保护课程，并作为志愿者导师，指导全国青少年编程与人工智能计划的种子选手；在老年人守护方面，在社区内开设银发安全守护普及课程，并为银发实验室的老人听力筛查项目提供志愿服务。中兴网信设立中兴公益项目，为鼓励更多员工志愿者参与公益活动，推出"公益假"，即每位员工每年有一天带薪参与公益活动的假期。中兴公益积极组织全国志愿者队伍参与各类志愿服务，如关爱残障人士、陪伴自闭症儿童、济困助学、绿色环保等。其中，自 2005 年发起"关爱中国远征军滇西抗战老兵"活动，员工志愿者连续 18 年探访抗战老兵，在给老兵送去慰问和陪伴的同时，为老兵的家进行适老化改造，包括建筑翻新、地面硬化平整、旱厕改造、添置

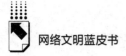

轮椅等，让老兵晚年生活更舒适。中手游成立"中手游筑梦志愿者"服务队，囊括深圳、北京、成都各地员工近百人，组织和指导员工参加志愿服务活动，他们走进关爱学校，关注特殊儿童群体成长，开展各类青少年教育活动，为公益事业和社会进步做出贡献。银盛科技服务集团有限公司开展志愿服务队进关爱空间活动，创建"银盛晴娃娃儿童关爱空间"，聚力救助血液肿瘤病患儿，为其开设儿童公益课堂，提供儿童游戏治疗等服务，打造集智趣、时尚、关爱于一体的公益空间，服务和关爱患病儿童及其家属。

四　总结与建议

通过数据分析和案例分析发现，深圳互联网企业在网络空间道德建设维度基本做到引领道德先锋、夯实网络诚信、打造公益品牌，涌现多种类型的典型案例。与此同时，需要引导中小微型企业进行优化改进。

具体来讲，深圳互联网企业在深化网络诚信建设方面做得最好，其次为打造网络公益品牌和引领网络道德示范。大多数企业对内的道德示范建设和诚信文化培育，以及对外的诚信文化传播和公益责任履行表现比较突出。首先，倡导诚实守信的价值理念，传播诚信文化的得分为 89.95 分，表明深圳互联网企业普遍非常重视与认同诚信理念和诚信文化，不仅对内倡导诚信理念，要求员工遵守诚信原则，更积极对外传播诚信文化。其次，建立内部诚信规范与机制的得分为 84.03 分，表明深圳大部分互联网企业不仅倡导诚信价值理念和传播诚信文化，更将其具体落实为规范与机制，在企业内部执行。再次，在内部开展道德标兵评选活动的得分为 79.55 分，虽然未达 80.00 分，但是一些企业在道德标兵评选和道德示范学习宣传活动上的表现都比较突出，涌现不少典型个案。最后，开展网络公益活动的得分为 78.20 分。

网络空间道德建设能够助力网络文明建设更加健康、有序地发展。调研发现，深圳大多数互联网企业十分关注这一维度，期望未来的网络文明建设能够强化道德规范。有些企业参与程度还不够深入，希望能够进一步提升和优化。大多数企业能够大力传播诚信文化，建立内部诚信规范与机制，开展劳动模范、道德模范、最美人物等典型案例和事迹的网上宣传活动，推进构建健康、向善的网络文明环境。但也有一部分企业，因为资源限制，在公益活动的开展上缺乏持续性和多样性。

深圳互联网企业可以从以下三个方面加强网络空间道德建设，进一步提升网络空间道德建设的质量和效果。

第一，在引领网络道德示范方面，深圳互联网企业可以进一步明确网络道德标准，并将其纳入企业文化和日常运营。互联网企业之间可以加强合作与交流，共同推动网络道德建设，通过分享经验、互相学习，共同提升整个行业的道德建设水平。针对表现较弱的对外道德宣传方面，深圳互联网企业需要明确其对外道德宣传的具体目标，如塑造正面企业形象、提升公众对网络道德的认知、推动网络文明建设等。深圳互联网企业应制定相应的宣传策略，注重内容的创新性和吸引力，通过生动、有趣、易懂的方式，呈现道德故事和理念。宣传内容应紧密结合行业特点和企业文化，增强其针对性和说服力。深圳互联网企业还可以充分利用微博、微信、抖音等新媒体平台进行道德宣传，通过短视频、直播、互动话题等形式，吸引更多年轻用户关注和参与。深圳互联网企业还可以与其他企业、社会组织、媒体等建立合作关系，共同开展道德宣传活动，通过资源共享、优势互补，形成宣传合力，扩大影响力。引领网络道德示范，需要深圳互联网企业长期而持续的投入，以形成稳定的品牌效应和社会影响力。

第二，在深化网络诚信建设方面，深圳互联网企业应将诚信作为企业的核心价值观之一，并在企业文化中明确强调。从内部来讲，深圳互联网企业应通过制定诚信行为准则和道德规范，引导员工自觉遵守诚信原则，树立诚信意识；建立诚信激励机制，给予诚实守信的员工表彰和奖励，树立诚信榜样；建立健全诚信监管和自律机制，加强对员工行为的监督和约束；建立诚信档案，实施诚信评估，及时发现和纠正不诚信行为，确保企业的诚信文化得到有效落实。从外部来看，深圳互联网企业应加强与公众的沟通，及时公开企业运营情况和信息，提高透明度；通过定期发布企业报告、参与社会公益活动等方式，积极展示企业的诚信形象和社会责任担当；发挥优势，利用技术创新手段，加强网络诚信文化的培育；通过开发诚信认证技术、建立诚信数据库等方式，提高网络诚信的可追溯性和可信度；积极参与网络诚信体系建设，与政府部门、行业协会等合作，共同维护网络空间的诚信环境。

第三，在打造网络公益品牌方面，深圳互联网企业要积极承担社会责任，关注并解决社会问题，在网络公益品牌打造的实践中充分发挥积极示范作用，培育和汇聚向上向善的互联网公益力量。深圳互联网企业需要明确其网络公益品牌的定位，即希望通过公益活动传递什么样的价值观、影响哪些群体、解决哪些社会问题等。应整合内部资源和外部资源，为网络公益品牌打造提供支持。深圳互联网企业可以利用技术优势和创新能力，打造具有特色的公益形式和内容。例如，通过在线募捐、虚拟现实公益体验、社交媒体公益挑战等方式，吸引更多公众参与和支持公益活动。深圳互联网企业还应利用自身的平台和渠道优势，加强网络公益品牌的传播和营销。通过社交媒体、新闻发布、线上线下活动等方式，提高公益品牌的知名度和影响力，吸引更多公众与企业关注和参与。深圳互联网企业可以与其他企业、社会组织、政府部门等建立合作关系，共同打造网络公益品牌，通过资源共享、优势互补、合作推广等方式，形成公益合力，增强公益活动的效果。深圳互联网企业在打造网络公益品牌的过程中，应注重履行社会责任和推动可持续发展，通过公益活动，推动社会进步、解决社会问题，同时关注环境保护、数据安全等议题，为社会的可持续发展做出贡献。

此外，深圳互联网企业应当鼓励员工积极参与，发挥主观能动性，形成网络文明志愿服务的领头力量。深圳互联网企业应根据自身特点和拥有的资源，制定具体的网络文明志愿服务计划，组建专门的志愿者团队，选拔具备网络文明素养和志愿服务精神的员工加入。应加强对志愿者的培训和管理，提升他们的服务能力和水平。深圳互联网企业可以开展多种形式的网络文明志愿服务活动，如线上知识分享、网络文明宣传、网络素养培育等；根据社会热点和用户需求，不断创新志愿服务内容，增强服务的针对性和实效性；利用自身的技术优势和平台资源，拓展网络文明志愿服务的渠道和平台，如通过社交媒体App、即时通信App等渠道，为志愿者提供便捷的服务通道和互动平台。深圳互联网企业还可以建立志愿服务激励机制，对表现优秀的志愿者给予表彰和奖励，激发他们的积极性和创造力；将志愿服务纳入企业文化和员工福利体系，增强员工对志愿服务的认同感和归属感；通过与其他企业、社会组织、政府部门、公益机构等建立合作关系，共同开展网络文明志愿服务活动，通过资源共享、经验交流等方式，提升志愿服务的质量和效果。

B.6
2023年深圳互联网企业网络空间
行为规范调查报告

杨洸　常立伟　董思唯　游舒超[*]

摘　要： 网络空间行为规范作为维护网络秩序、保护用户权益的重要举措，是保障网络空间健康发展的重要基石。深圳互联网企业在网络空间行为规范方面的表现主要体现在培育网络伦理与行为规则、提升青少年网络素养、强化互联网平台责任、加强互联网行业自律等四个维度。调研发现，深圳互联网企业在网络空间行为规范方面的得分为89.28分。深圳互联网企业在数字化时代发挥着重要作用，不仅是现行网络法律法规的执行者，更是制定和实施更高标准行为规范的先驱者。展望未来，深圳互联网企业可以从"明确网络空间伦理，制定行为规范""重点关注青少年群体，加强防范与引导""高标准履行企业责任，加强企业自律"等方面持续努力，不断促进网络空间行为规范的完善，共同营造更加健康、有序、和谐的网络空间。

关键词： 网络空间行为规范　网络伦理与行为规则　青少年网络素养　平台责任　互联网行业自律

　　网络空间行为规范建设作为维护网络秩序、保护用户权益的重要举措，不仅承担着推动社会主义核心价值观在互联网空间传播的重任，更是保障网络空间健康发展的重要基石。这些规范的核心目标是建立和维护文明、有序、和谐的网络环境。为此，不仅需要规范、引导互联网用户的在线行为，培养其负责

---

[*] 杨洸，深圳大学传播学院教授、博士生导师、副院长，研究方向为网络传播、网络文明、舆论极化；常立伟，中共深圳市委网信办网络传播处二级主任科员，研究方向为网络传播、网络文明、网络社会工作；董思唯，深圳大学传播学院2023级博士研究生，研究方向为网络传播、传播心理；游舒超，深圳大学传播学院2022级硕士研究生，研究方向为网络传播、计算舆论。

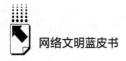

任的网络参与意识,更需要通过制定合理的平台规范和准则,加强网络监管,有效遏制不良信息传播、网络欺凌和各类网络违法行为等不良现象。

互联网企业在网络空间行为规范中扮演着极其重要的角色。作为互联网平台的运营者和内容的提供者,它们不仅应担负确保平台内容健康的职责,还应积极参与网络空间行为规范的制定和实施,包括但不限于制定并执行平台规范、加强内容监管、开展用户教育与引导等。通过这些措施,互联网企业不仅可以为维护网络秩序和保护用户权益贡献力量,还能在推动社会主义核心价值观传播中发挥积极作用。

网络空间行为规范建设是深圳互联网企业高度参与的领域之一。为确保网民特别是青少年网民群体的合法权益,互联网企业需要制定各类规范和准则,承担相应的社会责任。中共中央办公厅、国务院办公厅印发的《关于加强网络文明建设的意见》提出,要加强网络空间行为规范,培育符合社会主义核心价值观的网络伦理和行为规则。健全的网络空间行为规范有助于为网民创造一个文明的网络空间。调研发现,深圳互联网企业在网络空间行为规范建设方面发挥了先行示范作用,表现比较优秀,得分接近 90.00 分(89.28 分),具体表现为培育网络伦理与行为规则、提升青少年网络素养、强化互联网平台责任、加强互联网行业自律四个维度。

一 培育网络伦理与行为规则

随着互联网的快速发展,网络伦理与行为规则的培育显得越发重要。对于互联网企业来说,参与制定行业规范和准则,制定规范网上用语准则,是其义不容辞的责任。

(一)参与制定行业规范和准则

深圳互联网企业在参与制定行业规范和准则方面的得分高达 94.00 分,显示出在这方面的高水平。它们的积极参与不仅有助于建立良好的网络伦理与行为规范,更有助于推动所在行业健康发展。然而,也有部分企业在这方面的参与度有待提高,需要进一步引导和鼓励。具体而言,8.94% 的企业是所在行业规范和准则的"主要制定者",41.46% 的企业是其中的"主要参与者",

49.59%是其中的"一般参与者"（见图1）。可见深圳互联网企业在行业规范和准则制定方面发挥着举足轻重的作用。

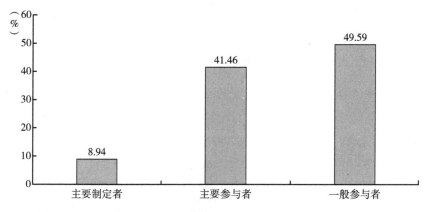

图1 深圳互联网企业参与制定行业规范和准则频率统计

在具体案例中发现，深圳市大疆创新科技有限公司联合中国航空综合技术研究所、中国飞机强度研究所等多家单位，起草了强制性国家标准——《民用无人驾驶航空器产品安全要求》。该标准对民用无人机产品的安全要求及相应的试验方法做了规定，促进了民用无人机安全工作的规范化和通用化，为无人机行业的管理提供了监管支撑，也为安全运营提供了重要保障[①]。同时，在人工智能技术飞速发展的背景下，深信服科技股份有限公司（以下简称"深信服"）携手国家工业信息安全发展研究中心、中国科学院信息工程研究所、北京交通大学等单位，共同编制了《人工智能安全评估技术》。该书主要梳理了人工智能的安全需求、挑战和威胁，阐述了十大人工智能安全评估技术，介绍了现有人工智能安全测评政策和标准，为人工智能行业建立了明确的伦理基准[②]。

（二）制定规范网上用语准则

制定、规范网上用语准则是构建和谐网络环境、推动网络文化健康发展的

---

① 《大疆、纵横、美团等起草！工信部就〈民用无人驾驶航空器产品安全要求〉强制性国家标准（报批稿）征求意见》，中关村蓝海军民融合产业促进会，2022年11月23日，https：//mp.weixin.qq.com/s/QoPkkv06OAJRm2xzTEZgKw。
② 《深信服深度参编〈人工智能安全评估技术〉，助力人工智能产业健康发展》，深信服科技，2023年9月17日，https：//mp.weixin.qq.com/s/mRDpSbmSmMLRU_HMKVrKdA。

重要基石。深圳互联网企业制定规范网上用语准则的得分为 91.40 分，得分较高，其中，60.14%的企业表示其对规范网上用语准则的制定"比较完善"或"非常完善"，27.97%的企业表示"一般"，11.89%的企业表示"不完善"或"不太完善"（见图2）。以上数据说明，深圳互联网企业在制定规范网上用语准则方面表现良好，具有较高的规范意识和自律能力。

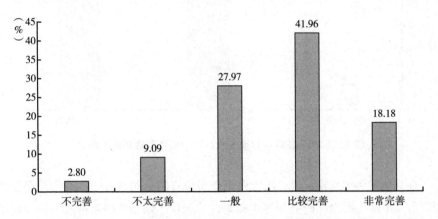

图2　深圳互联网企业制定规范网上用语准则完善程度统计

在具体案例中发现，深圳市腾讯计算机系统有限公司（以下简称"腾讯"）在其运营的社交平台（如微信、QQ 等）、网络游戏和其他在线服务中，均明文规定禁止发布侮辱性、歧视性、色情、暴力等不当内容，并倡导文明、健康的网络交流。同时，为规范广告接入、审核、发布等相关流程，腾讯制定了一套全面的广告文案审核标准，不仅确保了广告投放的合规性，也为构建良好的网络环境奠定了坚实基础①。

二　提升青少年网络素养

青少年网络素养是指青少年在网络环境中应当具备的素质与能力，涵盖对网络信息的获取、理解、评价和交流，以及网络安全意识、网络道德

———————

① 《广告审核总则及规范》，腾讯广告，https：//e.qq.com/ads/helpcenter/detail？cid＝3007&pid＝6275。

和法律素养等重要方面。在当今网络环境下，信息纷繁复杂，青少年需要具备创新能力和判断力，以更好地适应网络时代的生活，有效防范潜在的网络风险。深圳互联网企业在提升青少年网络素养方面做出诸多努力，主要体现在开展青少年网络素养教育、增强青少年正确用网能力和安全防范意识、打造青少年愿听愿看的优秀网络文化产品、建立防范青少年沉迷网络工作机制、配合打击和制止青少年网络欺凌、保护青少年在网络空间的合法权益六个方面。

（一）开展青少年网络素养教育

关于开展青少年网络素养教育的举措，15.89%和30.84%的深圳互联网企业表示在开展青少年网络素养教育上"非常完善"和"比较完善"，36.45%的企业表示完善程度"一般"，11.21%和5.61%的企业表示"不太完善"和"不完善"（见图3），这表明深圳互联网企业在开展青少年网络素养教育方面的表现总体较好。例如，迷你创想科技（深圳）有限公司（以下简称"迷你创想"）与深圳市家庭教育协会共同启动了少年网络素养学院的建设，旨在运用迷你创想旗下的迷你世界 IP 及创作平台，为青少年提供清朗的网络素养公益课程和少年数字教育课程[1]。2022 年 8 月，深信服与中共深圳市委网信办、深圳市教育局、共青团深圳市委员会、深圳理工大学、中国科学院深圳先进技术研究院等单位联合发起一项名为"政企家校社，共同推进数字文明"的青少年系列活动，旨在提升青少年的数字素养和网络安全素养，共同推进数字文明的发展。深信服还录制了一批以青少年数字素养为主题的公益课程，希望通过课程，引导广大青少年养成良好的上网用网习惯，时刻保持清醒头脑，强化对网络泄密、网络诈骗和个人信息泄露等风险的防范意识[2]。

---

[1] 《迷你创想携手深圳市家庭教育协会，共建青少年网络素养教育》，《生活日报》2022 年 8 月 26 日，https：//baijiahao.baidu.com/s？id=1742216866473825469&wfr=spider&for=pc。

[2] 《深信服积极承担社会责任，助力青少年拥抱数字未来》，深信服科技，2022 年 9 月 4 日，https：//mp.weixin.qq.com/s/V1sqvjbQz98MKnLFdRnVSA。

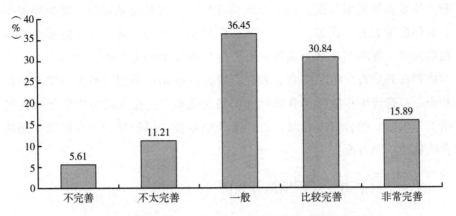

图3 深圳互联网企业开展青少年网络素养教育完善程度统计

（二）增强青少年正确用网能力和安全防范意识

在增强青少年正确用网能力和安全防范意识上，17.14%的深圳互联网企业认为"非常完善"，34.29%的深圳互联网企业认为"比较完善"，31.43%的企业认为"一般"，17.14%的企业认为"不太完善"或"不完善"（见图4）。这表明尽管深圳部分互联网企业在青少年网络安全教育方面做了较为完善的工作，但仍旧存在可以改进和发展空间。

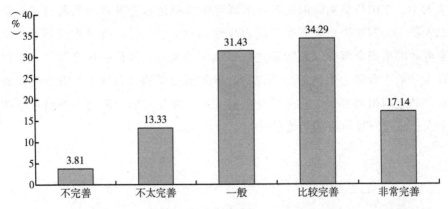

图4 深圳互联网企业增强青少年正确用网能力和安全防范意识完善程度统计

（三）打造青少年愿听愿看的优秀网络文化产品

打造青少年愿听愿看的优秀网络文化产品是满足青少年精神文化需求，引导青少年树立正确价值观和人生观的重要途径。随着互联网的普及，青少年越来越多地通过网络接触文化产品，因此为他们提供健康、有趣、有教育意义的网络文化产品尤为重要。根据本次调研数据，深圳互联网企业在打造青少年愿听愿看的优秀网络文化产品方面还有很大提升空间。具体而言，"总是"和"经常"打造的深圳互联网企业分别占14.14%和21.21%，而"有时"和"偶尔"打造的企业占比更大，分别为23.23%和41.41%（见图5）。

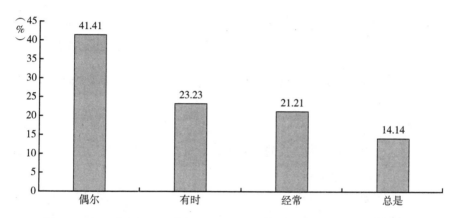

图5 深圳互联网企业打造青少年愿听愿看的优秀网络文化产品频率统计

（四）建立防范青少年沉迷网络工作机制

建立防范青少年沉迷网络工作机制是互联网企业尤其是以游戏业务为主营业务的互联网企业的核心职责。长时间接触电子产品和互联网，可能对青少年的身心健康造成负面影响。如果缺乏有效的监督和管理机制，青少年很容易陷入网络游戏中不能自拔，浪费大量时间和金钱，甚至影响学业和家庭关系。调研结果显示，17.39%的深圳互联网企业认为其防范青少年沉迷网络工作机制"非常完善"，32.61%的企业认为"比较完善"。这表明这些企业已经认识到青少年网络沉迷问题，并采取有效的措施解决该问题。此外，26.09%的企业认为"一般"，23.91%的企业认为"不完善"或"不太完善"（见图6）。总体

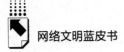

而言，深圳互联网企业在建立防范青少年沉迷网络工作机制方面表现良好，总体得分为 87. 76 分。这一结果表明，深圳互联网企业在这方面表现出较高的重视程度，在为青少年健康成长保驾护航方面发挥了积极作用。

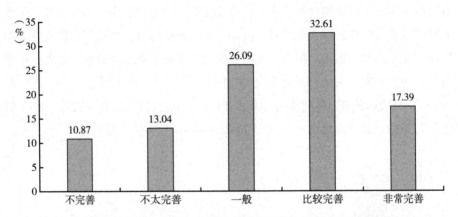

图6　深圳互联网企业建立防范青少年沉迷网络的工作机制频率统计

在具体案例中发现，深圳市中手游网络科技有限公司（以下简称"中手游"）在这方面采取了多项措施。首先，公司旗下所有游戏均接入实名认证和防沉迷系统，这有助于确保只有符合年龄要求的玩家才能进入游戏；其次，中手游还严格按照国家新闻出版署新规执行限制，在官方标准基础上提高分级标准，以确保未成年玩家不会接触到不适宜他们年龄的游戏内容；此外，中手游还发起了"网络游戏未成年人家长监护工程"项目，该项目旨在通过家长和企业的共同努力，防止出现未成年人沉迷网游的不良现象。深圳冰川网络股份有限公司（以下简称"冰川网络"）积极响应国家新闻出版署下发的《关于进一步严格管理 切实防止未成年人沉迷网络游戏的通知》的政策要求，从三个方面严格落实和升级未成年人网游防沉迷工作的管理措施。一是禁止未成年人使用非实名账号，严格落实网络游戏用户账号实名注册和登录要求，禁止未成年人注册使用冰川网络通行证账号，任何未实名认证用户，都无法登录游戏，享受冰川网络任何的游戏服务；二是严格限制未成年用户使用网络游戏的时间，明确并严格限定开放的时间段，所有未成年用户仅可在周五、周六、周日和法定节假日的 20 时至 21 时，享受 1 小时的游戏服务；三是携手家长共筑网络沉迷防线，在充分考虑家长实际需求的基础上，启动家长监护工程。当家长发现自己的未成年孩子玩游戏过于沉迷时，由家长提供合法的监护人资质证明、游戏名称账号，以及对限制强度的愿望等信息，对处于游戏沉迷状态的账号采取对应的限制措施①。这些措施不仅体现了企业社会责任感，也为整个行业树立了良好榜样。

此外，值得一提的是，腾讯、中手游等213家企业共同参与发起了《网络游戏行业防沉迷自律公约》，旨在通过行业自律的方式，加强对未成年人的保护。该公约指出："坚决落实实名认证，精准识别用户。游戏企业（包括小游戏平台）必须全面接入国家新闻出版署网络游戏防沉迷实名验证系统；各类单机、主机游戏要同步内设防沉迷设置和家长监护系统，在下载、购买等环节必须严格执行身份实名认证；坚决执行向未成年人提供网络游戏的时段时长限制和充值消费额度；对含有未成年用户的游戏产品应在游戏相关界面明确给出'游戏适龄提示'标识；要积极探索运用人脸识别等手段强化用户识别的精准度。"②

（五）配合打击和制止青少年网络欺凌

网络欺凌的危害性不容小觑，对青少年的影响更为恶劣。青少年正处于身心发展的关键时期，网络欺凌不仅会对他们的心理造成严重伤害，导致自卑、焦虑、抑郁等心理问题，还会影响他们的学习和生活，使他们失去对学习和生活的兴趣与信心。面对这一严峻的问题，互联网企业应承担起相应的社会责任，通过采取有效的措施，打击和制止青少年网络欺凌。根据调研数据，9.68%的企业"总是"配合打击和制止青少年网络欺凌，"偶尔"、"有时"、"经常"配合打击和制止青少年网络欺凌的企业分别占44.09%、25.81%、20.43%（见图7）。由此可见，深圳互联网企业对于青少年网络欺凌的关注度尚显不足，需要通过完善技术手段和管理制度，创建安全、友好、健康的网络环境。

---

① 《冰川积极响应国家政策　严格执行防止未成年人网游沉迷的通知》，冰川网络，2021年9月3日，https://mp.weixin.qq.com/s/f3wmmBIW-y_zgc82BGf0OA。

② 《〈网络游戏行业防沉迷自律公约〉正式发布！腾讯、网易等213家单位响应》，21世纪经济报道，2021年9月24日，https://mp.weixin.qq.com/s/E6Fn88w3aiALGm2Gs0C9EQ。

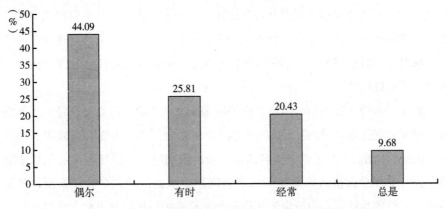

图 7　深圳互联网企业配合打击和制止青少年网络欺凌频率统计

（六）保护青少年在网络空间的合法权益

青少年的个人信息保护是保护青少年在网络空间合法权益的重中之重。然而，由于心智尚未成熟，青少年可能缺乏足够的判断力和自我保护意识，不太能准确辨别网络上潜在的信息泄露风险。例如，他们可能会在一些不太安全的网站或应用上填写个人信息，却不了解这些信息可能会被不法分子获取和利用。一旦个人信息泄露，青少年就容易受到网络诈骗、网络欺凌等不良行为的伤害。调研数据显示，"总是"和"经常"在保护青少年网络空间合法权益方面做出努力的企业分别占 22.22% 和 23.23%。它们采取一系列措施，如设立青少年模式、加强用户身份验证、明确信息收集目的等，以保护青少年的网络信息安全和合法权益。例如，任子行网络技术股份有限公司（以下简称"任子行"）多年来专注于教育行业信息安全网络建设。针对高校教育类 App 泛滥、违规采集个人信息等问题，任子行根据教育部网络安全和信息化领导小组印发的《高等院校管理服务类教育移动互联网应用专项治理行动方案》要求，面向企业、学校等单位，自主研发了网络安全审计与风险管理平台，其软件产品提供集中式日志安全审计和用户行为分析功能，实时监测与管控校园 App 的学生应用情况，为学生提供感知网络行为风险的支持①。同时，也有相当一部

---

① 《教育部出手整治教育 App 泛滥，守护好学生"手边上的安全"》，任子行，2019 年 12 月 2 日，https：//mp. weixin. qq. com/s/iJul1W9XAvSGa5bDqIjoxQ。

分企业在这方面的努力程度不够，"偶尔"、"有时"保护青少年在网络空间合法权益的企业分别占33.33%、21.21%（见图8）。这些企业可能由于资源、技术等方面的限制，难以有效开展相关保护工作。

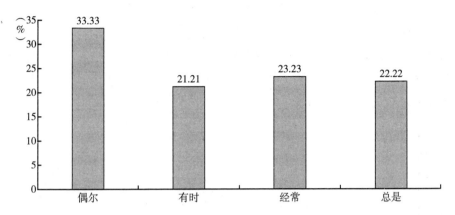

图8　深圳互联网企业保护青少年在网络空间的合法权益频率统计

三　强化互联网平台责任

强化互联网平台责任是指互联网企业在运营过程中，需要确保互联网平台上的内容和服务符合国家利益、社会道德、法律法规的要求。互联网平台是用户表达观点、分享信息、交流思想的场所，是信息传播的媒介。强化互联网平台责任可以提高用户对互联网平台的信任度，增加用户黏性，促进互联网平台发展。在本次调研中，强化互联网平台责任可以具体细分为制定网站平台社区规则、用户协议和具有国家安全意识两个维度。

（一）制定网站平台社区规则、用户协议

网站平台社区规则和用户协议的制定在多方面发挥着关键作用。一方面，这有助于规范用户行为，通过明确用户在社区中应该遵守的规则和被禁止的行为，有效维护社区的正常秩序和良好氛围。这不仅可以提高用户的满意度，也可以为用户提供安全、有序的在线环境，保障用户的合法权益。另一方面，规则和协议的制定可以确保平台在运营过程中的合法性，有效避免违法违规风

险，为企业的持续发展提供法律保障。调研结果显示，55.91%的深圳互联网企业认为它们的网站平台社区规则、用户协议制定得"比较完善"或"非常完善"（见图9）。这些企业认为，制定规则和协议为企业提供了清晰的指引，也为用户提供了安全、有序的在线环境。这些企业注重对用户权益的保护，力求在快速发展中保持合规和稳健。总体而言，深圳互联网企业在网站平台社区规则、用户协议制定方面呈现积极态势。互联网企业在网站平台社区规则和用户协议制定中的持续投入和不断更新，将有助于适应不断变化的互联网环境，提高平台的安全性和可信度，促进用户的良性参与和企业的长期繁荣。

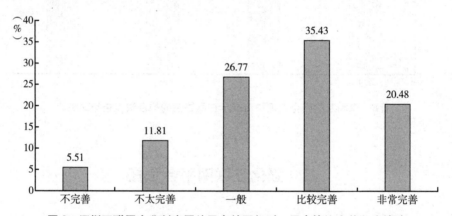

图9 深圳互联网企业制定网站平台社区规则、用户协议完善程度统计

在具体案例中发现，深圳市迅雷网络技术有限公司（以下简称"迅雷"）在制定网站平台社区规则、用户协议方面做出积极努力。迅雷通过一系列细致和全面的条款，确保了用户体验的安全性和高质量。迅雷的规则和协议覆盖用户账号的注册与使用、软件使用行为、广告内容、隐私保护以及知识产权保护等多个关键领域，强调了提供真实信息、维护账号安全、遵守法律法规、保护个人隐私和尊重知识产权的重要性①。这些规范不仅维护了互联网平台的秩序，保障了用户的权益，也体现了迅雷在促进互联网安全、保护用户隐私和知识产权方面的努力与责任担当。

---

① 《产品服务使用协议》，迅雷，https：//i. xunlei. com/policy/agreement. html；《迅雷隐私权政策》，迅雷，https：//sl-m-ssl. xunlei. com/h5/agree/protocol. html。

（二）具有国家安全意识

国家安全意识是指互联网企业对国家安全、信息安全、数据安全等方面的认知和重视程度。具有国家安全意识不仅是一种责任，更是一种担当。作为数字经济的核心力量，互联网企业的业务涉及大量用户个人信息和数据，一旦泄露或被滥用，可能对国家安全造成威胁。具有国家安全意识的互联网企业更容易获得政府和社会各界的支持，有利于企业业务的拓展和市场地位的提升。调研数据显示，多达45.98%的深圳互联网企业表示其国家安全意识"非常显著"，36.21%的企业表示其国家安全意识"比较显著"（见图10）。这表明这些企业对国家安全的重视程度较高，能够在日常运营中充分考虑并落实国家安全的相关要求。缺乏国家安全意识不仅可能导致企业自身的损失，还可能对国家安全造成潜在的威胁。因此，国家安全意识是互联网企业必须具备的基本素质。只有具备这样的素质，企业才能够在激烈的市场竞争中脱颖而出，为国家的发展和社会的进步做出更大贡献。

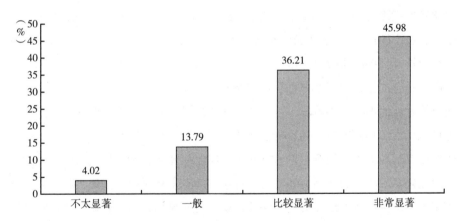

图10　深圳互联网企业具有国家安全意识频率统计

在具体案例中发现，腾讯作为中国最大的互联网公司之一，深刻认识到数据安全对国家安全的重要性。为此，腾讯在平台上实施了严格的数据加密与分级保护措施，以确保用户数据在传输和存储过程中不受威胁，从而成为国家关键信息基础设施的坚固屏障。此外，腾讯定期开展安全演练和渗透测试，主动防御网

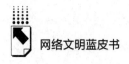

络威胁，并积极参与国家级网络安全项目，与国家安全部门紧密合作①。这些举措充分体现了腾讯在国家数字安全战略中的重要角色和高度责任感。

四　加强互联网行业自律

加强互联网行业自律是指互联网行业从业者自觉遵守行业规则和法律法规，维护行业秩序和公共利益。这对于促进企业创新和发展、提升企业竞争力以及实现行业可持续发展等都具有重要意义。在本次调研中，加强互联网行业自律包括具有互联网行业的自律意识、履行社会责任、坚持经济效益和社会效益并重的价值导向三个方面。

（一）具有互联网行业的自律意识

在具有互联网行业的自律意识方面，深圳互联网企业的整体得分为87.95分，并且大多数企业对自身的行业自律意识持肯定态度。具体而言，高达84.85%的深圳互联网企业认为自身的行业自律意识"非常显著"和"比较显著"（见图11）。这些企业通常是行业的领军者，深刻认识到行业自律意识对于企业长远发展的重要性。因此，在日常运营中，它们严格遵守行业规范，积极履行社会责任，为行业树立了良好榜样。与此同时，也有部分企业正处于行业自律意识的不断完善阶段，这也从侧面体现了深圳互联网企业在发展阶段中呈现的成长性和包容性。随着行业自律意识的进一步培养和引导，这些企业有望在已有基础上不断提升，融入行业高标准自律体系，为深圳互联网行业的整体规范化发展注入更多活力和动力。行业自律意识是企业行为的自我约束和自我规范，是企业良性运营的重要保障。缺乏行业自律意识的企业，往往容易陷入短视和自私的行为模式，从而损害自身的利益和声誉。

在具体案例中发现，作为中国网络游戏行业的领军企业之一，中手游在网络游戏自律方面的实践不仅对自身产生了积极效应，也为整个行业树立了标杆，为网络文明建设做出了贡献。首先，中手游积极参与了网络游戏新规

---

① 《腾讯会议领先的数据安全能力获得国际认证》，腾讯，https：//www.tencent.com/en-us/articles/2201078.html。

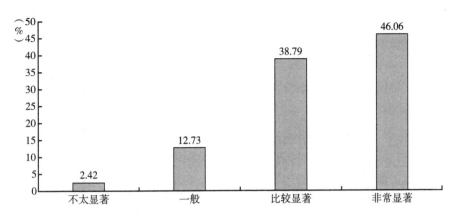

图11 深圳互联网企业具有互联网行业的自律意识频率统计

草案的反馈和修订,支持并协助主管部门改进相关政策,以提升游戏产业的治理水平。中手游还签署了《中国网络游戏自律联盟倡议书》,承诺制作和传播合法、真实、健康的网络游戏内容,同时增强社会责任感,依法保护玩家权益并加强对未成年玩家的保护。此外,中手游还荣获"2021-2022年度中国互联网行业自律贡献和公益奖",这表明其在行业自律和公益活动方面的积极参与和贡献。这些行动彰显了中手游在推动行业自律和提升企业社会责任方面的积极态度和持续努力,为整个互联网行业的健康发展树立了良好的榜样。

(二)履行社会责任

互联网企业必须真正履行社会责任,不仅包括环境保护、公益事业、消费者权益等多个方面,还涉及企业的决策、运营等多个环节。调研结果显示,深圳互联网企业在履行社会责任方面的得分为86.30分,其中52.69%的企业"总是"履行社会责任,25.75%的企业"经常"履行社会责任,除此之外,少部分企业正在积极迈向更高水平的社会责任实践,展示出其显著的潜力和发展空间。以上数据表明,深圳互联网企业高度重视社会责任的履行,已将其内化为企业文化的重要组成部分,并在各领域形成了良好的实践模式,为行业发展树立了标杆形象。同时,这也体现了深圳互联网企业在推动经济高质量发展、优化社会治理和促进民生福祉方面的巨大贡献。

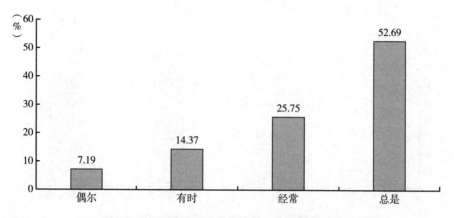

图12 深圳互联网企业履行社会责任频率统计

在具体案例中发现，腾讯在这方面表现尤为突出，体现在其将技术创新与公益事业深度融合。通过"99公益日"活动，腾讯成功地搭建了一个桥梁，将互联网的力量转化为公益的动力，引领数亿网民参与对教育、环保、扶贫等领域的支持①。在面对新冠疫情的挑战时，腾讯再次证明了其对社会责任的履行，有效协助疫情防控，展示了其在关键时刻利用技术优势为社会提供即时支持的能力②。这些行为不仅彰显了腾讯对履行社会责任的重视，也使其在推进社会进步和承担企业责任方面成为行业的典范。

（三）坚持经济效益和社会效益并重的价值导向

坚持经济效益和社会效益相统一，不仅是互联网企业提升企业形象和品牌影响力的关键，更是增强企业核心竞争力的源泉。在互联网行业中，企业竞争不再局限于产品和服务质量，而是延伸至企业社会责任、道德伦理等多个层面。一个始终坚持社会效益的企业，更容易获得消费者的认可和信任，从而在市场竞争中占据优势。

调研结果显示，47.37%的深圳互联网企业"总是"坚持经济效益和社会

---

① 《2022年腾讯99公益日正式启动　完善全民公益的互联网解决方案》，腾讯，2022年9月2日，https：//www.tencent.com/zh-cn/articles/2201417.html。

② 《腾讯防疫健康码》，腾讯，https：//www.tencent.com/zh-cn/business/health-code.html。

效益并重的价值导向，29.23%的企业"经常"坚持经济效益和社会效益并重的价值导向（见图13），以上数据表明，深圳互联网企业将社会效益纳入其长期发展战略，超越了传统的利润驱动模式，成为经济与社会协调发展的重要力量，展现了新时期企业高瞻远瞩的战略眼光。

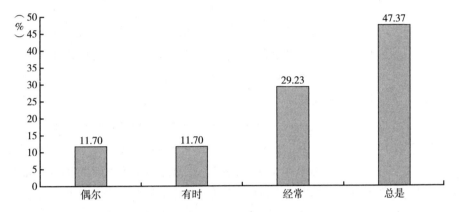

图13 深圳互联网企业坚持经济效益和社会效益并重的价值导向频率统计

在具体案例中发现，深圳美团科技有限公司（以下简称"美团"）的"青山计划"展现了其在环境保护方面的领导力，特别是在减少塑料制品使用和降低碳排放领域。该计划以"更好生活、更美自然"为愿景，推动外卖产业链朝绿色低碳方向转型，并通过推广绿色包装和塑料餐盒回收解决方案，显著减少了塑料污染，为行业和社会的低碳转型做出贡献。美团承诺到2025年为所有合作商户提供环境友好的包装解决方案，并在全国20多个省份建立餐盒回收机制①。这不仅可以提升公众的环境保护意识，还证明美团在追求经济效益的同时，不遗余力地增进社会福祉，为可持续发展和低碳生活方式树立榜样。通过"青山计划"，美团不仅推动了自身的绿色转型，还鼓励更多企业和消费者加入环境保护行动，共同为构建美好的地球家园而努力。

---

① 《美团推进外卖减塑，持续构建绿色低碳消费生态》，美团，2022年11月9日，https://www.meituan.com/news/MN221110028013567。

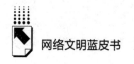
五 总结与建议

此次调研结果表明，深圳互联网企业对网络空间行为规范的践行呈现一些特点和亮点。首先是具有前瞻性。深圳互联网企业尤其是大型互联网企业，在网络空间行为规范的制定与实施上展现了显著的先行先试精神。它们不仅遵守现行的网络规则，还在提升网络伦理、强化用户权益保护等方面积极探索更高标准的行为准则。与此同时，大型企业在网络空间行为规范方面的先行先试举措，产生了强烈的示范效应，对其他企业产生了积极的引导作用，推动了网络空间行为规范的整体提升。其次是深入践行制度规则。深圳许多互联网企业在遵循国家法律法规的基础上，主动制定了更为严格的内部规范。这表明这些企业对高标准行为规范的追求和承诺。这些企业通过遵守自我设定的高标准规范，不仅提升了自身的运营和管理水平，还对整个行业的发展产生了促进作用。最后是深刻彰显企业社会责任。在网络空间行为规范建设过程中，大型互联网企业展现出责任感和担当精神，不仅提升了自身的品牌形象，还为社会尤其是青少年群体创造了更安全、诚信的网络环境。

展望未来，深圳互联网企业还须在以下几个方面持续努力，推动网络空间行为规范的整体提升。

首先，明确网络空间伦理，制定行为规范。完善的伦理标准与行为准则是维护网络空间秩序、推动网络空间健康发展的重要保障。应通过培育与社会主义核心价值观相契合的网络伦理和行为规范，推动深圳互联网企业制定具有自身特色的网络文明规范，并将网络文明建设要求融入行业管理规范，从而实现网络空间的有序发展。具体而言，可以建立一套综合性的网络伦理指导原则，覆盖但不限于用户隐私保护、数据加密存储、防止数据泄露、内容审查机制以及打击网络欺凌和虚假信息传播等；同时，通过制定一系列网站平台社区规则和用户协议，为用户在网络活动中的行为提供明确的指导。

其次，重点关注青少年群体，加强防范与引导。作为"数字原住民"的青少年，既可以通过网络空间拓宽认知视野，接触主流文化，又可能面临接触各种有害信息、错误行为和不良价值观的风险。在虚拟社交时代，青少年接触网络的途径变得更为便捷，互联网平台成为青少年数字化生存的重要空间，并持续影响青少年的成长和生活。因此，深圳互联网企业应特别关注青少年网络素养的提升，坚持以义为先、义利兼顾价值理念，通过技术创新（如 AI 识别、大数据分析）等手段，智能识别并拦截有害信息，为青少年打造专属的安全上网环境。同时，联合政府、学校、家长和社会各界力量，共同推出系列网络安全教育项目，如在线课程、互动游戏、线下讲座等，提升青少年的信息筛选、隐私保护和自我防护能力，培养他们成为具备网络安全素养的新一代网民。

最后，高标准履行企业责任，加强企业自律。在数字化时代，互联网企业不仅需要确保其产品和服务的品质优良，还应承担起对社会及文化环境的责任。在快速迭代的互联网行业中，企业不应仅满足于遵守法律法规的最低要求，而应主动设定更高的自我标准，成为行业表率。这包括但不限于建立健全的内部监管体系，设立独立的伦理审查部门，对产品从设计到运营的全链条进行伦理评估；公开透明地发布社会责任报告，展示在环境保护、公平竞争、用户权益保障等方面的实践成果；积极参与社会公益活动，利用自身技术和资源优势解决社会问题，如助力教育发展、支持科技创新人才培养等，展现企业的社会价值。

总之，深圳互联网企业要实现长远发展，必须在明确网络空间伦理、保护青少年、强化企业社会责任等方面不断探索与实践，以创新引领规范，以规范促进发展，共同绘制出一幅网络空间的和谐蓝图。

B.7
2023年深圳互联网企业网络空间
生态治理调查报告

林嘉玲 潘彦铮*

摘 要： 网络空间生态治理是健全网络综合治理体系的重要保障，主要包含开展网络文明引导、规范网上内容生产流程、规范信息发布与传播流程、治理网络不文明现象、配合网络执法和遵守法律法规六个方面。结合线上线下调研，本报告分析得出深圳互联网企业在网络空间生态治理方面的得分为75.78分。其中，开展网络文明引导得分为72.56分，规范网上内容生产流程得分为72.00分，规范信息发布与传播流程得分为72.00分，治理网络不文明现象得分为74.71分，配合网络执法得分为80.76分，遵守法律法规得分为82.65分。深圳互联网企业在网络空间生态治理方面表现良好，能够通过重要传统节庆日和纪念日开展网络文明主题实践活动，引导网民树立正确的网络文明意识；能够严格把控网络内容质量，促进网络空间健康和文明发展；能够通过自觉遵纪守法，发挥企业优势，协助相关部门共建清朗网络新空间。此外，大型企业在六个方面均表现突出，充分发挥了带头作用。因此，大型企业可以依据资源优势，引导其他规模的企业利用自身灵活性和创新性，为网络文明的健康、有序建设提供重要保障，共同促进深圳网络空间形成良好生态。

关键词： 网络空间生态治理 网络文明引导 网络规范 网络不文明现象 网络执法

　　网络空间生态治理指在互联网空间中，通过综合运用多种手段和方法，

---

* 林嘉玲，深圳大学传播学院助理教授，研究方向为数字营销、绿色品牌传播；潘彦铮，中共深圳市委网信办网络传播处干部，研究方向为网络传播、网络文明、网络社会工作。

加强网络文明引导，规范网络内容生产、信息发布与传播流程，打击网络违法犯罪，治理网络不文明现象，并制定和实施相关法律法规，维护网络空间的健康、有序和安全，促进网络文明发展，旨在建立健全网络综合治理体系，培育积极健康、向上向善的网络文化，营造健康、文明、和谐的网络环境。

互联网企业作为网络服务提供者，拥有先进的技术和庞大的数据资源，可以对网络流量、用户行为等信息进行实时监测和预警，及时发现可疑活动和潜在的安全风险。互联网企业可以向执法机构提供必要的技术支持和信息共享，协助执法机构更好地打击网络犯罪，维护网络安全和社会稳定。

深圳互联网企业在网络空间生态治理方面的表现，主要包括开展网络文明引导、规范网上内容生产流程、规范信息发布与传播流程、治理网络不文明现象、配合网络执法和遵守法律法规。其中，开展网络文明引导是培养网民正确网络文明意识的核心路径；规范网上内容生产流程、规范信息发布与传播流程是网络信息质量、可信度和合法性的重要保障；治理网络不文明现象是维护网络环境秩序、保障用户权益以及鼓励网民积极参与网络监督的有效手段；配合网络执法和遵守法律法规是互联网行业的两项基本准则，也是互联网企业应当遵循的基本要求，是坚持社会主义核心价值观、打击网络犯罪以及维护网络安全的重要社会责任表现。

数据分析结果显示，深圳互联网企业在网络空间生态治理方面的得分为75.78分。这一指标主要由开展网络文明引导（72.56分），规范网上内容生产流程（72.00分），规范信息发布与传播流程（72.00分），治理网络不文明现象（74.71分），配合网络执法（80.76分）和遵守法律法规（82.65分）六个方面构成。整体而言，各方面的得分均超过70.00分，表明深圳互联网企业具备一定的网络空间生态治理意识，并采取一系列相应的措施加强网络空间生态治理，确保网络空间的稳定和繁荣。其中，配合网络执法和遵守法律法规两个方面表现较为突出，均超过80.00分，表明深圳互联网企业积极守护"网络生态绿洲"，即在网络空间正能量传播和业务实践层面都能够积极履行企业社会责任，严把网络信息质量，促进网络空间健康和文明发展，同时能够自觉遵纪守法，协助相关部门共建清朗网络新空间。

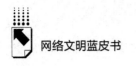

一 开展网络文明引导

开展网络文明引导是网络空间生态治理的重要一环，是指通过一系列措施和活动，引导网民树立正确的网络文明意识，共同维护网络空间的健康、安全、文明、和谐。这一指标主要通过互联网企业利用重要传统节日、重大节庆和纪念日组织开展网络文明主题实践活动的频率与形式进行考察。在此次调研中，深圳互联网企业开展网络文明引导的得分为72.56分，表现良好。从数据可知，选择"不定期""会""经常""总是"利用重要传统节日、重大节庆和纪念日组织开展网络文明主题实践活动的企业占比分别为6.83%、10.32%、55.24%、27.62%（见图1）。

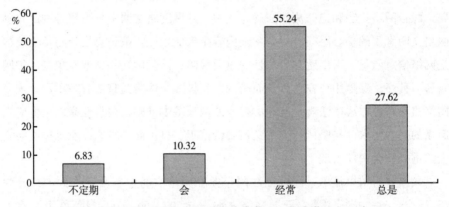

图1 深圳互联网企业利用重要传统节日、重大节庆和纪念日组织开展网络文明主题实践活动频率统计

从整体数据来看，深圳绝大多数互联网企业意识到自身能够在引导网民自觉遵守网络文明规范、共同维护网络空间健康和文明方面发挥积极作用，它们也在努力通过重要节日和节庆活动，形成常态化的网络文明传播方式。

在具体的案例中发现，腾讯音乐娱乐（深圳）有限公司（以下简称"腾讯音乐"）在开展网络文明引导方面做出积极贡献。它结合2022年8月28~29日举办的中国网络文明大会，开展网络文明主题曲征集活动，唱响"网络文明时代新声"。这项活动通过线上推广和宣传，征集到4262首原创音乐作品，每首作品都尽显正能量与社会民众对共建网络文明的美好愿望和期待。其中，评选出的网络文明主题歌曲——《敬长风》，反响热烈，深受大众喜爱。腾讯音乐充分发挥自身在音乐宣发方面的积极作用，以音乐为主要渠道，参与网络文明建设，开展网络文明引导，向社会传递更多正能量。深圳市网眼传媒有限公司（以下简称"网眼传媒"）携手深圳市数字化健康产业发展促进会，共寻乡村振兴发展新契机。该公司专注于借助乡村振兴创新体系，积极打造网络文明传播队伍和内容，维护网络意识形态安全。该公司在网络生态研究方面也颇有建树，如出版了《中国网络通史》和《网络大破解》。

二 规范网上内容生产流程

规范网上内容生产流程是维护网络环境、提升内容质量、保护知识产权、遵守法律法规、增强公信力和促进社会和谐的重要手段。在本次调研中，深圳互联网企业在规范网上内容生产方面的表现主要从制定网上内容生产规范制度或机制方面进行考察。网上内容生产是指创作和产生网络内容。在这一阶段，需要遵循一系列规范，如确保内容的质量和价值、尊重知识产权、避免传播虚假或误导性信息等。

深圳互联网企业在制定网上内容生产规范制度或机制方面的得分为72.00分，整体表现良好。从数据可知，选择"不定期""会""经常""总是"制定网上内容生产规范制度或机制的企业占比分别为 8.20%、24.10%、37.90%、29.80%（见图2）。

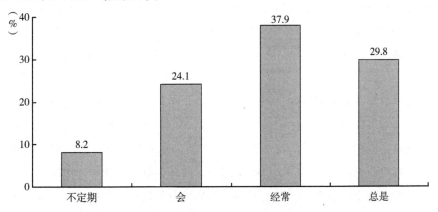

图2 深圳互联网企业制定网上内容生产规范制度或机制频率统计

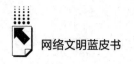

根据数据分析结果可知，超过 50.00% 的企业能够制定较为完善或完善的制度和规则，这说明大多数企业能够充分认识到网上内容生产的重要性，并通过制定规范制度来管理这一过程。

在具体的案例中发现，超参数科技（深圳）有限公司结合 AI 技术，为游戏公司提供相应的服务方案。该公司内部具有比较规范的内容生产制度。

三　规范信息发布与传播流程

规范信息发布与传播流程，对于维护社会秩序、保护个人隐私、提升媒体公信力、应对突发事件和危机管理、提升信息传播效率以及促进国际交流与合作等方面都具有重要意义。因此，应该重视并加强信息发布与传播流程的规范化和标准化建设。在本次调研中，深圳互联网企业在规范信息发布与传播流程方面的表现主要从"制定网上信息发布规范制度或机制""制定网上传播流程规范制度或机制"两个方面进行考察。其中，信息发布是指将创作的内容公之于众。在这一阶段，需要遵循的规范包括确保信息的真实性和准确性、遵守法律法规、尊重他人的权益等。传播流程是指信息在网络上的传播过程。在这一阶段，需要关注信息的流动和扩散，确保信息的合理使用和合法传播，防止有害信息的扩散和不良影响的产生。

深圳互联网企业在规范信息发布与传播流程方面的得分为 72.00 分。从数据可知，选择"不定期"、"会"、"经常"、"总是"制定网上信息发布规范制度或机制的企业占比分别为 4.64%、23.80%、42.35%、29.21%（见图 3）。从数据可知，选择"不定期""会""经常""总是"制定网上信息发布规范制度或机制的企业占比分别为 7.50%、23.30%、39.20%、30.00%（见图 4）。

根据数据分析结果可知，深圳互联网企业在制定网上信息发布规范制度或机制方面的表现良好。整体来看，仅有不到 5% 的企业在网上信息发布规范制度或机制的制定上没有较为完善的实施方案。71.56% 的企业重视网上信息发布规范制度或机制的制定。这说明，深圳大部分企业意识到通过规范信息发布流程，可以防止网络欺诈、网络谣言、网络暴力和其他不良行为的发生，维护网络空间的安全和稳定，同时可以促进信息的合理使用和合法传播，推动知识

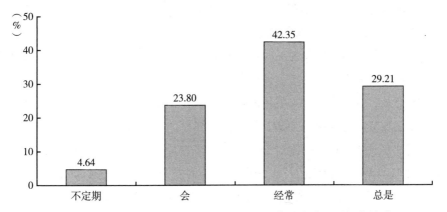

图3 深圳互联网企业制定网上信息发布规范制度或机制频率统计

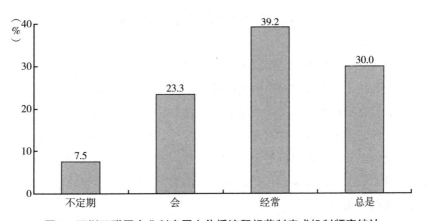

图4 深圳互联网企业制定网上传播流程规范制度或机制频率统计

的共享和创新，提高网络社会的公共利益和福祉。

此外，深圳互联网企业在制定网上传播流程规范制度或机制方面的表现良好。69.2%的企业在制定网上传播流程规范制度或机制方面具有较为完善和非常完善的方案。这表明，大多数企业意识到制定网上传播流程规范制度或机制对于维护网络空间的安全和稳定、提高信息质量和可靠性、满足法律法规要求、提升企业形象和社会责任等方面都具有重要意义。

在具体的案例中发现，深圳雷霆信息技术有限公司（以下简称"雷霆公司"）在制定网上信息发布规范制度或机制方面有比较具体的要求。例如，雷霆公司制定了《内容编审制度》《游戏运营内容自审制度》《网络编辑内容自审制度》，要求公司发布的信息内容必须赋予信息安全部一键屏蔽权限，方便信息安全部在出现突发情况时第一时间处理。此外，针对公司涉及信息内容发布的业务，建立内容发布审核后台，并在内容发布后，由信息安全部人员进行审核查看，做出最后发布更新的决定。深圳市安络科技有限公司在制定网上传播流程规范制度或机制方面，为公众提供了防范"AI换脸诈骗"的关键支持，通过专业软件算法，比对五官像素大小差异、颜色色域差别，甄别AI换脸，让AI诈骗"无处遁形"。深圳市脸萌科技有限公司通过AI技术，创造"重点人像库"，实现实时监控和在动态环境下核验身份，有效生成黑名单预警报告。

四 治理网络不文明现象

治理网络不文明现象是指采取一系列措施，对网络上的不文明行为进行监督、管理和纠正，以维护网络空间的健康、文明和有序。在本次调研中，深圳互联网企业在治理网络不文明现象方面的表现主要从七个方面进行考察，包括开展针对网络不文明现象的治理；建立网络不文明现象投诉举报机制；广大网民参与网络不文明现象投诉举报机制的程度；开展网络辟谣机制建设；配合开展互联网领域虚假信息治理；配合开展"清朗""净网"系列专项行动；分级分类管理用户账号。

开展针对网络不文明现象的治理是指采取一系列措施，应对和解决网络上的不文明行为。这些行为包括但不限于网络谩骂、造谣传谣、色情低俗、恶意攻击等。建立网络不文明现象投诉举报机制是指设立一个系统或平台，鼓励广大网民积极参与监督，对网络上的不文明行为进行投诉和举报。广大网民参与网络不文明现象投诉举报机制的程度是指网民对监督网络不文明现象的参与度和活跃度，有助于评估治理网络不文明现象的效果和影响力，为改进工作提供有价值的反馈和建议。开展网络辟谣机制建设是指建立一套有效的机制，打击网络谣言，传播真实信息，维护网络环境的健康、稳定，确保及时发布辟谣信息，澄清事实真相，防止谣言传播。配合开展互联网领域虚假信息治理是指互联网企业通过信息共享、技术交流等方式，与政府、社会组织等合作，形成互联网领域虚假信息治理合力，提升治理效果。配合开展"清朗""净网"系列专项行动是指互联网企业积极配合政府主导的"清朗""净网"系列专项行动，针对互联网上存在的不良信息、违法违规行为等进行清理和整治，如加强信息审核、清理有害信息、加强技术手段防范等。分级分类管理用户账号是指根据用户账号的类型、功能、权限等因素，将用户账号进行分级分类管理。这种管理方式有利于互联网企业更好地满足不同用户的需求，提升用户体验和管理效率。例如，针对青少年账号，互联网企业需要制定对应的网络安全管理细则。

调研结果显示，深圳互联网企业在治理网络不文明现象方面的总体得分为74.71分，整体表现良好。因此，从整体数据来看，深圳互联网企业逐渐意识到治理网络不文明现象的重要性，并通过投诉举报机制建设、网络辟谣机制建设和互联网虚假信息治理等手段，稳步推进网络不文明现象的治理工作。从数据可知，选择"不定期""会""经常""总是"开展针对网络不文明现象的治理的企业占比分别为14.80%、23.04%、26.22%、35.94%（见图5）。

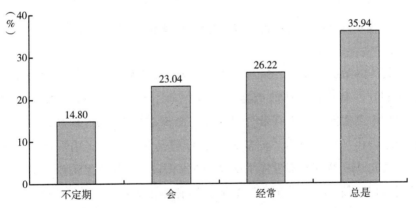

图5　深圳互联网企业开展针对网络不文明现象的治理频率统计

在具体的案例中发现，腾讯音乐在开展针对网络不文明现象的治理方面，设立了专门的安全管理团队，负责信息安全治理。同时，它严格遵守网信部门发布的加强"自媒体"管理的通知，开始弱化其社交功能，整顿不合规账号，调整部分直播互动功能，并实施更严格的合规程序，从而更好地提升服务质量和加强风控管理。

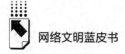

在建立网络不文明现象投诉举报机制这一方面，深圳互联网企业得分为78.20分，整体表现良好。从数据可知，选择"不定期""会""经常""总是"建立网络不文明现象投诉举报机制的企业占比分别为8.93%、18.97%、36.61%、35.49%（见图6）。根据数据分析结果可知，深圳互联网企业在维护用户体验、履行社会责任、加强自我监管和促进网络治理等方面都能够做到积极参与和落实至实践中，维护网络空间的良好生态。

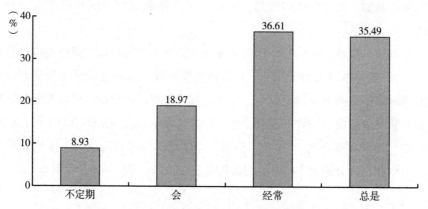

图6 深圳互联网企业建立网络不文明现象投诉举报机制频率统计

从具体的案例中发现，深圳不少互联网企业在建立网络不文明现象投诉举报机制方面有比较具体的措施。例如，深圳市大成天下信息技术有限公司、深圳市迅雷网络技术有限公司（以下简称"迅雷"）、深圳市创梦天地科技有限公司（以下简称"创梦天地"）等企业均建立了用户投诉举报机制，并在其App或网页端设置了反馈、举报入口；迷你创想科技（深圳）有限公司（以下简称"迷你创想"）和深圳有咖互动科技有限公司在产品内也设置了比较完善的举报机制，如在举报按钮中增加"谣言"标签，提高用户对不当内容的举报精确度，提升举报反馈的针对性，以便快速有针对性地处理。

在广大网民参与网络不文明现象投诉举报机制的程度这一方面，深圳互联网企业得分为66.80分。从数据可知，选择"不定期""会""经常""总是"涉及广大网民参与网络不文明现象投诉举报机制的企业占比分别为17.91%、22.04%、34.16%、26.17%（见图7）。

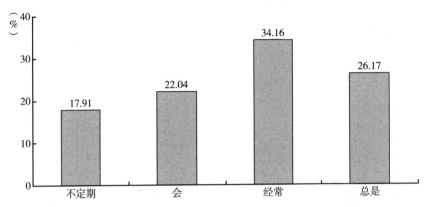

图7 深圳互联网企业涉及广大网民参与网络不文明现象
投诉举报机制的程度频率统计

　　根据数据分析结果可知，深圳互联网企业在广大网民参与网络不文明现象投诉举报机制的程度方面的表现良好。60.33%企业表明在面对网络不文明现象时，网民参与了投诉举报，其中26.17%的企业表示在面对网络不文明现象时，网民对投诉举报机制的参与性较强和非常强。这表明深圳大多数互联网企业建立的网络不文明现象投诉举报机制可以鼓励网民积极参与网络治理工作。通过网民大量的举报投诉，互联网企业可以及时发现和处理网络不文明现象，提高治理效率。

　　从具体的案例中发现，深圳部分互联网企业建立了用户反馈机制和客服系统，接受用户的投诉和举报。这些企业通常会设立专门的团队，处理用户反馈，并对用户举报的网络不文明现象进行调查和处理。例如，深圳市腾讯计算机系统有限公司（以下简称"腾讯"）开通了官方客服平台（kf. qq. com、微信公众号"腾讯客服"、支付服务热线95017），可以第一时间处理用户的投诉和举报。针对支付金融方面的投诉，腾讯所有的支付金融产品都开启了"投诉"入口。同时，腾讯还上线了"腾讯大金融安全"微信公众号"一键举报"功能，用户一旦发现资金异常或者相关不法行为，可随时举报，并得到及时的反馈。

　　调研结果显示，在开展网络辟谣机制建设这一方面，深圳互联网企业的得分为77.60分，整体表现良好。从数据可知，选择"不定期""会""经常"

"总是"开展网络辟谣机制建设的企业占比分别为 18.16%、20.95%、31.84%、29.05%（见图8）。

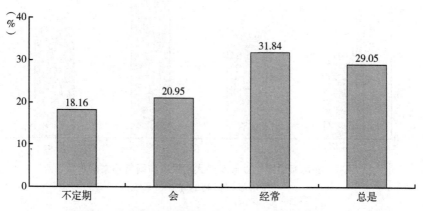

图8　深圳互联网企业开展网络辟谣机制建设频率统计

　　在具体的案例中发现，深圳新闻网传媒股份有限公司（以下简称"深圳新闻网"）创建了升级版的"深圳网络辟谣"平台。这个平台利用微信、微博、小红书、B站、微信视频号、抖音、快手、今日头条、百度等平台的辟谣账号，向大众传播辟谣信息，将针对各种网络谣言的辟谣报道迅速传递给广大网络用户，从而扩大针对各种网络谣言的辟谣报道的影响范围。此外，这个平台一直秉持"有谣必辟"的求真精神，及时辟谣、打假，不断加大对网络谣言的辟谣力度，为广大网民清理网络"垃圾"。深圳之窗传媒有限公司会针对时事中有虚假信息或者需要辟谣的内容，根据事实，结合自身的理解，进行剖析说明。网眼传媒在创立之初，就设立了网络研究中心与舆情数据中心，为政府、机构、团体、企业、个人提供全面、专业、成熟的信息安全管理服务。具体而言，它能够在互联网平台上及时进行网络热点话题和时事的辟谣，帮助网友鉴别虚假信息。

　　调研结果显示，在配合开展互联网领域虚假信息治理这一方面，深圳互联网企业得分为75.60分，整体表现良好。从数据可知，选择"不定期""会""经常""总是"配合开展互联网领域虚假信息治理的企业占比分别为17.91%、22.04%、34.05%、26.00%（见图9）。

　　在具体的案例中发现，深圳中泓在线股份有限公司积极配合所属地网信部

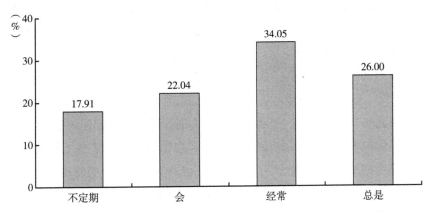

图9 深圳互联网企业配合开展互联网领域虚假信息治理频率统计

门，做好属地网络违法违规内容监测和检查。网眼传媒在网络内容传播上，助力打击"电信诈骗""网络金融诈骗""网络平台诈骗"等。

调研结果显示，在配合开展"清朗""净网"系列专项行动这一方面，深圳互联网企业得分为78.60分，整体表现良好。大部分企业能够积极响应政府部门的专项行动，维护广大网民的合法权益，尤其是在网络直播、信息内容乱象、网络谣言、未成年网络环境、信息服务乱象网络传播秩序、算法综合治理、春节网络环境流量造假、账号造假等方面，有高度配合治理意识。从数据可知，选择"不定期""会""经常""总是"配合开展"清朗""净网"系列专项行动的企业占比分别为18.00%、23.00%、27.61%、31.39%（见图10）。

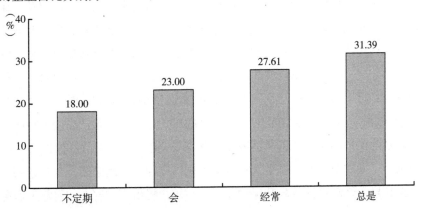

图10 深圳互联网企业配合开展"清朗""净网"系列专项行动频率统计

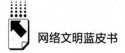
在具体的案例中发现，雷霆公司曾参与清朗·杭州亚运会和亚残运会网络环境整治专项行动、"粤·清朗"网络生态治理百日行动以及清朗·成都大运会网络环境整治专项行动。

调研结果显示，在分级分类管理用户账号这一方面，深圳互联网企业得分为 80.80 分，整体表现优秀。深圳大部分互联网企业在账户安全和隐私保护方面具有较高的意识和能力，能够根据不同类别的账号，设定不同的安全访问权限和隐私保护政策，确保用户账号的安全和隐私得到有效保护。从数据可知，选择"不定期""会""经常""总是"配合开展分级、分类管理用户账号的企业占比分别为 5.74%、25.68%、44.91%、23.53%（见图 11）。

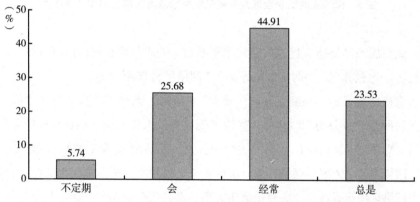

图 11　深圳互联网企业分级分类管理用户账号频率统计

在具体的案例中发现，腾讯保障用户依法享有的个人信息主体权益。在使用腾讯产品和服务时，用户可以清楚地知悉其个人信息被收集、使用及分享的目的、方式和范围。对于收集和使用的个人信息，腾讯将严格保密，杜绝将信息泄露、篡改、破坏、出售或非法提供给第三方，并充分保障用户对个人信息的控制权。腾讯遵循被广泛认可的"将隐私保护融入设计"理念，在产品和服务设计阶段，就考虑和部署对用户隐私的保护，并在整个产品周期持续考虑用户隐私的保护问题。腾讯严格遵守《网络安全法》《个人信息保护法》等法律法规，遵循安全可靠、自主选择、保护通信秘密、合理必要、公开透明、将隐私保护融入产品设计的隐私保护原则，为用户提供更加安全、可靠的服务。

雷霆公司为了更好地执行对游戏用户隐私的保护，对旗下的雷霆游戏用户隐私政策做了相关调整：在"我们如何使用您的个人信息"部分，根据实际情况，细化特定场景下的个人信息收集情况；在"您管理个人信息的权利"部分，根据实际情况，整合雷霆账号及第三方渠道账号注销路径，让游戏用户更加清楚其个人信息的使用情况。同时，雷霆公司强调对第三方插件进行严格的安全监测。对于人脸识别的相关验证数据，雷霆公司除了在加密后用于《隐私政策》规定的情形外，不会主动共享、提供或转让给第三方。

深圳依时货拉拉科技有限公司（以下简称"货拉拉"）建立了隐私保护机制，要求平台司机与用户共同遵守。制定标准包括：符合法律法规的要求；符合信息使用/搜索原则；符合数据安全保障原则；符合用户权利原则。同时，货拉拉制定了相应的风险评估与管理机制、监督机制。

深圳市中手游网络科技有限公司参与制定了《中国网络游戏行业自律倡议书》和《网络游戏行业企业社会责任管理体系》；对账号设备进行监管，依据青少年国家保护标准，采取脸部识别、成人实名制等防范措施，实现对青少年的保护。

五 配合网络执法

配合网络执法是指在网络空间中，互联网企业积极响应和配合政府部门的网络执法行动，以确保网络空间的安全、稳定和有序。在本次调研中，深圳互联网企业在配合网络执法方面的表现主要从三个方面进行考察，包括在治理网络违法犯罪中坚持弘扬社会主义核心价值观、开展网络普法活动和配合开展打击网络违法犯罪活动。

在治理网络违法犯罪中坚持弘扬社会主义核心价值观是指在打击网络违法犯罪的同时，注重维护网络空间道德规范，培育正确的价值导向，弘扬正气、鞭挞丑恶，营造积极向上、健康有序的网络环境。开展网络普法活动是指结合不同群体的需求，采取不同的时间和方式，进行网络普法宣传。在频率上，可以采取定期或不定期的方式，如每周或每月进行一次普法宣传，或者在特定时期（如法制宣传日、网络安全宣传周等）开展集中宣传。在形式上，可以通过官方网站、社交媒体平台、手机 App 等渠道进行宣传，向公众普及法律知识；可以通过在线讲座、论坛、博客等平台，邀请专家学者、律

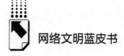
师等人员进行讲解和答疑。配合开展打击网络违法犯罪活动是指通过与政府、行业协会等相关方合作，共同打击网络违法犯罪行为，维护网络安全和社会秩序。

深圳互联网企业高度配合网络执法，能够在治理网络违法犯罪中坚持弘扬社会主义核心价值观，并开展网络普法活动，配合开展打击网络违法犯罪活动。调研结果显示，深圳互联网企业在配合网络执法方面的得分为80.76分，整体表现优秀。

在治理网络违法犯罪中坚持弘扬社会主义核心价值观这一方面，深圳互联网企业得分为88.00分，整体表现优秀。从数据可知，选择"不定期""会""经常""总是"在治理网络违法犯罪中坚持弘扬社会主义核心价值观的企业占比分别为9.35%、13.24%、24.77%、52.65%（见图12）。

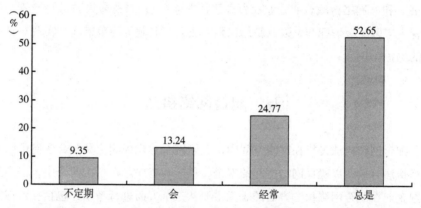

图12 深圳互联网企业在治理网络违法犯罪中坚持弘扬社会主义核心价值观频率统计

根据数据分析结果可知，深圳互联网企业在治理网络违法犯罪中坚持弘扬社会主义核心价值观方面的表现优秀。77.42%的企业能够坚持弘扬社会主义核心价值观，这表明深圳大部分互联网企业在社会责任承担、价值观引领、法治精神和法律意识培养、技术和管理创新以及全社会共同参与等多方面发挥积极作用。

在开展网络普法活动这一方面，深圳互联网企业得分为79.20分，整体表现良好。从数据可知，选择"不定期""会""经常""总是"配合开展网络普法活动的企业占比分别为12.67%、21.79%、26.86%、38.68%（见图13）。

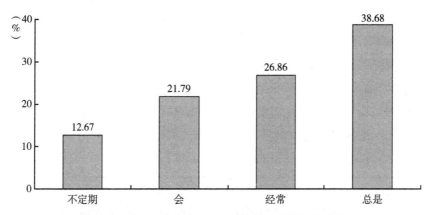

图13 深圳互联网企业开展网络普法活动频率统计

根据数据分析结果可知，深圳互联网企业在开展网络普法活动方面的表现良好。65.64%的企业积极开展网络普法活动，其中38.68%的企业经常和总是开展，主要通过官方账号进行宣传，向公众普及相关法律知识。这表明，深圳大部分互联网企业能够积极履行社会责任、重视用户教育和用户体验、预防和打击网络违法犯罪、培养法治精神和法律意识、创新普法形式和手段。

从具体的案例中发现，迷你创想联合广东省计算机信息网络安全协会青少年专业委员会，组织学生代表团参加"MI爱陪伴"主题活动，进行青少年网络素养教育研学交流活动。深圳市思贝克集团有限公司每周推送涉及网络普法宣传的"小贝周播报"。创梦天地积极通过App，推送宣传相关法律法规。

在配合开展打击网络违法犯罪活动这一方面，深圳互联网企业得分为75.20分，整体表现良好。从数据可知，选择"不定期""会""经常""总是"配合开展打击网络违法犯罪活动的企业占比分别为20.33%、23.92%、36.84%、19.14%（见图14）。

根据数据分析结果可知，深圳互联网企业在配合开展打击网络违法犯罪活动方面的表现良好。55.82%的企业配合开展打击网络违法犯罪活动，表明这些企业在法律意识、行业自律、合作联动和创新发展等方面有积极的态度与行动。这有助于提高网络安全水平，促进互联网行业健康发展，为整个社会的稳定、和谐做出贡献。

从具体的案例中发现，中兴通讯股份有限公司在内部定期举行《个人信

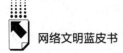
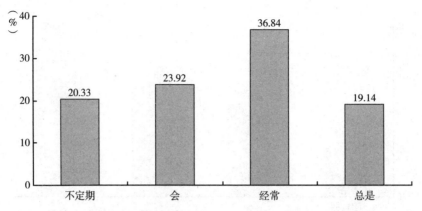

图14　深圳互联网企业配合开展打击网络违法犯罪活动频率统计

息保护法》等相关法律培训。深圳十方融海科技有限公司开设"防诈骗课堂",并参加网络数据安全共护大会。迅雷在2022年9月组织员工参加2022全国互联网法律法规知识云大赛,并在同年11月组织员工代表队参加中共深圳市委网信办主办的"深圳市网络安全法律法规知识竞赛"决赛。雷霆公司开展《互联网交互式服务安全管理要求》(GA 1277.1—2020)、《未成年人保护法》、《著作权法》等学习宣导会。

六　遵守法律法规

遵守法律法规是指互联网企业遵守国家的法律、行政法规、部门规章以及地方性法规和政府规章等。这是社会正常运转和发展的基础,也是互联网企业合法经营和长远发展的前提。在本次调研中,深圳互联网企业在遵守法律法规方面的表现主要从两个方面进行考察,包括注重个人信息保护和贯彻实施数据安全法。注重个人信息保护是指在互联网时代,特别关注对个人信息的保护,确保个人信息的安全和隐私。贯彻实施数据安全法是指严格遵守数据安全法律法规,采取必要的数据安全措施,确保数据的保密性、完整性和可用性。

调研结果显示,深圳互联网企业在遵守法律法规方面的得分为82.65分,整体表现优秀。从数据可知,选择"不定期""会""经常""总是"注重个人信息保护的企业占比分别为2.99%、4.19%、18.42%、74.40%(见图15)。

因此，从整体数据来看，深圳互联网企业较为注重个人信息保护，具有良好的法律合规意识、社会责任意识、用户至上意识。这也体现出深圳互联网行业具有较高的成熟度和规范度，有利于推动整个行业健康和可持续发展。

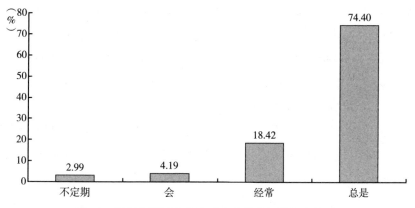

图15　深圳互联网企业注重个人信息保护频率统计

从具体的案例中发现，货拉拉设有专门的信息安全管理部门——"信息安全部"，负责用户、司机的信息安全保护工作；成立"信息安全委员会"，通过定期审查、更新隐私政策、进行员工培训、开通用户隐私投诉渠道等方式，进行隐私安全管理。

在贯彻实施数据安全法这一方面，深圳互联网企业得分为80.80分，整体表现优秀。从数据可知，选择"不定期""会""经常""总是"贯彻实施数据安全法的企业占比分别为4.26%、4.26%、18.15%、73.33%（见图16）。

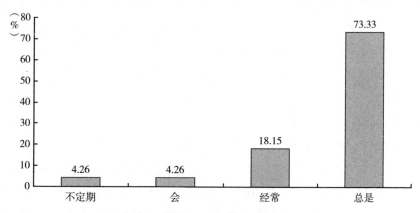

图16　深圳互联网企业贯彻实施数据安全法频率统计

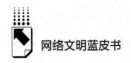

根据数据分析结果可知，深圳互联网企业在贯彻实施数据安全法方面的表现十分优秀。91.48%的企业贯彻实施数据安全法，其中73.33%的企业经常和总是贯彻实施数据安全法。这表明，深圳互联网企业严格遵守国家法律法规，特别是数据安全法等相关法律法规，注重数据安全和隐私保护的合规性。这也体现了深圳互联网企业对法律法规的尊重和遵守，以及对数据安全和隐私保护的重视。

在具体的案例中发现，迷你创想根据《网络安全法》《数据安全法》《个人信息保护法》，建立了隐私保护机制。深信服科技股份有限公司（以下简称"深信服"）在2022年参与首届数字政府建设峰会中的"信息安全"分论坛，在提供应用层网络设备、维护网络和数据安全、数据跨境方面发挥重要作用。雷霆游戏平台积极参加网络安全博览会地方特色展区，履行网络安全主体责任，展示网络安全工作成果。

七　总结与建议

互联网企业参与网络空间生态治理，能够助力网络文明建设，推动网络空间更加清朗。评估深圳互联网企业在网络空间生态治理方面的表现，对于提出高效的网络文明建设路径具有重要意义。党的二十大报告提出，需要健全网络综合治理体系，推动形成良好网络生态。增强互联网企业网络空间生态治理能力，可以有效净化网络环境，减少虚假信息、网络诈骗等不良信息；可以引导网民树立正确的价值观和道德观，增强他们的网络素养和自我约束能力，减少网络暴力、网络谣言等不良行为，是健全网络综合治理体系、保障国家安全和社会稳定的基础。因此，分析深圳互联网企业在网络空间生态治理方面的具体措施，有助于互联网企业深入了解从哪些层面提升网络空间生态治理能力，不断提升网络空间生态治理效能，推动中国加快从网络大国向网络强国迈进。

对于深圳互联网企业在网络空间生态治理方面的表现，课题组着重考察开展网络文明引导、规范网上内容生产流程、规范信息发布与传播流程、治理网络不文明现象、配合网络执法和遵守法律法规，并对这几个方面进行梳理。调研发现，深圳互联网企业网络空间生态治理的总体得分属于中等表现，各个方面的得分也处于中等水平，其中配合网络执法和遵守法律法规两个方面的得分高于总体得分。这表明，深圳互联网企业在网络空间生态治理方面处在稳健推进阶段，高度认可网络空间生态治理的重要性，对于网络文明引导、网络内容生产规范化、信息发布与传播流程规范化以及网络不文明现象治理等问题都具备基础认知，并自觉遵纪守法，积极配合相关部门采取应对措施。此外，调研结果也表明，深圳互联网企业在配合网络执法和遵守法律法规上表现较为优秀。它们能够主动在网络空间生态治理上贡献一份力量，自觉遵守法律法规，协助相关部门共建清朗网络新空间，积极维护网络秩序和国家安全，凸显了较强的社会责任感和道德感。但从整体评分和表现来看，深圳互联网企业在调动网民参与监督、制定网上内容生产和信息发布与传播流程规范制度或机制等方面仍然具有上升的空间。因此，作为网络空间生态治理的重要力量之一，深圳互联网企业应保持现有的实践优势，在网络生态治理策略上寻求更深层次的优化与创新，共同推动深圳网络空间治理形成良好生态。

第一，在开展网络文明引导方面，深圳互联网企业可以充分利用重要传统节日、重大节庆和纪念日，组织开展丰富多彩的网络文明主题实践活动，引导网民树立正确的网络文明观念，提升网民网络素养。例如，组织节日主题海报与短视频创作。组织员工或邀请网友，创作与节日主题相关的海报、短视频等内容，通过企业平台或社交媒体进行传播，引导网民关注传统节日文化，传递网络文明正能量。开通线上互动问答，利用企业平台或社交媒体，发起与节日相关的知识问答活动，通过答题形式，加深网民对传统节日文化内涵的了解，同时融入网络文明知识，提升网民网络素养。围绕网络文明创新和传承主题，组织传统节日故事征集和分享活动。鼓励网民分享自己与传统节日相关的故事、经历，通过故事的形式，传递传统节日的文化内涵。结合节日元素，开发具有创意和文化内涵的网络文化产品，如节日主题表情包、壁纸等，通过企业平台进行推广，让网民在使用中感受传统节日与网络文明的融合。对于大型互联网企业，政府可以引导其发挥自身优势，带动整个行业的发展，形成良好的行业生态；促进其与中小微型企业之间的资源共享和合作。大型互联网企业拥有丰富的资源和技术优势，而中小微型企业具有灵活性和创新力。通过搭建合作平台，促进不同规模企业之间的资源共享和合作。鼓励和支持中小微型企业在网络文明主题实践活动中大胆创新，发挥其灵活性和创意优势。

第二，在规范内容生产流程、规范信息发布与传播流程方面，深圳互联网企业可以从内容审核与把关、内容创作与优化等方面完善。首先，在规范内容生产流程方面，应做到对生产的内容进行严格质量把关，确保内容的准确性和合规性；要根据用户反馈和数据分析，注重内容的独特性和吸引力，保持信息的时效性和新颖性。其次，在规范信息发布方面，应对拟发布的信息进行筛选和审核，确保信息的真实性、合法性和合规性；对于涉及敏感话题或可能引起争议的信息，要进行特别审查和把关。同时，要明确信息发布的渠道和方式，包括企业网站、社交媒体、新闻稿等；建立渠道管理机制，确保信息的及时发布和有效传播，并对发布的信息进行效果评估，包括统计和分析阅读量、点赞量、评论量等，以便了解信息的传播效果和受众反馈。最后，在规范信息传播流程方面，应根据内容特点和受众需求，制定合适的传播策略，包括传播渠道的选择、传播时机的把握等；善用数据分析工具，实时监测传播效果，包括传播范围、受众互动等，以便及时调整传播策略；建立危机应对机制，对于可能出现的负面舆情或突发事件，制定应急预案，确保及时、有效地应对和处理。此外，大型企业和中小微型企业可以共同搭建平台或建立信息共享机制，共享彼此的实践经验，共同促进在规范内容生产流程、规范信息发布与传播流程方面的创新化发展，探索更加高效和可持续的发展模式，实现共同发展。

第三，在治理网络不文明现象方面，深圳互联网企业可以明确制定网络行为准则，包括但不限于禁止发布虚假信息、侮辱谩骂、色情暴力等内容。同时，通过技术手段，对内容进行实时监控，确保准则得到有效执行。对于违反准则的行为，采取警告、封号等措施，坚决遏制网络不文明现象。设置专门的教育板块，定期发布网络文明知识，引导用户文明上网。同时，在用户注册或使用过程中，通过弹窗提示、引导语等方式，提醒用户注意网络文明，自觉遵守相关规定。设立便捷的举报渠道，鼓励用户对发现的网络不文明行为进行举报。对于举报内容，及时处理并反馈结果，让用户感受到企业的决心和行动。同时，建立用户反馈机制，收集用户对网络文明建设的建议和意见，不断优化治理措施。此外，政府或行业组织可以通过制定统一的网络治理标准和法规，明确各类企业在治理网络不文明现象中的责任和义务。通过标准与法规的约束和引导，促使不同规模的企业都能积极参与网络治理。例如，引导中小微型企业配合开展互联网领域虚假信息治理和"清朗""净网"系列专项行动；鼓励大型企业向中小微型企业分享先进的技术手段和治理经验，帮助后者提升治理能力，如引导它们进行网络辟谣机制建设；举办行业交流会，让大型企业和中小微型企业有机会分享各自在治理网络不文明现象方面的成功案例和面临的挑战，如分享关于促进广大网民参与监督的经验。这些举措不仅可以缩小大型企业和中小微型企业在治理网络不文明现象方面的差距，还能促进整个行业健康、有序发展。

第四，在配合网络执法方面，深圳互联网企业可以设立专门的网络执法配合部门或指定专人负责，确保与网络执法部门的沟通渠道畅通。同时，建立完善的内部管理制度，包括数据安全管理、用户信息管理、内容审核机制等，确保企业运营符合法律法规要求。当网络执法部门需要企业提供数据支持或协助执法时，企业应积极响应，按照法律法规要求提供相关数据，协助网络执法部门调查取证。针对网络执法部门开展的专项行动，企业应主动配合，积极响应号召。例如，参与打击网络犯罪、整治网络谣言、清理违法违规信息等行动，共同维护网络空间的清朗。大型企业可以通过发挥自身的影响力和平台优势，积极传播社会主义核心价值观，弘扬正能量。中小微型企业，尤其是中型企业，可以通过与大型企业合作或共享资源，提升自身在弘扬社会主义核心价值观方面的能力。政府或行业组织可以定期组织网络普法活动，邀请大型企业和中小微型企业参与。大型企业可以分享在网络普法方面的经验和资源，帮助中小微型企业提升普法效果。政府可以通过建立与企业的信息共享和协作机制，确保企业在发现网络违法犯罪活动时，及时向相关部门报告。大型企业可以利用自身的技术优势，协助中小微型企业提升防范和应对网络违法犯罪的能力。

第五，在遵守法律法规方面，深圳互联网企业应严格遵守国家法律法规，确保业务运营合法合规。对于任何涉及侵犯知识产权、销售假冒伪劣产品、服务违约、虚假宣传等违法行为，企业应坚决抵制，并积极配合相关部门调查和处理。企业应建立健全内部管理机制，包括设立专门的法务部门或聘请法律顾问，负责企业法律事务的咨询、管理和监督。同时，加强员工法律培训，提高员工法律意识和合规意识，确保员工行为符合法律法规要求。还应积极履行社会责任，参与网络空间治理，共同维护网络生态安全，包括配合网络执法部门工作，提供必要的数据支持和协助，共同打击网络犯罪和整治网络乱象。应严格遵守个人信息保护相关法律法规，确保用户数据的安全和隐私。未经用户同意，不得擅自收集、使用或泄露用户数据。同时，加强技术防范措施，防止数据被非法获取或滥用。政府或行业组织可以通过制定个人信息保护和数据安全方面的标准和规范，明确互联网企业在这些方面的责任和义务。这有助于大型企业和中小微型企业遵循相同的规范，共同提升个人信息保护和数据安全水平。大型企业可以分享在个人信息保护和数据安全方面的实践经验。中小微型企业，尤其是中型企业，可以更快速学习相关知识和技能。鼓励大型企业和中小微型企业建立合作机制，共同应对个人信息保护和数据安全挑战。例如，大型企业可以为中小微型企业提供技术支持和解决方案，中小微型企业可以借鉴大型企业实践经验，提升自身的个人信息保护和数据安全水平。鼓励企业加强自律，自觉遵守相关法律法规，维护行业的公平竞争和秩序。通过行业协会、媒体等渠道，推广大型企业在个人信息保护和数据安全方面的最佳实践，鼓励中小微型企业学习和借鉴。同时，鼓励中小微型企业创新实践，探索适应自身发展的个人信息保护和数据安全方法。鼓励企业和用户对个人信息保护与数据安全方面的问题进行反馈，建立健全反馈机制。政府和企业可以根据反馈，进行改进和优化，共同提升个人信息保护和数据安全水平。

互联网是一个全球性的网络，任何一个方面出现问题都可能影响全球的网络安全。因此，通过互联网企业网络空间生态治理，可以有效保障国家安全和社会稳定，并进一步维系全球网络安全秩序。尽管深圳互联网企业在网络空间生态治理上的得分处于中等水平，符合基本要求，但是依旧存在提升的空间。未来大型企业可以充分发挥在网络空间的重要引领作用，主动向网络空间生态治理政策看齐并采取实践性行动，确保企业内外部网络生态治理机制合法化，同时与相关政府部门形成监管合力，共同促进网络空间良好生态建设，为中小微型企业提供具有借鉴性、可行性的实践参考。同时，所有企业都应该积极配合政府部门的监管，落实相关政策法规，共同维护网络空间的安全稳定。微型企业应充分认识到网络文明建设的重要性和紧迫性，自觉参与网络文明建设，如可以通过企业社交媒体账号，发布倡导文明上网、抵制网络暴力的正能量内容，引导网民树立正确的道德观和价值观。此外，相关政府部门应建立健全网络法律法规体系，明确互联网企业权利和义务，为互联网企业的合法经营提供法律保障；同时加大对违法行为的处罚力度，提高违法成本，形成有效的震慑。此外，相关监管部门应加大对互联网企业的监管力度，建立健全监管机制和制度，对大型企业和中小微型企业一视同仁，严格执法，确保其共同遵守相关法律法规。同时，加强对网络执法的监督和约束，防止执法过程中出现不公和腐败现象。

热 点 报 告

B.8

深圳网络意见领袖发声现状、
问题和对策研究报告

姚文利　黄文森　常立伟　张金凯　姚倩*

摘　要：　网络意见领袖是加快推进网络文明建设和构建清朗网络空间的重要力量。本报告聚焦深圳网络意见领袖的发声机制及其引导策略，综合采用大规模文本挖掘、深度访谈和焦点小组访谈等方法，首先从内容生产、情感互动、公共参与和受众特征等面向描述深圳网络意见领袖群体在网络舆论场中的基本情况，然后发掘网络意见领袖在网络发声过程中可能存在的问题，包括网络意见领袖自身在内容定位、价值观念、行为规范等方面的局限性，以及网民素养、互联网平台机制等外部不利因素对其正向发声的制约。本报告建议深圳监管部门促进本地网络意见领袖正能量发声，注重扶持重要的网络意见领袖，提升其内容生产专业性，发挥本地科技创新优势，鼓励和扶持对外交流，加强与网络意见领袖、网民之间的良性互动，在互联网平台和网

---

*　姚文利，中共深圳市委网信办网络传播处副处长、二级调研员，研究方向为网络传播、网络文明、网络社会工作；黄文森，深圳大学传播学院助理教授，研究方向为网络舆情、数字新闻、计算传播；常立伟，中共深圳市委网信办网络传播处二级主任科员，研究方向为网络传播、网络文化；张金凯，深圳大学传播学院在站博士后，研究方向为传播社会学；姚倩，深圳大学传播学院助理研究员，研究方向为社交媒体分析。

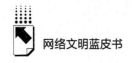

络意见领袖之间积极协调。

关键词： 意见领袖　网络文明　正能量发声　舆论引导

党的十九届五中全会首次明确提出"加强网络文明建设，发展积极健康的网络文化"的新目标和新任务。2021 年 6 月，中共中央办公厅、国务院办公厅印发《关于加强网络文明建设的意见》，指出加强网络文明建设，是推进社会主义精神文明建设、提高社会文明程度的必然要求，是加快建设网络强国、全面建设社会主义现代化国家的重要任务，并从网络空间正能量传播、文化培育、道德建设、行为规范、生态治理、文明创建等方面做出明确规定和工作部署。深圳市委、市政府高度重视网络文明建设，注重发挥人民群众的主体作用，引导广大网民不断向上向善，打造天朗气清、生态良好的网络空间，汇聚网络"圳能量"，奋力推进"先行示范"。

继 2022 年完成"网络文明素养指标体系及评估"课题之后，2023 年 3 月，中共深圳市委网信办委托深圳大学传播学院进一步聚焦深圳网络文明建设的"重要力量"——意见领袖群体，组织开展"深圳网络意见领袖发声机制及其引导"的调查研究。课题组采用大规模文本挖掘、深度访谈和焦点小组访谈等混合方法，描述和评估深圳网络意见领袖群体在网络舆论场中的基本情况，发掘其在网络发声过程中的可提升空间，提出促进深圳网络意见领袖正向发声的具体对策，为打造健康网络生态、构建网络文明新高地、推进城市精神文明建设和深圳"双区"（"粤港澳大湾区"和"中国特色社会主义先行示范区"）建设注入精神动力。

本次调研主要发现，深圳网络意见领袖整体上表现出：（1）"求新、务实、重发展"的内容生产特征；（2）"理性、文明、爱深圳"的情感互动特征；（3）"积极、向善、有担当"的公共参与特征；（4）"年轻、拼搏、有活力"的受众特征。然而，深圳网络意见领袖在网络发声过程中也存在一些实际问题：（1）地域特色浓厚而国内国际视野不足；（2）重要领域缺乏头部网络意见领袖的专业发声；（3）自媒体日常内容生产和爆款内容生产之间不平衡；（4）个别自媒体违规赢利、煽动情绪等行为扰乱网络秩序；（5）网民圈层化、情绪化影响网络意见领袖理性发声；（6）网民娱乐化、视觉化倾向依赖自媒体价值引导；（7）群体性不文明行为可能"反噬"自媒体舆论引导；（8）平台规则不透明和流量算法制约网络意见领袖发声；（9）平台内容审核、知识产权保护等机制不完善。

针对以上情况，本报告认为在促进本地网络意见领袖正向发声过程中，深圳监管部门要注重扶持重要的网络意见领袖，提升其内容生产专业性，发挥本地科技创新优势，鼓励和扶持对外交流，增加与网络意见领袖、网民之间的良性互动，在互联网平台和网络意见领袖之间积极协调。

一　网络意见领袖相关概念与内涵

（一）意见领袖

根据《中国大百科全书》的定义，"意见领袖"指的是这样一个群体，他们"积极地参与大众传播活动，将从中获取的信息传递给其他相对不积极的社会公众，能够就某一特定领域，为社会公众提供专业、权威的信息和建议，从而影响社会公众的观念和态度"。"意见领袖"（opinion leader）这一概念最早由美国传播学家拉扎斯菲尔德和贝雷尔森等人于 1948 年汇编的《人民的选择》中提出。拉扎斯菲尔德等人发现，"观念常常是从广播和报刊流向意见领袖，然后由意见领袖流向人们口中的不太活跃的部分"[①]。具体而言，意见领袖是指大众传播的"信息中介"和人际传播中的"活跃分子"，他们最早接触大众传播媒介，对媒介信息进行加工编码，再将信息传播给一般受众，由此构成"大众媒介—意见领袖——一般受众"的"两级传播理论"（two-step flow theory）。也就是说，在传统的大众传播过程中，信息不是直接从大众媒介传向一般受众，而是先传向意见领袖，再由他们转达给相对被动的、不活跃的普通大众。

20 世纪中叶，美国传播学家卡茨与拉扎斯菲尔德进一步研究两级传播中

---

① P. F. Lazarsfeld, B. Berelson, and H. Gaudet, *The People's Choice: How the Voter Makes up His Mind in a Presidential Campaign* (2nd. ed.) (New York: Columbia University Press, 1948).

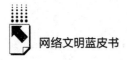

的意见领袖及其对跟随者的影响，发现在传播效果上，经过意见领袖"把关"的人际传播过程比直接"流"向一般受众的大众传播更具有说服力和针对性，更容易让一般受众接受和相信。1971 年，美国传播学家罗杰斯等人将两级传播理论进一步扩展为"多级传播理论"（multi-step flow theory），认为在大众传播过程中，信息存在两种流动形式——信息流和影响流，前者代表信息的传递过程，后者强调传播效果的展现，信息经过信息流可以直接到达一般受众，但是信息的影响必须经过人际传播多重中介的过滤，形成多级传播或者 N 级传播后，才能最终到达一般受众。在信息流动和创新扩散过程中，罗杰斯认为，"存在一群创新者，他们最先了解到创新相关信息或知识，并协助他们认为有利的创新扩散，或阻止他们认为有害的创新扩散"[1]。这一少部分人同样扮演着地方意见领袖的重要角色。

国内外学者对如何识别不同领域的意见领袖已有大量研究。研究者发现，意见领袖存在并活跃于不同领域，如公共事务[2]、农业技术[3]、消费产品[4]、时尚潮流[5]、音乐艺术[6]等领域。美国社会学家罗伯特·默顿从总体上将意见领袖简要地划分为两种类型：单型意见领袖和多型意见领袖。前者只是某一专门领域的权威，后者则在多个领域具有影响力[7]。国内研究者则从应用研究的角度，丰富了意见领袖的划分维度[8]，将意见领袖划分为明星型、精英型、政务型、专业型、公益型和宗教型等多种类型[9]。卡茨认为，无论如何分类，意见领袖都必须具备三个要件：是价值的表达者；具备专业能力；身处社会网络

① E. M. Rogers, *Diffusion of Innovations* (4th ed.) (New York: The Free Press, 1995).

② E. Katz and P. F. Lazarsfeld, *Personal Influence: The Part Played by People in the Flow of Mass Communications* (Glencoe, ILL.: The Free Press, 1955).

③ E. M. Rogers, *Diffusion of Innovations* (4th ed.) (New York: The Free Press, 1995).

④ C. W. King and J. O. Summers, "Overlap of Opinion Leadership Across Consumer Product Categories," *Journal of Marketing Research* 7 (1970): 43-50.

⑤ L. R. Flynn, R. E. Goldsmith, and J. K. Eastman, "The King and Summers Opinion Leadership Scale: Revision and Refinement," *Journal of Business Research* 31 (1994): 55-64.

⑥ R. E. Goldsmith and C. F. Hofacker, "Measuring Consumer Innovativeness," *Journal of the Academy of Marketing Science* 19 (1991): 209-221.

⑦ R. K. Merton, *Social Theory and Social Structure* (Glencoe, ILL.: The Free Press, 1957).

⑧ 余树英：《不同类型网络意见领袖的影响力及发生机制》，《中国青年研究》2018 年第 7 期。

⑨ 生奇志、高森宇：《中国微博意见领袖：特征、类型与发展趋势》，《东北大学学报》（社会科学版）2013 年第 4 期。

的战略中心①。国内研究者沿袭卡茨的观点，提出意见领袖需具备三个要素：具有强烈的价值观；具有专业素质与能力；具有某种"代言人"特性②。这些要素或特征，也是一般公众对意见领袖的普遍期望与要求。

（二）网络意见领袖

随着互联网在全球范围内迅猛且持续地发展，以及人们对网络媒介日益深入的使用，互联网为人们提供了新的意见交流空间。互联网具有互动性、开放性、针对性、及时性、个人性、易接近性、低成本性等优势③，为培养新型的意见领袖提供了肥沃的土壤。互联网的"去中心化"趋势消解了传统意见领袖的权威，以"网络红人"为代表的新型网络意见领袖逐渐走进公众视野。

一般认为，网络意见领袖是传统意见领袖在互联网的延伸，他们是互联网信息传播的重要节点，主要通过意见的在线表达，影响网民④。然而，在Web2.0时代，相较于传统精英阶层主导的意见领袖，"草根"阶层借助网络技术的低门槛、开放性强等优势，成为意见领袖群体的重要组成部分⑤。"近年来，国内'草根'网友、公民记者、商人、娱乐明星、明星官员等纷纷加入意见领袖的队伍，意见领袖渐趋多元化。"⑥ 反观国外文献，有关网络意见领袖的研究成果较多集中在市场营销和电子商务领域。例如，有研究者从对社会化网络营销效果的影响中，总结出网络意见领袖区别于传统意见领袖的特征⑦；或者归纳网络环境中意见领袖的特点及其与非意见领袖之间的差异，并

---

① E. Katz, "The Two-step Flow of Communication: An Up-to-date Report on an Hypothesis," *Public Opinion Quarterly* 21 (1957): 61-78.

② 胡泳：《我们需要什么样的网络意见领袖？》，《新闻记者》2012年第9期。

③ 段兴利：《网络意见领袖的产生、特征及培养》，《科学·经济·社会》2010年第3期。

④ 涂凌波：《草根、公知与网红：中国网络意见领袖二十年变迁阐释》，《当代传播》2016年第5期。

⑤ 朱春阳、曾培伦：《圈层下的"新网红经济"：演化路径、价值逻辑与运行风险》，《编辑之友》2019年第12期。

⑥ 曾繁旭、黄广生：《网络意见领袖社区的构成、联动及其政策影响：以微博为例》，《开放时代》2012年第4期。

⑦ Y. S. Kim and V. L. Tran, "Assessing the Ripple Effects of Online Opinion Leaders with Trust and Distrust Metrics," *Expert Systems with Applications* 40 (2013): 3500-3511.

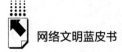
关注意见领袖对电子商务领域的影响①。

然而，不能将网络意见领袖与传统意见领袖简单看作彼此等同或延伸的关系。国内有研究者指出，互联网时代的传播结构已突破大众传播时代的传统范式，因此对网络意见领袖的分析，需要突破对传统意见领袖的研究范式，并认为网络意见领袖存在三大明显的变迁特征：其一，网络意见领袖不再是意见的中介者，而是嵌入网络传播结构中的关键节点，是活跃的网络行动者；其二，以商业组织为代表的社会组织也能逐渐成为网络意见领袖，并展现"非人格化"的特征；其三，网络意见领袖的商业性影响扩大，大众色彩和娱乐风格突出，公共性、精英色彩、启蒙意识消退，理性表达、网络行动的动力正在减弱②。

从领域来看，网络意见领袖代际演替的主要表现之一是，其施加影响的领域由公共事务转向私人生活，这是个体化趋势推动的结果。个体化社会使人们脱离传统的阶级纽带和家庭扶持等结构性约束，转而关注个人命运、体验和感受。从类型来看，互联网的"去中心化"打破了各专业领域之间的区隔，也降低了信息生产与传播的准入门槛。在此语境下，网络意见领袖逐渐向多型意见领袖转变。多型网络意见领袖并不囿于单一的专业领域，而是广泛涉足不同领域，随时转移、不断"游牧"，表现出明显的跨界行动特征。这种跨界性集中体现在社会公共领域。只不过，频繁的跨界行动使网络意见领袖的言论表达不可避免地出现常识性错误③。从个性特征来看，有学者通过实证研究指出，网络意见领袖多是勤于笔耕、富有社会责任感、来自工薪阶层的中年男性④。这些网络意见领袖具有素人效应，与网民的心理距离较近，网民更容易与他们建立情感联结，产生认同感⑤。"草根"出身的亲和力属性、互联网平台赋予

① B. Lyons and K. Henderson, "Opinion Leadership in a Computer-mediated Environment," *Journal of Consumer Behaviour* 4 (2005): 319–329.

② 涂凌波：《草根、公知与网红：中国网络意见领袖二十年变迁阐释》，《当代传播》2016年第5期。

③ 蔡骐、曹慧丹：《何种意见？何种领袖？——对网络意见领袖的几点思考》，《新闻记者》2014年第8期。

④ 周裕琼：《网络世界中的意见领袖——以强国论坛"十大网友"为例》，《当代传播》2006年第3期。

⑤ 张昊、董智琦、王弘苏：《时尚网红参与价值共创对时尚产品设计属性影响的量表开发与实证研究》，《管理学报》2017年第9期。

的移动社交属性、媒介技术支撑的内容样态丰富性，使新型网络意见领袖在网络空间尤其是在营销领域大放异彩①。

在本报告中，网络意见领袖特指在互联网舆论场中占据"优势位置"并对广大网民产生观念、态度和情绪影响的"活跃分子"。微博大V、头部微信公众号、热门视频博主等，都属于网络意见领袖的范畴。相比于传统意义上的意见领袖，当下的网络意见领袖不仅在专业领域具有较高的地位和权威性，而且更侧重于依靠独特的传播效果和较大规模的粉丝群体及流量，对相关领域乃至广大网民产生较大的传播力和影响力。

根据两级传播理论，网络意见领袖在信息传播过程中整体上发挥着中介和把关的社会功能，具体包括：（1）加工与解释功能：网络意见领袖对收集到的信息进行加工和解释，并传递信息；（2）扩散与传递功能：网络意见领袖既可以成为大众媒体与一般大众的"中介"，又是内容的生产者，将信息和观点传播并扩散至普通网民；（3）说服与引导功能：网络意见领袖最主要的功能就是在信息爆炸时代，给予相对盲目的、无主见的普通网民意见和指导；（4）协调与干扰功能：网络意见领袖一般会配合大众传播促进信息传递，但有时候也可能违背主流价值观念，干扰正常的传播秩序。可见，网络意见领袖的中介和把关功能是多层次和复杂的，兼具正向和负向的传播效果，形成不可小觑的社会影响力。

二　深圳网络意见领袖的基本情况

本报告聚焦深圳网络意见领袖在内容生产、传播和舆论引导等网络发声方面的具体表现和潜在问题，对主流社交媒体平台（如微博、微信、今日头条、B站、抖音等）上与"深圳"相关的自媒体账号进行文本挖掘，对代表性自媒体从业者或负责人进行深度访谈。具体而言，首先以网络意见领袖的领域、代表性和影响力等为判断依据，通过关键词搜索和地理信息识别，跨平台选取292个以"深圳"为账号属地或内容创作来源的自媒体账号；然后爬取相关账

---

① 柳莹、曾秀芹、张宇婷：《新型网络意见领袖商品推荐用户评价指标体系创新研究》，《新闻大学》2022年第12期。

号的基本信息及其于 2020 年 6 月 1 日至 2022 年 6 月 1 日发布的 23.90 万篇有效文本内容和 181.48 万条评论文本数据，结合机器学习、人工标注，对样本账号的意见表达和社会反馈进行计算和细致分析。

在话语分析方面，2023 年 3 月 31 日，由中共深圳市委网信办牵头，课题组与深圳本地 10 位具有较大网络影响力的网络意见领袖举行座谈会，围绕网络舆论环境中的突出问题、主体角色和建议诉求进行专题讨论。同年 4 月 21 日至 5 月 19 日，课题组通过面对面交流、在线视频等方式，对深圳 31 位自媒体账号主体或运营机构负责人（见表 1）进行深度访谈，访谈对象包括来自微信（15 人）、微博（12 人）、抖音（12 人）、小红书（1 人）和微信抖音双平台（1 人）等平台的自媒体从业者和管理者，其中男性 25 人、女性 6 人。这些自媒体账号发布的内容涵盖社会、经济、时政、文化和生活等多个领域。超过三分之一的自媒体账号平台粉丝数量超过 100 万，在本地和全国范围内具有较为突出的优质内容生产能力和社会影响力。课题组对深度访谈获取的超过 90 小时、30 万字的访谈材料进行定性解读，深入探讨访谈对象在内容生产、传播、规约和治理等方面的具体表现、存在问题和影响因素，力求准确呈现深圳网络文明生态中网络意见领袖的整体面貌和基本特征。

表 1　深圳网络意见领袖深度访谈对象

编号	性别	职业	平台	粉丝数	类别
M1	男	某信息技术有限公司负责人	微信	100 万+	生活
M2	男	某公众号负责人	微信	—	资讯/生活
M3	男	某公众号负责人	微信	100 万+	资讯/生活
M4	男	某公众号负责人	微信	100 万+	生活
M5	男	某公众号负责人	微信	50 万+	时政/生活
M6	男	某公众号负责人	微信	50 万+	时政/资讯
M7	男	自媒体从业者	微信	30 万+	时政/财经
M8	男	数字媒体研究者	微信	10 万+	时政
M9	男	某传媒科技有限公司负责人	微信	—	财经
M10	男	某公众号负责人	微信	10 万+	时政/文化
M11	男	某公众号负责人	微信	20 万+	文化
M12	男	某公众号负责人	微信	—	财经
M13	女	某科技有限公司负责人	微信	100 万+	生活

编号	性别	职业	平台	粉丝数	类别
M14	男	某公众号负责人	微信	300万+	社会/文化
M15	女	某公众号负责人	微信	10万+	教育
M16	男	自媒体从业者	微信/抖音	—	时政/财经
M17	男	某微博账号博主	微博	100万+	时政/生活
M18	男	某网络科技有限公司负责人	微博	200万+	资讯
M19	男	资深媒体人	微博	100万+	旅行
M20	男	资深媒体人	微博	20万+	时政
M21	男	自媒体从业者	微博	10万+	时政
M22	男	数字媒体研究者	微博	200万+	资讯/科技
M23	男	数字媒体研究者	微博	100万+	教育
M24	男	某微博账号博主	微博	80万+	文化
M25	女	某平台新媒体运营中心总监	微博	60万+	资讯
M26	女	某信息科技有限公司负责人	微博	60万+	生活
M27	男	某微博账号博主	微博	500万+	时政
M28	男	自媒体从业者	微博	100万+	旅行
M29	男	某微博账号博主	抖音	20万+	汽车
M30	女	自媒体从业者	抖音	—	美食
M31	女	某MCN机构负责人	小红书	—	生活

（一）求新、务实、重发展：深圳网络意见领袖的内容生产特征

经过统计，深圳本地292个自媒体账号分别来源于社交媒体平台（如微博、小红书，占53.42%）、内容创作平台（如微信公众号、百家号、网易号，占34.25%）、短视频平台（如微信视频号、抖音、B站，占12.33%）（见图1）。这展现出深圳网络意见领袖依托的平台以多模态（视频、图片、文字等）内容生产的社交媒体平台为主，以注重长文本创作的内容创作平台为辅，并有转向短视频平台的新趋势，呈现创新求变、多样化传播的新特点。

从自媒体账号类型来看，生活类内容创作账号最多，达到150个（占51.37%），其次是社会类（44个，占15.07%），地产类和财经类位居其后，分别为34个（占11.64%）和22个（占7.53%），而时政类有3个，仅占1.03%（见图2）。

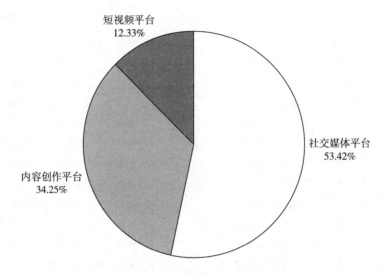

图1 深圳292个自媒体账号平台来源

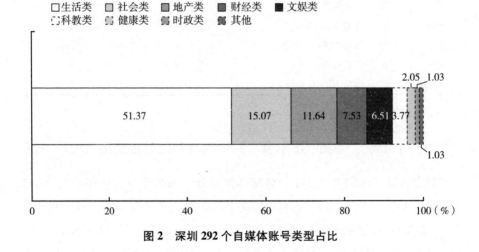

图2 深圳292个自媒体账号类型占比

为进一步了解自媒体生产的内容分布结构，课题组采用基于无监督机器学习的主题模型（LDA），对文本进行自动化分类。以百家号、网易号和微信公众号等内容创作平台文本为例，65662篇（条）自媒体文章涉及的主题大致可分为五类（"其他"除外）。第一是文化娱乐类信息，此类最多（占23.35%），以名人、明星和综艺等的娱乐八卦新闻为主；第二是生活休闲类信息（占

22.64%），涵盖美食、旅游、休闲文化等内容；第三是商业财经类信息（占18.59%），主要包括金融、市场、房地产等内容；第四是城市发展类信息（占15.85%），重点关注深圳城市建设，如交通、基建、城市规划等话题；第五是民生问题类信息（占11.89%），主要涉及深圳本地的就业、住房、社会福利等问题。

由此可见，深圳网络意见领袖在内容取向上整体呈现关注生活、务实的特征，侧重网民的"软"新闻和信息需求。凭借深圳经济特区的独特区位优势，房地产、财经类网络意见领袖相对活跃。而时政类特别是严肃新闻和时事评论等内容创作者较少，其中虽存在时政新闻采编权制度和规约的因素，但也反映出深圳网络意见领袖对时事评论等领域关注不足，缺乏相关领域内容生产力。

（二）理性、文明、爱深圳：深圳网络意见领袖的情感互动特征

深圳网络意见领袖整体上呈现理性表达、文明讨论的精神风貌。为了评估深圳自媒体内容生产的文明表现情况，课题组基于字典和规则提取的方法，对样本账号在观察期内发布的文本进行情感得分和不文明比例计算。首先，我们使用中文自然语言处理工具库 SnowNLP，对样本账号文本进行情感倾向值计算，取值范围为［0，1］，0 为负面情感极值，1 为正面情感极值。然后，基于自定义词典，统计包含不文明词语的文本频数，进行不文明评测。经统计，在以长文本为生产形式的内容创作平台中，65662 篇（条）自媒体文章的平均情感得分为 0.88±0.002，疑似不文明语篇占 3.46%；在以短文本为生产形式的社交媒体平台中，65530 条微博博文的平均情感得分为 0.73±0.003，疑似不文明语篇占 5.86%；5027 条短视频的元文本（即描述视频内容的文本）平均情感得分为 0.72±0.010，疑似不文明语篇占 1.98%。相比于微信公众号、百家号等生产长文本的自媒体账号，社交媒体账号和短视频账号发布内容的情感偏向相对消极，其中微博账号疑似不文明语篇占比更高，不文明表达的情况尤甚；虽然短视频元文本的不文明程度较低，但非文本视觉信息本身的隐蔽性和暗示性较强，给基于自然语言处理的内容监管手段带来很大的挑战。

课题组进一步聚焦百家号、网易号和微信公众号等内容创作平台的文本，按照文章主题，统计自媒体创作的内容及网民发布的评论情感得分和不文明比例（见图 3），并进行分类比较。统计结果显示，自媒体发布的文化娱乐类和

城市发展类内容的情感倾向最为积极，平均情感得分分别达到0.96分和0.95分，其中城市议题突出呈现"新进展""新变化""大手笔""重大利好"等，正面宣传以深圳为主的城市发展建设成就，传递积极向好的声音和信号。而民生问题类内容的情感倾向最为消极，平均情感得分为0.58分，多与城市治安、居住环境、职场际遇等话题相关，以问题反映和情感诉求为主，有可能成为负面舆情的潜在增长点，但整体不文明比例仅为3.35%。这说明，深圳网络意见领袖关注城市建设发展和社会民生问题，其态度和情感表现因平台特点、账号类型和主体差异略有差别，但整体上趋向于以理性、文明的方式表达意见和传递观念。虽然文化娱乐类内容的情感积极性高，但最容易产生情绪极化和非理性表达，疑似不文明语篇的占比最大，为19.78%。在相应的网民评论中，文化娱乐类内容最容易激发受众积极的情绪反应（平均情感得分为0.77分），但出现最多的不文明评论，占67.11%；而民生问题类议题会引发情绪相对消极（平均情感得分为0.51分）且不文明的评论（占49.27%），再次揭示此类话题酝酿愤懑情绪和形成潜在舆情风险的可能性较大。

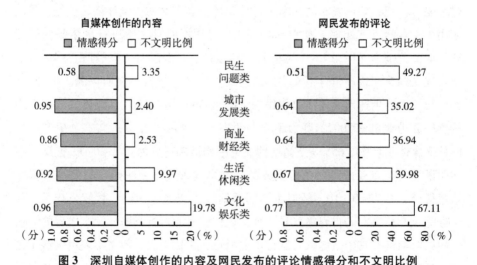

图3 深圳自媒体创作的内容及网民发布的评论情感得分和不文明比例

在创作内容的本地化程度方面（见图4），多达113个（占38.70%）自媒体账号"立足深圳、扎根本地"，即发布的内容75.00%以上与深圳相关；36个（占12.33%）自媒体账号经常发布涉及深圳话题的内容；143个自媒体账号（占48.97%）本地化程度较低，日常发布的内容中与深圳相关的比例不足25%。

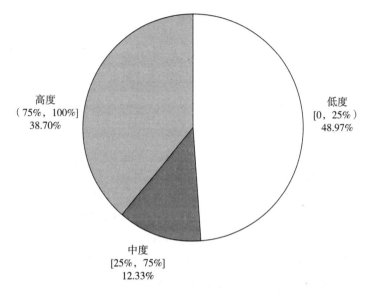

图4 深圳自媒体创作内容的本地化程度

概而言之，深圳网络意见领袖整体上表现出对深圳的密切关注和热爱，他们关心本地生活、文化和社会发展，自发参与深圳网络公共信息生态的营造和建设。虽然近半数（48.97%）自媒体关切的话题主要在深圳之外，但仍有超过半数（51.03%）的内容创作者以"深圳"为内容创作的原点和中心，密切关注深圳城市建设、经济发展、社会生活和本地服务资讯等，显示出较高的本地化和垂直化内容生产特征。

（三）积极、向善、有担当：深圳网络意见领袖的公共参与特征

网络意见领袖群体是互联网空间和社会治理的重要参与主体与推动力量。如图3所示，深圳网络意见领袖在城市发展、商业财经、文化生活等内容领域创作中，全面表现出积极向上的情感倾向，而且基本做到理性文明发声，在公共议题讨论中能够坚持正确的立场和价值判断。

在现代风险社会中，网络舆论此起彼伏，折射出社会民生问题和网民

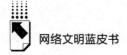

波动的情绪心态。为正向引导网络舆论并消解负面情绪，中共深圳市委网信办积极做好网络人士统战工作，注重网络意见领袖与社群的"桥梁"角色，发挥正向舆论的"解压阀"功能。尤其在新冠疫情期间，中共深圳市委网信办引导"深圳客""深圳之窗""深圳本地宝""深圳百事通"等网络意见领袖同心同行，策划并发布了百余篇（条）新媒体作品，多角度展现深圳各项抗疫举措和市民团结战疫场景，引导市民做好个人防护，增强市民战疫必胜信心。

情感分析结果表明，在292个观察样本中，近一半（$n=127$，占43.49%）网络意见领袖积极参与主流舆论宣传工作，比其他自媒体（平均情感得分为0.73分）更倾向于积极正向发声，所发布内容的平均情感得分（0.88分）显著（$t=4.02$，$p=0.000$）高于其他自媒体，侧面反映出深圳网络文明建设工作对网络意见领袖的引导效果较为明显。通过对自媒体创作的内容与网民发布的评论情感得分的皮尔逊相关性分析，发现自媒体创作内容的情感越积极，网民评论的情绪也越积极（$r=0.39$，$p=0.000$），尤其是在中共深圳市委网信办引导下的网络意见领袖的情绪转移（从创作内容到网民评论）效应显著（$r=0.53$，$p=0.000$），而其他自媒体创作内容与网民评论之间的情感得分不存在显著相关性（$r=0.18$，$p=0.310$）。

由此可见，相较而言，深圳网络意见领袖能够更加积极地参与深圳公共生活和国内外事件、话题的讨论。同时，网络意见领袖创作内容的情感越积极，网民评论的情绪也越积极；反之亦然。也就是说，网络意见领袖坚持正面宣传和正能量传播，有助于引导网民发表积极向上的观点；反之，过度关注负面新闻信息，可能会引发网络消极情绪的"螺旋效应"，消极情绪不断放大不利于营造清朗的网络空间。

在互联网时代，网络意见领袖成为深圳网络文明建设的重要力量之一。访谈对象M27结合自身20多年的互联网从业经验，表示"深圳是首个拥有网络智库、民间智库的城市"。他指出，深圳最早推出在线参政、议政和问政等社会参与形式。深圳能够在全国网络文明建设中持续发挥"先行军"作用，正得益于积极、向善、肩负社会责任的网络意见领袖和网民群体对网络文明建设创新实践的积极参与。

（四）年轻、拼搏、有活力：深圳网络意见领袖的受众特征

课题组通过进一步的访谈发现，深圳网络意见领袖基本特征的形成，与其受众基础紧密关联。受众的地域、年龄和文化背景等要素，深刻地影响深圳网络意见领袖发布的内容、情感和参与讨论的特征，如语言风格、题材选择和热点感知等。

深圳是一座年轻的城市。深圳本地大多数自媒体的受众主要为中青年。访谈对象 M1 总结道："我们的受众主要是在 20 至 45 岁之间，占比在七成以上。其实每个城市的受众分布差不多，但深圳的受众在这个年龄层是最多的。"年轻的深圳网民处于拼搏发展的人生阶段，他们的思维方式活跃，敢于尝试新事物，勇于挑战自我，喜爱年轻、平等、时尚和多元化的表达方式。

深圳也是一座移民城市，人口组成结构复杂，社会分化程度较高，流动性也相对较大。在这个城市里，各个年龄段、各种文化水平、各类收入水平的人群有自己独特的信息获取方式，他们通过网络表达自己的观点，寻找身份认同。访谈对象 M5 表示："大家（起初）都是客人的身份，有一种'来做客'的感觉。"这句话恰如其分地描绘了深圳这个城市热情的文化氛围。"首先它是一个移民城市，是一个充分交融的由移民构成的城市主体。在这里边，每一个人的身份认同都是一个渐进式的过程。"（M5）正是深圳这座城市的包容性和多样性，使人们在不断的交流、互动中完成从"客人"到"主人"的身份转变，形成独特的城市精神和文化思想。

除此之外，深圳本地受众更加关注与自身紧密相关的经济和生活信息议题。访谈对象 M10 提出，"深圳这个地方的人，更关注经济和生活，对时事政治等严肃性题材没什么兴趣"。年轻化和生活化的社会话题更能够引发深圳网民的情感共鸣。但访谈对象 M7 认为，互联网上的种种迹象（如"躺平""佛系"）也反映出深圳年轻人的生存现状，"现在好像进入低欲望的时代，人们会向往很平凡的美好，这种诉求在互联网中被投射和放大"。这说明，面对生活压力和快速的城市节奏，深圳网民实际上更需要网络意见领袖渗透进社会各个阶层，贴近群众生活，为纾解其困境而理性发声，并为其与其他群体、社会组织之间搭建沟通桥梁。

从整体来看，深圳网民低调、务实、包容、开放、团结、文化素质较高，

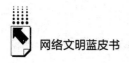

重视经济发展。网民的性格也是深圳这座城市精神内核的体现之一。他们的行为方式、价值观念、生活态度，都深深地打上深圳这座年轻城市的烙印。同时，他们也在用自己的方式塑造这座城市，让它变得更加多元、开放、包容和充满活力。因此，深圳网民的特点与深圳这座城市的精神内核是相互映照的。

独具"深圳特色"的网民深刻地影响着深圳网络生态和网络意见领袖的发展方向。深圳网民年轻化、生活化、多元化的信息诉求，为网络意见领袖提供了一个轻松自由的表达空间，让他们能够在创新道路上积极探索。因此，这就要求网络意见领袖适应这种趋势，摒弃传统精英主义的说教模式，以更贴近年轻人生活的方式传递信息，尊重网民的意见和看法，回应网民真正关切的问题，积极传播正能量和积极向上的社会价值观念。

三　深圳网络意见领袖在网络发声过程中的问题

在调研过程中，课题组对 31 位网络意见领袖进行深度访谈，发现一些内部因素和外部因素阻碍或制约网络意见领袖在网络空间中进行积极正向的发声。其中，自媒体自身内容定位、价值观念、行为规范等方面的局限性，以及网民素养、互联网平台机制和行政监管制度等结构性压力引致的一系列问题值得关注。

（一）网络意见领袖地域特色浓厚而国内国际视野不足

深圳网络意见领袖在内容生产上整体突出深圳本土特色，除了关注个别热点事件和话题，较少涉足全国性乃至国际化的话题。也就是说，"立足深圳"既是深圳自媒体的优势，也是其发展的制约因素。依托自主创建的各类新媒体垂直平台账号，网络意见领袖发挥资讯发布、内容共享、舆论引导等社会功能。他们不仅承担传统意见领袖的社会角色，也在短视频和平台经济兴盛的当下，随着媒介形式的变化呈现新的样貌。深圳作为中国改革开放前沿阵地，在培育和涵养本土网络意见领袖的过程中，也将深圳精神传递给他们。正如访谈对象 M16 所言，"城市性格决定城市的网络生态。城市的气质在线上、线下（的表现）是一致的"。扎根深圳，才能让深圳网络意见领袖更好地传递深圳声音，讲述深圳故事。

靠山吃山，靠水吃水。不仅城市发展需要依托特定的地理区位优势，本土自媒体的发展也需要依靠本地的区位特点。深圳自媒体凭借深圳本地开放的社会资讯服务和多元化的民间故事，挖掘本土风土人情，地域特色浓厚，贴近实际、贴近生活和贴近市民。对于深耕本土的自媒体而言，"做当地老百姓关注的事情、接近他们生活的事情，这就是权威"，访谈对象 M2 如是说。同时，深圳是改革创新的前沿阵地，将其文明典范故事对外传播同样重要。正如访谈对象 M1 建议的，网络意见领袖应该"引导网民去发现深圳美的地方"。

然而，深圳网络意见领袖在沟通国内外自媒体、互联网平台和网民方面的能力较为有限，除涉及部分国际重大事件外，缺乏对我国港澳台地区和国外经济、社会、文化、生活等方面内容的生产，其内容输出不足以辐射国内、走向世界，其传播能力与深圳"双区"城市的地位不匹配。访谈对象 M5 有感而发："深圳代表的是中国在过去那样一个状态下，变成能够与全球先进文化文明交流和碰撞的'桥头堡'。它既吸纳外部的文化，也是向外输出中华文化的一个连接点。"放眼全球，深圳网络意见领袖在这方面还有所欠缺。因此，在夯实本地服务的基础上，有待加强培育辐射全国、具有国际视野的网络意见领袖。

（二）重要领域缺乏头部网络意见领袖的专业发声

深圳网络意见领袖所拥有的自媒体账号类型除了生活类和社会类，占比最多的就是地产类和财经类，约占总数的百分之二十。其中，不少账号的全网粉丝量达到 100 万+，如"刘晓博说财经""宋丁视点"等具有较高的行业声望和较大的独特影响力。但囿于专业领域的垂直化和窄众化，其传播影响力局限在行业内部，较难实现内容乃至品牌的"出圈"。

目前，在政治时评、国际文化、公共卫生等重要专业领域，深圳长期缺乏深耕其中且具有全国影响力的网络意见领袖，难以发出权威的"深圳强音"。特别是在面向大众科普教育，分享专业经验和权威见解，在尖端领域发起前沿话题、引领行业方向，在重大国际议题上发表观点、引导网络舆论等方面，缺少关键网络意见领袖；在帮助深圳在全国网络生态中形成较为突出的传播优势、成为重要的舆论阵地和意见发源地上，还存在一定程度的短板。

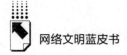
网络意见领袖内容生产的专业性不足，部分原因在于其难以获取充足且具有深度的创作素材。与职业新闻组织相比，网络意见领袖多是独立自媒体或商业机构，缺少获取优质的、丰富的内容素材和事实材料的信息渠道。不少自媒体个体由于专业能力不足和时间精力有限，较少主动对素材进行调查取证，核实其真实性和可信度。同时，由于缺乏权威信息来源，加上专业文献、数据和各类信息驳杂且不易获得，网络意见领袖缺乏支持其精品化内容生产的充足的社会资本。此外，快节奏的城市生活也影响了本地自媒体的文化定位。诸多内在因素和外在因素限制了网络意见领袖创造力和影响力的发挥，甚至一些自媒体账号投机取巧，借助所谓"流量密码"，炒作热点新闻和话题，擅自转发或"洗稿"未经核查的信息，导致误导公众。

（三）自媒体日常内容生产和爆款内容生产之间不平衡

关于自媒体的独特优势，访谈对象 M10 认为，"自媒体的一个好处就在于，它能够比机构媒体更快、更具个人风格地呈现内容，也就是更具有可辨识度"。但在分众化和碎片化的时代，自媒体在日常内容生产中要想保持稳定输出，必须将主要精力用于类型化（如楼市、美妆、科技等）内容生产。由于目标受众群体较为固定，这类内容难以吸引更广泛的受众群体，无法吸引流量而成为"爆款"。然而，一些自媒体账号为追逐流量，往往在缺少精力和专业知识背景的条件下，采取蹭热点、博眼球、低俗化、引战互掐等"取巧"手段炮制"爆款"内容，长此以往最终只会造成"劣币驱逐良币"，导致优质自媒体举步维艰的局面。

这种认知和行动上的不平衡，使网络意见领袖面临很大挑战。一方面，保持日常内容的创作要求网络意见领袖具备特定领域内的专业知识和丰富的运营经验，并投入大量的时间和精力。访谈对象 M13 表示，"无论在哪个平台，（自媒体）最关键的其实是自身内容的创作能力，能够知道市场上什么是流行的，大家喜欢看什么，最重要的一点是要知道广告主能够接受什么，这些对我们来说都是很实际的"。访谈对象 M15 也指出，"（自媒体）必须进入所在的平台去了解它、认识它，必须跟踪最新的热点，贴合热点，打造产品"。另一方面，"爆款"内容的创作需要网络意见领袖具有敏锐的市场洞察力和快速的反应能力。座谈会上，有专家指出，"选题要有一定的流量潜质，能够引发互动、讨论和思考"，这样才可以成功地将日常化的内容转化成具有广泛影响力的"爆款"。访谈对象 M13 指出，"涉及公域的话题有没有流量，其实不是由粉丝决定的，而是由所在平台愿不愿意给流量决定的。所以在这个角度上，我们肯定要有一些自己的独家优势，但只有这些优势也是不够的，我们必须贴合平台的情况，改变我们创作的重点和方向"。访谈对象 M5 也认为，"我们既要破解新媒体平台上流量的密码，又要有传统的内容底蕴和专业功底，要打通这二者之间的关系"。

（四）个别自媒体存在违规赢利、煽动情绪等行为

健康、文明、清朗网络环境的营建，离不开网络意见领袖的自我约束和自我管理。访谈对象 M25 指出，"有时候，网络上戾气较重。这不是某个平台的问题，几乎所有平台都是这样的，难以形成一个正常的交流状态"。在访谈过程中，有受访者表示，造谣、抄袭、互掐、煽动情绪等问题正在扰乱网络秩序，个别自媒体违规赢利、煽动情绪、舆论暴力等问题也日益凸显。

其一，违规赢利。访谈对象 M16 坦承，"从商业变现的角度来说，纯新闻热点的账号很难变现，也很难打造个人 IP"，以致一些自媒体通过投机取巧的违规途径牟取利益。例如，有的自媒体接受价格昂贵的炒作费用，持续为特定的营销目标假造声势，影响用户正常获取信息的渠道，破坏自由公正的传播环境；同时，这种寻租模式可能会让不法分子钻空子，扰乱正常的信息传播秩序。还有的自媒体出于某些商业意图，甘愿充当"水军"，进行网络攻击或参与恶意竞争。访谈对象 M1 认为，"这种水军肯定是商业利益驱动的。

其二，煽动情绪。个别自媒体为了吸引注意力，获得更多流量和提高转化率，利用所谓的"流量密码"，制造一些猎奇"新闻"，吸引用户转发、评论和点赞。例如，访谈对象 M29 表示，"曾经见过有人拍一个视频，故意把东西讲错，然后让网友纠正、评论，再把流量带起来"。还有的自媒体夸大一些无关紧要的事件，意在制造争议性话题，煽动一些不明真相的组织、自媒体和个人为其摇旗呐喊、壮声助威。更有甚者，不惜煽动国家、民族、区域、性别、职业等群体对立，刻意制造恐慌、愤怒等负面情绪，发布虚假信息，利用人们猎奇、从众的心理，达到流量攫取的目的，严重破坏了网络生态。

其三，舆论暴力。有的自媒体出于各种目的，通过煽动、压制等方式，影

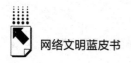
响舆论风向，发布较为偏激甚至言语激烈、词汇粗俗的内容，通过有噱头的话题，恶意攻击某些群体和个人，"带节奏"和引导受众"围攻"他人，不仅侵犯相关群体和个人的合法权益，还使持有不同意见的个体迫于舆论压力而难以正常发声，导致舆论暴力和舆论极化的形成。

在这种情况下，网络舆论将越来越极端化，无法代表真正的民意。由于从众心理或者害怕被孤立，很多人选择不发声、不表态。"如果一个国家和社会，想通过对舆论的解读，了解社会有什么问题，想知道普通老百姓是怎么想的，就要看这些人在微博上怎么发言，对政策有什么意见，对什么样的新闻事件有什么样的看法。然而，现在舆论实现不了这个功能，它反映出来的民意可能是偏激的和单极化的。"（M23）

（五）网民圈层化、情绪化影响网络意见领袖理性发声

纷繁复杂的资讯和日益增加的个性化表达，割裂了传统大众舆论场。相较于传统自上而下单一的信息渠道，网民更倾向于选择性地关注自己感兴趣的信息，通过社交媒体、专业网站、论坛等渠道，获取更加聚焦和个性化的资讯，关注自己的"小圈子"，融入感兴趣的网络社群。不同的"小圈子"有着不同的关注话题、价值观和表达方式。在某些"小圈子"中，人们可能更倾向于接受和传播与自己观点一致的信息，忽视或排斥与自己观点不一致的信息。加上大数据算法有时推波助澜，网民容易在"信息茧房"中不断强化自我认知和表达。这将导致舆论场中出现"圈层化"的格局，各圈层之间缺乏沟通交流，甚至会因为不同的利益诉求而走向彼此的对立面，最终诱发舆论极化和网络暴力。其中，以"饭圈"最甚，明星粉丝是互联网社区中异常活跃的群体，不同明星的粉丝之间常常出现互相谩骂、水军控评、恶意删帖等不文明现象。访谈对象 M27 认为，"饭圈现象"的症结在于受众过于年轻："'饭圈'可能有很多十几岁的青少年，他们还没有太多的社会阅历，很多时候观点'非黑即白'。只要你支持我的偶像，我就使劲夸你；要是有反对的一句，我就要骂，甚至有的可能更极端一点，比如人肉搜索。"

不仅如此，舆论场"圈层化"也往往伴随着舆论情绪化的问题。在社交媒体中，一些极端言论容易激化社会矛盾和引发观点冲突，特别是地域、性别、"饭圈"等相关话题成为匿名化的网民群体肆意宣泄情绪的出口。有的营

销号以情绪化的言论为噱头，刻意使用具有攻击性或歧视性的语言，引发网民之间不必要的争议和冲突。访谈对象 M18 表示，"我觉得有时候网上太极端，对于一件事的不同观点，很多人都不温和对待，而且刻意地把极端的立场当作自己或他人的标签"。

舆论情绪化倾向会极大地冲击网络意见领袖的理性发声，因为稍有不慎，网络意见领袖就会被贴上"站队"的"标签"，致使其在网络发声时难免被网民的情绪左右，在各方立场中摇摆不定，从而失去权威性和公信力。访谈对象 M10 指出，"如果网络上只有一种声音，它只会越来越大，而另外的声音就会自动退出，……我也会不说话，因为做价值中立的自媒体可能会更安全"。如此一来，网络意见领袖将逐渐失去发声的动力。

（六）网民娱乐化、视觉化倾向依赖自媒体价值引导

随着媒介技术的不断发展，受众倾向于从传统的文字媒介（如报纸、书籍）逐渐转移到视觉化的数字媒介（如社交媒体、短视频）。视觉化的数字产品形式（如动画、视频、直播等）具有更加直观、生动、形象的特征。访谈对象 M10 总结自己的受众画像和消费习惯时说："年轻的受众更喜欢'轻'阅读——轻松式的阅读，喜欢动漫那种图文结合的，他们还会对视频传播的形态非常感兴趣。"相较于传统媒体，短视频能以简单直观、视觉冲击力强、沉浸式体验等优势，迅速吸引受众的注意力，极大满足受众的娱乐和信息需求。

当下，微博、抖音、快手、B 站和小红书等新兴媒体平台吸引大量流量，逐渐成为网民获取资讯的主要平台。这些市场主导的商业平台为迎合受众口味，不断为受众推介娱乐化、视觉化的资讯，更依托算法推荐和个性化推送，进一步强化"信息茧房"效应，使受众陷入自己感兴趣的信息领域，形成信息"孤岛"，导致个体信息接收的片面化和偏颇化，乃至社会价值观的分裂与区隔。

尤其是年轻的受众，在形式上更喜爱图文、视频类的轻阅读，在内容上则更关注明星八卦、休闲、游戏等娱乐信息。而受众的喜好是自媒体在选题和内容生产上的重要参考标准。访谈对象 M9 是传统媒体人转型成为自媒体的代表，他表示受众的媒介使用习惯深刻地影响着他的内容创作："一篇文章一般两三千字，而一条短视频只有两三分钟，我们只能把文章里最核心的那几段话

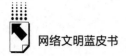

做进视频里。"访谈对象 M8 也在写作构思策略上，充分考虑受众的兴趣变化："有时候，我们会采用这样一种策略，主要考虑对读者和受众阅读的引导性，故意在开头写点轻松的内容，把读者吸引进来，再讲一些比较正经的事情。"然而，相较于传统媒体推崇的长文阅读，短视频难以培养受众严谨的逻辑思维。若长期沉浸在娱乐化、视觉化的信息产品中，网民的逻辑思考能力和批判能力容易被削弱。

况且，受众更愿意接触符合自己偏好的信息，而忽视其他多元的观点和声音。过度的商业化和娱乐化也可能会加剧思想、观念的扭曲和偏见，影响受众的理性判断和认知。浮于表面的"标题党"和低俗玩梗，便能轻松赚取流量。相反，一些有深度、有内涵、有洞见的独立言论却渐渐息声。长此以往，网民的媒介素养水平有下降的风险。

健康的舆论环境依赖高素质网民的理性发言，而网络意见领袖须在其中充当资源提供者和思想引领者的重要角色。面对娱乐化、碎片化的信息浪潮，网络意见领袖如果随波逐流，跟风追随商业性平台上的潮流和热点，必然会导致网民整体媒介素养和道德观念的"滑坡"。网络意见领袖面对层出不穷的不文明行为，若不针砭时弊、仗义执言，其影响力和公信力也将大打折扣。因此，勇于发声，遏制不文明行为，引导舆论远离"黑灰地带"，是新时代网络意见领袖肩负的重要责任。

（七）群体性不文明行为可能"反噬"自媒体舆论引导

近年来，社会各阶层之间的矛盾在舆论场中凸显，网络空间中不文明现象增多。在访谈中发现，网络意见领袖面对的群体性不文明行为主要有网络暴力、人肉搜索、泄露隐私、低俗恶搞、煽动对立等。匿名化导致网民的群体性不文明行为增多，进而严重制约网络空间的健康安全发展。在缺乏有力监管的舆论空间中，一些网民肆意放纵自己的言行，发表一些不负责任的言论，给社会带来严重的负面影响。

究其原因，一方面，网民素养参差不齐，有的网民明辨是非能力较弱，容易出现极端化情绪。相对失衡的舆论环境易导致网民跟风盲从，宣泄负面情绪，甚至恶语相向、恶意中伤他人。另一方面，不少营销号在利益驱动下，发表不恰当的观点，混淆是非，挑动各方对立，收割流量以牟取暴利，严重损害舆论场的公共性。访谈对象 M17 指出，网络不文明行为往往源自立场冲突："同一个阵营或者兴趣爱好相同的群体内部，不同的观点可以得到缓和。但是面对（群体外部）不同立场的人，双方可能会（各自）'抱团'，形成两个更大规模的相对立的群体。"

在线评论区的可供性（affordance）也在客观上助长了网络不文明行为的扩散。平台评论区的开放性和匿名性为网络不文明行为提供了野蛮生长的土壤，而评论区的可见性和社交性在客观上加深了网络不文明行为的危害程度。例如，网民的点赞、转发等行为会增加不文明内容的可见性，扩大其传播范围，一些网民甚至会加入发布不文明内容的行列。访谈对象 M12 表示，"有一些平台的评论区是开放式的，不管什么样的评论都会留下来。这种情况就会放大过激的、极端的或讽刺的评论。在网络空间里面，大家反而愿意去附和一些比较极端的言论"。

良好的舆论生态环境应该建立在抵制不文明言论的基础上，为各类合理合法的言论提供畅所欲言的空间，并鼓励积极正面的言论成为主流声音。访谈对象 M23 认为，"如果把一边人的嘴巴捂住，只让另一边的人讲话，我们会看到观点越来越朝极端方向发展。若没有对话和制衡，它就会在某种程度上演变成一种话语暴力"。访谈对象 M9 提议建立连接各方对话的机制："新媒体、监管层、企业方要建立对话沟通机制，鼓励更多人参与网络生态建设。但不能不让人说话，而是让大家有真知灼见，不要怕说话有风险。"

（八）平台规则不透明和流量算法制约网络意见领袖发声

随着互联网的发展，以微博为代表的社交网站，以抖音、快手为代表的短视频平台，以微信公众号为代表的基于私域流量的内容平台正在蓬勃发展。在平台崛起与发展的历程中，不同领域涌现各式各样的网络意见领袖。他们借助平台，创作内容、发表意见并触达受众，其累积声望、形成影响力的过程，与平台发展壮大的过程是相辅相成的。然而，商业性平台与网络意见领袖的关系是复杂的：一方面，商业性平台依靠网络意见领袖持续产出优质内容，提高平台用户的黏性和活跃度；另一方面，商业性平台依托业已形成的用户流量优势，通过热搜、推荐、降权等流量算法，把控网络意见领袖在网络中的可见度。也就是说，平台架构的算法和规则可能会左右网络意见领袖的内容生产和价值取向，间接影响他们的舆论引导意愿和能力。

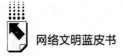

具体而言，在信息传播的前端环节，商业性平台可以邀请网络意见领袖入驻，或者通过 MCN 机构（指专业培养和扶持网红达人的经纪机构或公司）管理等方式，直接介入网络意见领袖的内容创作。在信息传播的中后端环节，商业性平台可以利用自己的渠道特性和算法机制，约束网络意见领袖只能发布特定的内容、限制他们的受众规模。因此，自媒体会关注平台扶持哪类话题，进而生产相关的内容，以便获得平台更多的流量倾斜。换言之，对隐性流量的预期会促使网络意见领袖跟随平台行动。例如，在访谈中，内容创作者 M22 表示，他曾签约某社交平台的独家和下属 MCN 机构，平台会把即将成为"爆点"的内容或商业软文的选题提供给他，"（平台会将）热点内容提前发我，让我针对即将成为爆点的内容提前做视频"，进而给予他流量支持。此外，有的内容创作者需要在平台审核下完成日常内容生产。尽管创作者有一定的选题自由度，但是在自负盈亏或与平台签约的压力之下，有的自媒体可能会因此让渡自己对内容的主导权。

在互联网生态中，娱乐性的和负面的事件或话题往往能够吸引更多的关注和讨论。这是因为这些事件或话题通常具有争议性，也更容易引起网民的情感共鸣，引发人们的强烈反应和参与。然而，这也意味着一些正能量的、正面宣传的或严肃性的题材可能因得不到适配的算法推送，而被淹没在海量的信息中。平台的算法机制对此产生至关重要的影响。一方面，算法会根据用户的浏览历史和兴趣偏好推送内容，这可能会导致用户只看到他们已经感兴趣或者认同的观点和信息，形成"信息茧房"；另一方面，算法也可能会对某些内容进行限流或"降权"，导致网络意见领袖所发布内容的传播范围变窄，即使是其粉丝，也无法在主页推送中看到其发布的新内容，导致粉丝数量无法真实转化为曝光量和阅读量。

诸如此类的隐性操控对网络意见领袖的掣肘，不仅体现在对特定话题的控制上，还体现在这类控制并没有明确的标准和规则。不少访谈者表示，这种"暗箱"操作使他们处于被动地位，他们必须不断地调整自己的发声策略，以适应平台的算法变化。平台对特定话题的选荐，可能会引发话题之间的遮掩效应，导致一些网络意见领袖的声音无法传达给更广大的公众。这影响了网络意见领袖多元化的、积极向上的发声形态，助推了网络生态的泛娱乐化趋势。

当然，在监管部门的指引下，商业性平台也能够成为理性声音、正面价值和主流思想的"放大器"。它们可以通过提供多元化的话题，鼓励网络意见领袖发扬他们的创新精神，提供有深度和广度的内容，从而成为推动社会进步的重要力量，而不仅仅是传播信息的工具。事实上，许多平台已经意识到自身问题，正在采取措施积极寻求改变。例如，面对"宝马冰淇淋"事件中"车展上宝马工作人员只给外国人发放冰淇淋"的相关报道与讨论引发的负面舆情，有的短视频平台并没有选择回避或无视这个问题，而是积极地邀请自媒体人通过短视频发表平衡性的观点，并给予流量支持。访谈对象 M16 作为自媒体人，在短视频平台针对该事件表达分析性观点，并得到平台的推荐。这也鼓励他继续在该平台进行正能量发声。

与此同时，许多平台也在积极扶持优质内容创作者，帮助其发挥正向舆论引导和主流思想宣传的作用。例如，访谈对象 M4 观察到，他所在的短视频平台正在推出多项举措，扶持各领域的优质博主，如鼓励家庭主妇做生活分享类短视频，倡导家庭工作也可以创造社会价值。这些举措不仅可以提升平台的内容质量，也有助于塑造更加多元和包容的网络环境。

由是观之，平台和网络意见领袖之间的复杂关系，需要从多个角度理解和分析。平台在塑造公众舆论方面，扮演至关重要的角色，尤其是平台的算法和规则对人们的信息接收和价值观念有着潜移默化的影响。监管部门应当力促平台算法的公平性、透明性和公正性，以防止它们被滥用于商业操纵和舆论误导。同时，平台内部实际上也有自身权衡的机制。例如，访谈对象 M22 在微博、小红书等平台经营旅游类账号，他坦言："平台也分为不同的部门，运营部门的目标可能是流量，商务部门的目标就是多接单，社区管理部门的目标就是让整个平台的社区更和谐。"由此，认识平台各部门分工与目标的差异，可以为未来的平台监督和引导提供切入点和突破口。

（九）平台内容审核、知识产权保护等机制不完善

在互联网时代，互联网平台通过制定规则，管理内容发布者，确保发布的内容符合法律法规和社会公序良俗。比如，平台制定、执行内容审核流程，有助于过滤和屏蔽负面信息，为网络空间的和谐发展做出贡献。平台通过社区规则，进行用户和内容管理，为内容发布者提供规范化的行动框架，帮助他们了

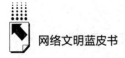
解什么样的内容是可以发布的，什么样的内容是不被允许的。

然而，机械化的平台审核流程也存在一些问题。不少访谈对象表示，平台审核规则制定过程缺乏透明度，缺少协商对话和共治机制，内容发布者无从知晓规则的具体内容和判断依据。此外，有些平台内部的审核过程是一个"黑箱"，内容发布者难以了解内容是如何被审核的，也没有被告知审核不通过的具体原因。这种不确定性会打击网络意见领袖的表达积极性，影响网络意见的多元化和开放性。

同时，由于审核人力不足，智能算法和自动系统力有不逮，平台审核尚无法实现精准化和弹性化处置。不少自媒体人反映审核结果申诉流程烦琐且不通畅，很多时候是"AI或机器人客服"代替人工进行沟通。同时，审核队伍素质也被指"参差不齐"，部分平台的内容审核和申诉业务由外包团队负责，有的审核人员本身不具备裁决和弹性处理的权限，在面对一些复杂的情况时，通常无法做出合理公正的判断，甚至为避免麻烦，简单地"一刀切"了事。另外，不同平台的规则缺乏一致性和均衡性，相应的奖惩措施标准也不明确。访谈对象M28提出建议，"平台的奖惩措施应该有一个原则、一个大方向，需要监管机构为全行业指明方向，然后每个平台根据自己的特殊性，与监管机构的规章制度相契合"。

此外，除了平台的审核机制不透明、审核流程不明晰，自媒体行业内部还存在"洗稿"、版权欺诈和假冒账号等知识产权问题，平台在其中同样扮演着重要的仲裁者角色。如果这些问题得不到很好的解决，将对网络意见领袖的创作积极性造成极大的影响，对整个互联网内容行业的健康发展构成结构性的威胁。

所谓"洗稿"，是指通过打乱语序、改变段落顺序等手法，对他人的文字稿件进行修改、替换，使其"改头换面"。实际上，这是一种对他人原创内容进行隐蔽性抄袭并从中非法获利的行为。这种行为严重侵犯原创作者的知识产权，也破坏行业公平竞争的环境。《国家版权局等关于开展打击网络侵权盗版"剑网2018"专项行动的通知》明确指出，要坚决整治自媒体通过"洗稿"方式抄袭剽窃、篡改删减原创作品的侵权行为。目前，虽然个别平台（如微信）有较为完善的原创性保护机制，但在实际操作过程中，跨平台"洗稿"以及将文字内容转成视频的"洗稿"行为难以举证和追责。一些原创作者在面对被"洗稿"时，无法得到平台方应有的保护。

此外，网络空间中的"版权欺诈"问题也不容忽视。"版权欺诈"是指自媒体在使用未注明版权的网络图片后，被所谓"版权方"索要高额赔偿的现象。非正当的版权起诉会阻碍自媒体的正常内容生产，一些自媒体为免于诉讼，不得不为图片版权付费，甚至有的自媒体遇到付费后仍遭诉讼威胁的情况。同时，网络上假冒账号的现象也层出不穷。例如，冒用他人的名义，创建虚假的自媒体账号，从事非法活动，以牟取利益；不少自媒体账号曾被"冒名顶替"，用于传播色情、赌博等非法广告，严重破坏了正常的网络传播秩序。

概而言之，当前不少互联网平台缺乏有效的版权保护机制，自媒体自我举证过程烦琐，申诉举报的界面"藏得深"、流程"等得久"，而且正常申诉、维权的成本较高，损害了原创自媒体的知识产权利益，打击了其生产优质内容的积极性，扼杀了其创造力。因此，有必要对平台现有的内容审核和版权保护机制进行深入的反思和改革。首先，需要提高平台审核透明度，让用户了解审核标准和过程。其次，需要提高平台审核精准度，通过提升审核人员素质和引入更先进的技术手段，实现对违规内容的精准判断和处置。再次，需要明确平台申诉流程，让用户能够更便利地进行申诉，维护自身的合法权益。最后，平台还需要加强对知识产权的保护，打击"洗稿"、版权欺诈和假冒账号等行为，保护原创自媒体的知识产权利益。

四　促进深圳网络意见领袖正向发声的对策

基于对深圳自媒体创作内容和网民反馈文本的分析，以及对代表性自媒体运营主体的深度访谈和定性解读，本报告提出深圳网络意见领袖在国际传播、内容生产、网民互动、平台协调等方面的提升路径，以促进深圳网络意见领袖正向发声，助推深圳网络文明建设。

（一）打造本地网络意见领袖传播社群，扶持优质内容"出海"

本土化的网络意见领袖要善用深圳卓越的区位优势和良好的群众基础，形成自身的专业特色和社会影响力，助推深圳城市传播和国际传播能力的提高。

访谈对象 M5 认为，对于大多数深圳人而言，"首先要解决的一个问题，就是身份认同的问题。它一定是从'客人'到'深圳人'的这样一个过程。这个转变可能要经历 10 年，甚至更长的时间，甚至是一代人的时间。这背后应该揭示的是我们这个城市一个动态变化的过程，让我们的文化得以融合，让一种新的文化绽放"。因此，网络意见领袖应该具有塑造社会认同和价值引领的责任意识，将自媒体创作与深圳本地文化和城市发展相结合，深入挖掘深圳城市传播潜力和文化底蕴，如通过历史遗产、地标建筑、特色美食、文化活动等独特元素突出城市形象，积极融入向上、创新、奋进的城市文化氛围。

深圳网络意见领袖的传播实践可以更多地融入本地化传播社群，成为现代化的"可沟通"城市的重要组成部分。正如受访的自媒体人 M3 所说："对于我们的社群运营来说，粉丝数只是空泛的流量，本质上没有太大的商业价值，最终它要转化成为'社群'。换句话说，就是要形成自媒体的私域，只有这样，才能真正实现价值的变现。"从本地化社群的意义上看，访谈对象 M6 表示，"深圳这一代人，都有自己的梦想。这个梦想一开始是个人的，但是后来发现与整个社群有关，与深圳这个城市密切相关，所以越来越成为一个整体的梦想"。网络意见领袖恰恰是这个社群中的活跃分子和重要节点。

由此可见，将网络意见领袖纳入网络人士统战工作具有重要意义。为此，建议着力加强联络引领，特别是扶持重量级网络意见领袖，发挥其在相关领域内的专业性，助力其在全国乃至国际范围内形成传播力和影响力。中共深圳市委网信办已经进行了有益探索，邀请网络名人参与"圳能量"话题揭榜活动，颁授"圳能量"传播工作室，开展"网络名人看深圳"等活动，将分散在不同平台的公众号和内容号联结起来，动态吸纳本地重量级网络意见领袖参与建设传播矩阵。为不断深化和完善这一机制，中共深圳市委网信办可以在一些重要时间节点、重大事件和突发重大舆情中，充分调动本地网络意见领袖正能量发声的积极性和能动性，形成一个可持续的内容聚合器和流量池，发挥深圳的优势，集中力量向国内外广大网民传播深圳声音、讲好深圳故事。鼓励网络意见领袖加深内容选题和文化创意的本地化程度，有机结合城市自然和人文特色，突出深圳文明城市形象，在社交媒体上形成"出圈"传播。引导重要的网络意见领袖利用网络热点、热门话题、流行元素等，精准把握深圳网民的心理"锚点"，挖掘深圳城市个体与社会的正能量故事，扩大民间话语声量，共同为深圳打造网络文明新高地，建设更高水平、更高质量文明城市贡献智慧和力量。

坚持"走出去"战略，鼓励和扶持对外交流，促进异地采风和跨区域合作。引导网络意见领袖立足深圳，放眼全国，面向世界。关注粤港澳大湾区、全国和全球范围内的重要事件和话题，与国内一线城市相互联系，如北上广深"四大城市"建立联动合作机制，逐步拓展传播范围，试点建立地区网络意见领袖互通共创机制，举办辐射全国的"网络正能量大V论坛"等。在扩大国内影响力的同时，在财政、资源和沟通渠道等方面促进网络意见领袖实现异地采风，与国际机构和个人进行跨区域交流合作，积极培育和布局海外平台传播阵地，鼓励并扶持优质内容"出海"，走向国际舆论场，共同向世界讲好"深圳故事""粤港澳大湾区故事""中国故事"，不断提升网络意见领袖的网络传播力和影响力。

（二）提升网络意见领袖内容生产的专业性，引导其正能量发声

在自媒体激烈竞争的市场环境下，网络意见领袖需要进一步增强自媒体账号内容生产与运营等方面的专业能力。对于很多有追求的自媒体来说，他们更看重打开率、完读率和转发率，因为这能体现文章的质量和受众的反应，打开率反映标题吸引力，完读率反映文章质量，转发率反映文章是否能引发共鸣和具有转发价值。"我们不以流量为导向，相信只要内容做好，流量自然会有。我们坚持做深度人文内容，虽然阅读门槛较高，但我们认为这样的内容更有价值。我们的目标是为读者提供具有启示性和思考性的内容，而不仅仅是吸引读者眼球"，受访者M14特别强调"内容为王"的重要性。

此外，网络意见领袖要精心制作优质内容，特别是创新创意类内容。正如受访者M5所言，"在有技巧地顺应流量规则的前提下，输出更加正向的观点"，通过正能量发声，积极引导网民。网络意见领袖的发声有褒有贬，受访者M20指出，"唱赞歌是'正能量'，好的批评也是'正能量'。因此，要在市民当中发现那个道德公约数，使我们认清楚什么叫好，什么叫坏，什么是对，什么是错"。对此，网络意见领袖需要树立和践行社会主义核心价值观，在遵守法律法规、社会公德、职业道德等基础上，坚持对网络上的话题和事件保持客观公正的分析与评判，注重个人和城市形象，使网络上的言行符合正确

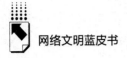

的价值观。恰如自媒体代表 M7 所言，价值观"它本身就是一种内化，只要坚持去想如何为社会创造价值，为大众创造价值，为自己的家庭创造价值，我们自然而然就会符合社会主义核心价值观"。

为此，本报告建议，在相关政府部门的引导和扶持下，通过开展网信业务培训、专题讲座等活动，积极为网络意见领袖的内容生产提供"素材库"，助力培养网络意见领袖内容生产的精品意识和专业意识。培育关键意见领袖（key opinion leader，KOL）、关键意见消费者（key opinion consumer，KOC）在内容创造、选题策划、产品推广、数据分析等方面的专业能力和经验，提升其账号运营的专业性和规范性。通过各垂直平台、多种传播渠道，建立媒体矩阵，增加网民互动，提升传播效力；促使网络意见领袖与其他自媒体账号合作，共同制作推广，形成正能量传播合力，达到"1+1>2"的效果。

（三）发挥科技创新优势，开拓传播空间，拓展传播阵地

深圳是一座科技创新之城，是先进科学技术与现代化生产力的标杆城市。作为城市品牌的"推介员""研究员""招商者"，本土网络意见领袖的自媒体发展策略"要跟着城市品牌走"，并传承城市文化基因。因此，深圳网络意见领袖在生产内容时，要精准、具体、详尽地挖掘深圳科技先行的特点和城市创新发展方面的故事，把握受众的敏感点和喜好，传播生动且有创意的深圳故事。

为此，建议引导网络意见领袖与深圳城市精神相结合，借助新媒体技术的发展，发挥深圳科技之城的创新优势，利用虚拟现实、增强现实、人工智能等新技术辅助内容生产，挖掘深圳城市特性，融入深圳城市传播。例如，通过虚拟现实技术，呈现城市历史遗迹和地标建筑，有利于强化深圳科创城市形象。当然，先进的媒介技术无法替代人类独立、理性的思考。要求网络意见领袖紧跟时代步伐，时刻关注网民需求和关注点，调整内容和运营策略，使用新媒体技术和传播手段，提升自身形象和用户影响力。

在互联网平台监管方面，还应该考虑将数字化技术运用到网络舆情的监测和治理过程中。《"十四五"数字经济发展规划》指出，推动平台经济规范健康持续发展，建立健全适应数字经济发展的市场监管、宏观调控、政策法规体系，牢牢守住安全底线。在确保数据安全和隐私保护前提下，政府部门需要与

平台建立舆情联通联控机制，通过与平台合作搭建专门化的舆情监测平台或开放开源的 API 接口等形式，服务于日常舆情监测和突发性舆情事件预警，在大规模负面情绪、行为等出现之前，形成有针对性的决策依据和应对预案。同时，确定网络意见领袖的发声标准。特别是在一些重大的突发舆情事件中，须及时向网络意见领袖传达发声指引和注意事项，将舆情应对的环节和时机前置。

积极探索与商业性平台合作或依托平台网络资源，全面升级网络动态监测技术。通过大数据集成、网页挖掘、传感器采集等方式，广泛收集网络意见领袖的内容生产和他们在网络上的动态，识别、跟踪和研判网络意见领袖或相关网民在互联网平台上严重损害网络文明建设的失范言行。借助网络平台的前沿科技，第一时间介入，开展舆情处置，矫正网络不文明行为，从多方面开拓健康的传播空间，拓展活跃的传播阵地。

（四）加强网络意见领袖与网民之间的良性互动，打造良好发声氛围

坚持网络正能量价值导向，以互动话题、问卷调查、投票等活动形式，正面回应网民关切的社会民生问题，邀请网络意见领袖、网民参与协商，化解城市发展过程中的社会矛盾和负面情绪，在互动中增强网民对深圳这座城市的认同感和归属感。鼓励网络意见领袖深耕自身专业领域，通过有深度、高品质的网络内容创作，为网民提供良好的深度阅读体验和文化熏陶，提升网民媒介素养，增强网民科学严谨的逻辑思维和人文情怀。结合"深圳读书月"等城市文化活动，组织读书会、学术讲坛、创作营、主题征文等活动，着重引导网络意见领袖与粉丝、网民开展交流，形成良性交流互动，打造良好网络发声氛围。具体而言，可以从以下四个方面提升网民素养和引领网民思想。

第一，调动深圳网民积极性，共建本地化网络文明社区。网络意见领袖可以基于不同媒体平台特性，用优质的内容、及时的互动反馈、生动的网络语言和多元化的媒介呈现方式，调动深圳网民的参与积极性。例如，可设置有奖互动话题或直接与网民面对面对话，鼓励网民畅所欲言、献计献策。另外，贴近百姓生活，引导网民关注深圳本土的社会问题，共同商讨化解深圳发展中的社会矛盾。以人文关怀让网民产生情感共鸣，以共同兴趣、共同目标、共同价值

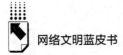
观让网民与深圳产生情感联结，共建本地化网络文明社区。引导网民关心国家大事，在本土话题的基础上加强时事政治素养教育，在互动中增强网民对国家和民族的认同感和归属感。

第二，注重文字内容创作，培养网民深度阅读习惯和逻辑思维能力。网络意见领袖要适当地引导网民回归文字阅读，减少过度商业化和娱乐化，既要满足受众审美需求，提升受众文学趣味，又要深入剖析社会热点，引发受众深入思考。尤其是垂直类自媒体，应该深耕自身专业领域，发掘具有专业价值的创作选题，通过有深度的文字内容，培养网民的深度阅读习惯，通过严谨的逻辑推理和科学分析，提升网民的逻辑思维能力。本地的一些网络意见领袖还可以组织线上或线下的读书活动，鼓励受众参与其中。在组织阅读过程中，拓宽受众的阅读视野和审美范畴，促进彼此之间的互动和学习。

第三，注重事实核查，摆事实讲道理，提高网民媒体信息素养。网络意见领袖在内容创作上不能妄下定论，更不能诉诸情感使个人观点超越事实，而应在严谨的事实核查基础之上，对相关数据进行严谨的核实和验证，确保所依据的信息是真实可靠的。同时，需要保持独立性和专业性，避免被商业利益驱使。在阐述观点时，应该注重事实的细节和具体性，进行合理的定性判断和逻辑推理，摆事实讲道理、实事求是。此外，还要注意平衡舆论场中的各类言论，以客观、公正、理性的态度，传递信息和表达观点。例如，在平台评论区，需尊重不同主体的观点和意见，进行公平、公正的讨论和交流，让网民在接触各类事实真相中，提升独立辨别信息真伪的能力，进一步提高网民媒介素养。

第四，坚决反对网络不文明言论，维护清朗网络空间。为营造清朗的网络空间，网络意见领袖需要时刻关注负面舆情，及时通过合理的删帖、屏蔽等方式，精准清除极端不文明言论；网信部门运用舆论的"消压阀"功能，及时疏解受众的负面情绪；通过筛选机制，让正能量的言论成为网络舆论的主流声音；监管部门借助"黑名单机制"，处置恶意言行，让违法言论不再反复出现；打击网络犯罪，维护网络空间的秩序和安全。引导网民自觉遵守法律法规和网络规则，提高自身素质、道德水平和责任意识，抵制网络上的不良信息和不文明行为，为构建健康、和谐的网络空间贡献力量。

（五）加强央地联动、部门协同的网络文明建设常态化工作

网络文明建设不是局部性、地域性的议题，而是系统性、全国性的议题。虽然每个地区的网络文明建设情况各不相同，但是各地区共同推进国家网络文明建设是总体趋势。而且在信息化时代，随着互联网技术的发展，一个地区的网络文明建设出现问题，很有可能会引发全局性的网络信息安全风险。因此，在数字社会治理的面向，政府必须加强跨区域、跨部门的联动和协同工作。

第一，央地联动，建立健全自媒体监管制度，合理引导自媒体网络发声。党的十八大以来，党中央积极谋划网络文明建设工作，推动完善网络文明建设顶层设计。地方政府在网络文明建设的落实落地过程中，应当注重制度化、体系化建设，并纳入法治化轨道，在互联网内容管理上争取做到"疏堵有度"。同时，网络监管还涉及属地管理的问题。受访者 M16 观察发现，"如果发表不正当言论的个人不是深圳本地的，而是来自其他省份，网络监管就会遇到跨地区执法难题"。也就是说，有时候地方性的网络个体言论的影响会溢出其所在的城市与地区，如果其网络言论涉嫌违反法律法规，则可能面临跨省份的监管和执法困难问题。在此情况下，自上而下的监管系统应充分考虑并积极制定相关政策，以有效解决跨地区的联合治理问题。

第二，部门协同，积极开展自媒体合作交流，促进互联网平台参与网络内容治理。网络意见领袖掌握着一定的信息资源并具有社会影响力，但是其在网络中的发声也具有较强的个性化和自利性。当个人或机构的动机与网络文明建设的公共性产生冲突时，监管部门如何与网络意见领袖进行良好的沟通是解决问题的关键所在。

首先，畅通网络意见领袖发声渠道。地方政府应该与网络意见领袖加强沟通和加深交往，日常化的信息流通和交换有助于增进彼此的了解与默契。在一些重大的突发性事件上，网络意见领袖可能无法很好地把握发声标准，需要有关部门提前进行有效引导，比如不定期举行一些培训，增强网络意见领袖的边界意识和红线意识。例如，受访者 M9 建议，通过特定形式，将本地有影响力的网络大 V（指在新浪、腾讯、网易等平台获得个人认证，拥有众多粉丝的用户）召集起来，进行定期交流。

其次，深圳相关职能部门可以联合网络意见领袖，策划有益于网络文明

建设的品牌活动，为自媒体的实地采访和采风活动提供便利条件，鼓励其宣传城市文明建设的亮点。"比如探访深圳知名企业，如华为、腾讯等，把这些内容分享给网友，增强他们的民族自豪感"，受访者 M30 如是说。宣传部门与网信部门可以利用深圳的优势和特色，组织策划各类城市文化交流活动，为网络意见领袖提供良好的内容生产条件和环境，促进深圳网络文明的内容生态建设。

此外，监管部门还要与互联网平台、网络意见领袖建立有效的、稳定的沟通机制。例如，监管部门可以结合宣传主题或话题指引，与互联网平台、网络意见领袖开展多元沟通和合作，联合策划与设计平台的宣传内容和传播方式。鼓励网络意见领袖借助平台传播优势，更多地发布优质的、积极向上的主流文化内容。在帮助网络意见领袖获取关注度和可信度的同时，使其与政府部门形成合力，共同助推网络文明建设。在互联网平台和网络意见领袖之间建立沟通的桥梁，在打通信息渠道的同时，进行有效的信息把关，既通过凝聚网络力量，把新时代的思想文化传递给广大的社会公众，又在网络内容把关和平台监管过程中，做好文明风险防范和文化安全保障。

第三，有效利用数字化手段，更新、升级网络监测与治理技术。在当前即时、同步传播的互联网世界，提高时效性和推动智能化是我国数字社会治理的题中应有之义。通过大数据和智能传播技术，在短时间内处置网络文明失范行为，是智慧城市治理和网络文明建设的关键举措。因此，相关政府部门可通过大数据集成、互联网信息爬取、传感器采集等方式，收集和分析网络内容，精准地监测和分析网络空间中可能存在的不文明、不合规言行。此外，监管部门还可以结合人工智能、区块链等技术，从信息溯源、信息内容评估、多节点内容验证等方面，建立可靠的监管机制，快速高效地识别不文明信息内容；同时，在最短时间内与网络意见领袖建立联络沟通机制，将其发布的内容和受众的反馈朝积极正面的方向引导。

（六）在平台与网络意见领袖之间积极协调，推动算法良性发展

网络意见领袖在社交媒体等平台上具有较大的影响力，其言论往往会引发广泛的关注和讨论。因此，需要制定网络意见领袖的言论规范，确保他们的发声能够积极向上，传递正能量，避免虚假信息或不良行为的传播。主动联络商

业性平台与网络意见领袖，在内容生产和审核、流量规则、IP 保护、知识产权维护等方面建立长效沟通机制，助力推动平台算法和网络意见领袖内容创作之间的良性互动。在内容生产方面，网络意见领袖也可以通过提高内容质量和吸引力应对平台算法的制约，吸引更多的用户关注，这包括更加深入地了解自己的受众，生产高质量、有深度的内容。

与此同时，网络意见领袖还可以借助多平台传播，通过多渠道多生产，提高平台用户的黏性和活跃度，扩大自身影响力，减少单一平台算法造成的负面影响。互联网平台方首先需要明确，对内容的把控不能仅仅依据对流量的预估，不能一味追求商业价值。作为网络治理主体之一，互联网平台应该承担相应的社会责任和义务，杜绝在内容选题上出现违法违规、违背公序良俗的问题。互联网平台管理者还要清醒地意识到，提供更精品的、更专业的、更优质的产品和服务，同样可以提升社会影响力，吸引主流人群的流量，促进平台高质量发展。因此，互联网平台可以与网信、宣传等相关部门进行良性互动，及时了解社会正能量的内容主题，将其融入选题框架和算法系统，提供更能满足用户和社会需求的内容，产生更高的社会价值和传播效益。

在算法机制上，互联网平台需要改进算法架构、增加算法透明度，在保护创作者、遏制网络谣言等方面发力。例如，抖音目前已经推出较为完整的内容审核功能，将部分评论列为"可能打扰的评论"，过滤疑似人身攻击、不文明用语等负面信息。这有助于保护网络意见领袖的权益，避免其遭到不必要的困扰和伤害。再如，微博的谣言判定与公示机制，基于用户举报、投票等社区管理办法，遏制不实信息、负面情绪的扩散。这些平台举措不仅有助于维护网络空间的公正，也有助于保护公众的知情权，使其免受错误信息的误导。

在法律制度方面，知识产权保护在网络空间的"落地"，有赖于有关部门的具体落实，也需要商业性平台严格遵守互联网信息服务管理的相关法律法规，并制定有针对性的、切实可行的管理规范。互联网平台应充分地认识到，只有保护原创内容，才能鼓励内容创作者生产新的内容。互联网平台的生命线就是"内容为王"，只有当平台上有源源不断的优质内容，才能持续吸引受众、形成用户流量；而当没有高质量的用户创造内容时，平台将沦为一潭"死水"。大多数受访者表示，有的平台缺乏针对原创内容的保护机制，原创侵权举证的要求高、流程不通畅、客服体验差等问题普遍存在。因此，各互联

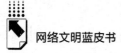

网平台亟待加快原创内容保护规则的完善和流程优化，平台之间应加强沟通和合作，建立跨平台的侵权举证和处置机制，避免重复劳动和资源浪费，提升网络知识产权保护的工作效率，维护网络空间的公平竞争和程序正义。

此外，一方面，自媒体需要加强自我约束，杜绝抄袭、洗稿等不良行为；另一方面，当面临知识产权遭受侵犯时，自媒体应坚持向平台反馈、检举，坚决与违法违规行为作斗争。相关政府部门应积极引导和扶持，开展网信业务培训、专题讲座等活动，提升网络意见领袖的原创意识和创新技能；邀请法律专家和媒介经营者，讲授知识产权保护的成功案例和实用的运作流程，帮助其更好地维护自身的合法权益；推动网络社区管理升级，畅通用户投诉和申诉渠道，避免因为非故意的侵权行为而引发法律纠纷。总而言之，应通过各种灵活的方式和手段，提升网络意见领袖的数字媒体素养和法治意识，使其成为网络文明建设的法律卫士和践行者。

B.9
深圳市民网络文明素养提升实验项目报告

曹博林　潘彦铮　支冰洁　林旖馨　郑敏怡*

摘　要： 为进一步提升网民的网络文明素养，课题组基于 2022 年深圳市民网络文明素养调研结果，针对网络空间存在的一些不文明现象，开展了广泛的网络文明素养提升干预。课题组面向 951 名网民，开展了模拟式行为实验干预，针对网络不文明行为发生和发展的内在机制，探究了不同干预方式、干预主体、干预内容的差异化干预效果。本报告以网络文明素养的理论内涵为基础，谋求行动路径和干预策略的创新，探索了共情提升和道德唤醒对网络不文明行为的抑制作用，以及官方机构、普通网民、网络微名人等不同干预主体在网络文明促进上的效能。基于扎实的理论梳理和丰富的实验数据，本报告提出一条基于网络心理的认知—情感—行为干预路径，旨在进一步提升深圳市民网络文明素养，营造网络文明新风尚。

关键词： 网络文明　行为干预　共情提升　道德唤醒

网络文明建设是新时代文明实践的重要组成部分。它关系到网络环境的和谐稳定，是推动社会主义核心价值观在虚拟空间深化、增强国家文化软实力和国际话语权的关键途径。网络文明建设不仅能够提升公民个体的文明素质，还能够为国家的长远发展提供强大的文化支撑。特别是在信息技术飞速发展的今天，网络文明建设成为衡量社会文明进步的新标尺。

网络文明的构建是一项系统且多维的任务。它不仅涉及技术或法律问题，

---

* 曹博林，深圳大学传播学院副教授、网络与新媒体系主任，研究方向为网络传播、智能传播、健康传播；潘彦铮，中共深圳市委网信办网络传播处干部，研究方向为网络传播、网络文明；支冰洁、林旖馨、郑敏怡，深圳大学传播学院硕士研究生，研究方向为网络传播、智能传播、健康传播。

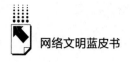

更是社会文化和道德规范的体现。这项宏伟的建设工程涉及多个主体，其中政府部门、互联网平台、互联网企业、社会组织和广大网民共同构成了网络文明建设的坚强阵线。政府部门以其公信力和权威性，承担着立法、监管与引导的重任，以确保网络空间的天朗气清。互联网平台与互联网企业则是技术与内容的"守门人"，不仅要提供丰富多彩的网络产品和服务，更要担负起审查与引导的社会责任，防范和处置网络不文明行为。社会组织作为网络文明建设与空间治理的重要民间力量，不仅承担着网络优质内容生产与精神文明建设的社会任务，还需要配合政府部门与互联网平台，对网络不文明行为进行更为柔化和灵活的监督与治理。广大网民作为网络文明建设的参与者，则像毛细血管，渗透至网络文明建设的每一个角落，以日常行为实践网络行为规范，共同营造积极向上的网络环境。

网络文明建设的多方位进展，是在政治、文化、经济、社会等多个层面协同推进的结果。政治层面，可以通过思想政治教育，增强网民的国家意识和法治观念，引导其在网络世界中坚守道德底线，展现社会主义核心价值观的内涵。文化层面，可以通过丰富网络文化生态，鼓励优质内容创作与传播，提升整个社会的文化素养和审美水平。经济层面，需要督促行业自律监督，这要求行业内部制定规范，加强内控机制，监督企业和个人遵守网络规则，维护网络环境秩序。社会层面，网民的积极参与是网络文明建设的基石，可以通过倡导网民成为网络文明的实践者和传播者，书写网络空间的文明新篇章。多主体、多方位、系统性地推进网络文明建设，是打造健康网络环境、实现国家长治久安的重要举措。网络文明建设需要社会各界共同努力，形成全民参与、多元共治的良好局面，构建更加文明、和谐、安全的网络空间，为推动社会文明进步做出贡献。

一 深圳市民网络文明素养提升的现实基础与社会意义

（一）深圳市民网络文明素养提升的现实基础

根据中共中央办公厅、国务院办公厅印发的《关于加强网络文明建设的意见》，各地区各部门要充分认识加强网络文明建设的重要意义，建立党委统一领导、党政齐抓共管、有关部门各负其责、全社会积极参与的领导体制和工作机制①。深圳市于 2022 年创新性地设计了网络文明素养评估体系，并对深圳市民网络文明素养进行了系统评估。

2023 年出版的网络文明蓝皮书《深圳市民网络文明素养报告（2023）》（以下简称《报告》）显示，在数字化时代，深圳市民在网络思想素养、网络道德素养、网络文化素养、网络规范行为素养、网络自律及监督素养以及网络公共参与素养等方面都有优良表现，具体体现为深圳市民在以上六大网络文明素养上的平均得分为 81.85 分②。《报告》指出，深圳市民在网络主流思想意识、网络爱国意识、网络法治意识和网络主权意识方面的得分较高，说明深圳市民对国家有强烈的认同感和归属感，形成了符合社会主义核心价值观的认知与意识，能够认清国家形势，做出正确的行为判断。除此之外，深圳市民的网络道德素养与网络文化素养培养成果显著，大部分市民在网络环境中能够做到诚实守信，有较强的责任意识、正义感，主动承担分享中国传统文化与深圳红色文化使命，互联网学习能力较强，愿意参与文化建设，能够自发地在互联网中帮助他人。在网络规范行为、自律及监督以及公共参与层面，深圳市民整体表现出能够遵循互联网行为规范，有较强的同理心和安全防范意识，有一定的公共参与素养。

在 2023 年中国网络文明大会上，深圳以卓越的网络文明建设成果，获得"2023 年城市网络文明典型案例城市"荣誉称号。这不仅是对深圳市网络文明建设成就的充分肯定，也是对深圳全体市民构建和谐网络空间的积极姿态和不懈努力的赞赏。深圳市民在汇聚向上向善力量方面的热情和决心，成为全国乃至全球网络文明建设的范例。这次评选结果，无疑进一步向深圳市民发出号召，激励深圳每一位市民继续为营造清朗网络空间贡献力量，唱响网络文明的好"深"音，共同推动网络环境健康发展，以实际行动书写网络文明新篇章，共筑网络空间美好的共同家园。

深圳市在网络文明建设方面表现出色，市民网络文明素养整体较高，成为全国的标杆。尽管如此，《报告》也发现深圳市网络文明建设工作存在提

---

① 《中办国办印发〈关于加强网络文明建设的意见〉》，《人民日报》2021 年 9 月 15 日，第 1 版。
② 中共深圳市委网信办、深圳大学传播学院研创《深圳市民网络文明素养报告（2023）》，社会科学文献出版社，2023，第 54 页。

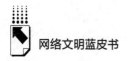
升空间，提示深圳网络文明建设仍需回应一些社会痛点问题，进一步自我提升和强化。《报告》通过分析发现，深圳市民网络思想素养与网络文化素养虽然总体保持较高水平，但与成年群体相比，青少年群体的网络思想素养与网络文化素养略显不足。这一差距主要在于青少年对网络主流思想、爱国意识和网络主权的理解深度不足。因此，应加强对他们的理想信念教育，增强他们的文化和情感认同。在网络道德素养方面，新老网民在基本网络道德、网络诚信与正义意识等方面存在差异，新网民尤其需要在这些方面加强学习与实践。在网络规范行为素养方面，亦显示出需要改进的地方，如应合理使用网络，避免过度依赖，避免影响个人生理和心理健康等。不仅是青少年，成年人在网络使用上的自律也是养成健康生活方式的重要部分。网络自律及监督素养提升的关键在于，增强对潜在网络风险和网络暴力的防范意识。网络公共参与素养的提升亦不可忽视，深圳市民在网络政治、公共事务沟通以及与管理部门在线互动方面，表现出一定的参与热情，但相对于网络社会参与的其他方面，如信息获取、意见交流、组织活动等，仍有较大提升空间。

此外，《报告》中大数据部分的分析亦揭示了一个挑战：尽管深圳市民网络文明素养的总体水平较高，但网络空间中仍时常出现不文明表达现象，网络暴力和网络攻击问题仍然是网络空间治理的顽疾。这些问题不仅影响网络环境的健康发展，还可能对个体造成心理伤害，影响社会和谐。此类问题的存在，也提醒我们，网络文明建设不是一项单纯通过技术或行政措施就能完成的任务，它需要全社会共同参与。对策的制定必须基于深入的社会心理学研究和科学的网络行为分析，以确保提出的应对措施既有针对性又有实效性。加强网络文明素养教育，提升网民网络文明素养和自我约束力，激励和引导网民共同维护网络文明，是未来的工作重点。应通过多方通力合作，加强对网络不文明行为的矫正与预防，遏止网络暴力和网络攻击行为，共同推动网络空间变得更加文明、和谐。

（二）深圳市民网络文明素养提升的社会意义

1. 网络文明素养提升的必要性

提升网民的网络文明素养是构建社会主义精神文明的重要环节，也是推动社会文明进步的必然要求。中共中央办公厅、国务院办公厅印发的《关于加强网络文明建设的意见》强调指出，加强网络文明建设是适应社会主要矛盾变化、满足人民对美好生活向往的迫切需要，也是加快建设网络强国、全面建设社会主义现代化国家的重要任务。在新的时代背景下，网络文明不仅是社会文明的重要组成部分，也是衡量一个国家文明程度的新标准。

深圳作为互联网的先锋城市，其网络文明建设的任务尤为繁重。政府和互联网平台需要不断创新优化理念与举措，成为网络文明建设的"引路人"，从传统的强制性管理转向有温度的柔性引导。这意味着不再单纯依赖行为治理的老旧理念，而是要让网络文明的理念在市民心中生根，使其形成自觉的行为模式。市民的网络文明素养能直接塑造城市形象，映射政府的治理效能，并深刻影响市民的生活质量和企业的发展环境。高度文明的网络空间能够显著提升政府在公众中的信誉，是现代社会治理高透明度和高参与度的体现。这样的网络环境能够提高政策的传播效率，增强市民对政策的认同，促进政策的执行和社会秩序的和谐。同时，对市民而言，网络文明素养的高低直接关系到他们的日常生活体验。文明、秩序井然的网络环境可以为市民提供安全、健康的信息交流平台，有利于培养积极的网络行为，促进社会互信，提升市民的整体幸福感。此外，网络文明素养对企业发展同样至关重要。网络文明素养的提升有助于形成积极向上的商业环境，吸引并留住优秀人才，推动产品和服务的创新升级。在网络文明程度高的社会环境中，企业能够更有效地与消费者沟通，满足市场需求，优化用户体验，在激烈的市场竞争中占据有利地位。

深圳众多的互联网企业集群、庞大的网民基数，以及新技术和新应用的不断涌现，为网络文明建设提供了丰富的资源和前沿的试验田。在发挥这些优势的基础上，深圳有责任也有能力将网络空间发展好并应用好，以实现网络文明建设的长远目标。深圳应当将网络文明素养的提升作为城市软实力的重要组成部分，弘扬网络文明新风尚，让优良的网络氛围成为城市吸引力品牌。深圳作为国际化的窗口城市，其网络文明的水平在国内外具有示范效应。持续推进市民网络文明素养的全面提升，是实现社会全面进步、建设现代化国际大都市的必由之路。

2. 网络文明素养提升的紧迫性

提升网民的网络文明素养，对于构建健康、积极、向上的网络空间具有紧

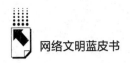

迫性。网络空间的开放性、匿名性和即时性虽然带来信息交流的便捷，但也容易滋生负面现象，如网络暴力、虚假信息等，这些都可能对社会造成不良影响。应对网络空间的这些挑战，不仅是技术问题，更是社会治理的重要内容。在这一背景下，深圳作为先进的互联网城市，有责任也有能力引领网络文明建设的新风尚。

习近平总书记对网信事业的发展寄予厚望，强调要以人为本，确保亿万人民在互联网快速发展中共享成果，增强获得感①。深圳市网信部门回应群众需求，采取诸多专项治理措施，显著提升了网络生态质量。这些举措彰显了深圳以人民为中心的发展理念，强化了为市民创造美好生活环境的施政理念。然而，网络空间的某些负面现象仍然不时出现，影响和损害了市民的合法权益。这要求深圳必须本着对市民高度负责的态度，将加强网络文明建设提升到战略高度。这不仅是为了维护网络秩序，更是为了构建积极、健康的网络文化环境，为市民营造清朗的网络生活空间，满足市民对美好生活的新期待，实现共享互联网发展成果。

3. 网络文明素养提升的探索性

2022 年，中共中央网信办召开全国网络文明建设工作推进会，提出将持续抓好《关于加强网络文明建设的意见》的贯彻落实，进一步健全体制机制，丰富内容载体，创新方式手段，努力开拓网络文明建设工作新局面。深圳网络空间文化培育创新开展、道德建设蔚然成风、行为规范更加完善、生态治理有力有效，各方面工作取得积极进展和明显成效。为进一步做好网络文明建设工作，深圳把学习宣传党的创新理论作为网络文明建设的核心任务，把培育健康向上的网络文化作为网络文明建设的基础工程、关键举措和重要保障，着力提升网络文明建设的质量和水平。

在网络文明建设进程中，探索网络文明素养提升举措的重要性在于能够引领变革和创新。传统的网络治理多依赖法律法规的制定和执行，现实却显示，网络空间的复杂性和动态性要求我们超越传统模式，探索更加有效的管理手段。网民行为的多样性与网络空间的匿名性、去中心化特点，都要求政策制定

---

① 《让亿万人民共享互联网发展成果》，央视网，2022 年 3 月 27 日，http：//politics. people. com. cn/n1/2022/0327/c1001-32385244. html。

者和执行者采取更加灵活、更具前瞻性的措施。这些措施不仅要应对当前的问题，还要预见并引导未来的发展。

深圳作为中国的"硅谷"，在网络技术创新和网络文明建设上一直走在全国前列。深圳从先行先试到先行示范的转型跨越，在网络文明建设上表现得尤为明显。这不仅体现在技术创新上，更体现在管理理念和手段上。提升市民网络文明素养的过程，本质上是一个不断探索的过程。网络文明建设面临新的挑战和问题，需要不断探索适应新情况、解决新问题的方法和手段。探索性工作能够帮助我们更好地理解网络文明的内涵，发现和创造有效提升市民网络文明素养的新路径，以适应不断变化的网络环境和社会需求。

这一探索旨在提出有效的干预策略，直面网络空间面临的挑战，尤其是网络不文明现象，以期通过创新的策略和实践，显著提高市民的网络文明素养。课题组希望通过总结深圳的实践经验，为国家乃至全球网络文明建设提供理论和策略上的支持与指引，推动网络环境朝更加文明、和谐的方向发展。

二 网络文明素养的理论内涵

网络文明是伴随互联网发展而产生的新型文明形态，是继农业文明、工业文明之后人类文明的进一步发展与革新，也是现代社会文明向网络领域发展的数字化表征[①]。作为信息时代必备的网络化生存与发展的基本素养之一[②]，网络文明素养是伴随互联网技术与智能媒介的融合发展而出现的，其产生和发展一方面源于现实社会文明，在一定程度上是社会文明规范的迁移与应用；另一方面具有信息化、数字化特征，呈现网络情境特有的去中心化与扁平化的发展特征。网民作为网络空间的参与主体与独立节点，处于被深度联结的立体网状结构中，以协同的方式共创网络文明空间。因此，理解、培养、践行网络文明素养，对于网络空间治理有不可替代的作用。

[①] 黄莉、陈俊杰：《理性"公共参与者"网络文明素养的影响机制与优化路径——基于 CAC 理论模型的实证研究》，《浙江社会科学》2023 年第 7 期。

[②] 王伟军、王玮、郝新秀等：《网络时代的核心素养：从信息素养到网络素养》，《图书与情报》2020 年第 4 期。

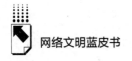

（一）网络文明素养作为一种素养

网络文明素养的培育是新时代社会主义精神文明建设工程的重要组成部分，旨在通过拓宽人们面对数字时代新问题时的视野①，描画新时代文明网民形象。本部分基于对网络思想、道德、文化、规范行为、自律及监督、公共参与六大主要素养的认识②，从媒介素养、道德素养、沟通素养、参与素养四个方面讨论网络文明素养的不同面向，明晰其在网络空间中的特殊性，及其与社会现实的关联性，深入探究其理论内涵。

1. 作为一种媒介素养

网络文明素养首先是一种媒介素养，是对互联网媒介的适应与应用的前提性素养。网络媒介素养主要指网络参与主体对媒介传播内容进行寻求、接受、分析、评估等的把握能力③，是网络参与主体在网络空间这一特定情境与时代要求下需要具备的基础性素养，包括媒介知识素养与媒介技能素养。

媒介知识素养重点关注网络参与主体的媒介认知与批判性思考能力④，从认知层面强调网络参与主体对媒介内容、形式、运作逻辑、规制等的理解，以及对"媒介如何与社会现实互动"这一问题的看法⑤。一方面，认识网络媒介是一切网络实践活动的基础与前提。互联网特有的去中心化特征使通过网络媒介传播的信息更为多元、开放、共享，但与此同时也存在碎片化、扁平化、去责任化等传播问题⑥。因而，全面、理性、辩证地认识网络媒介，既有利于引导人们正确理解网络环境，合理调整自身媒介使用行为，也有利于明晰网络媒

---

① 林萍华：《素质、素养与创新》，《高等工程教育研究》2000 年第 1 期。

② 中共深圳市委网信办、深圳大学传播学院研创《深圳市民网络文明素养报告（2023）》，社会科学文献出版社，2023，第 4 页。

③ A. T. Bauer and E. M. Ahooei, "Rearticulating Internet Literacy," *Journal of Cyberspace Studies* 2 (2018)：29-53.

④ B. Supsakova, "Media Literacy and Media Education：How to Master a New Paradigm of Civilization," *International Journal of Technology and Inclusive Education（IJTIE）* 3（2014）：222-231.

⑤ 朱家辉、郭云：《重新理解媒介素养：基于传播环境演变的学术思考》，《青年记者》2023 年第 8 期。

⑥ 韩云杰：《去中心化与再中心化：网络传播基本特征与秩序构建》，《中国出版》2020 年第 21 期。

介的功能与影响，更高效地发挥网络媒介的作用。另一方面，网络媒介强大的信息属性以及海量信息本身的复杂性等，在一定程度上决定了网络参与主体需要在开展网络活动前进行批判性信息挑选与甄别①。作为个体的网民基于自身信息筛选能力做出的网络行为实践，正是对网络信息进行基本过滤的结果，也是构筑网络文明空间的重要前提。

媒介技能素养则重点关注网络参与主体创造性解决问题的能力②，从行为实践层面强调网络参与主体在特定情境下利用媒介技术特性开展实践活动的应用性能力。作为社会行动者，网络参与主体既是信息生产与传播主体，也是信息接收与消费主体。媒介技能影响着个体网络节点生产、传递、消费信息内容的质量，因而提升媒介技能是从信息内容层面改善网络环境的有效方式。除此之外，媒介技能素养的培养在极大程度上影响着互联网时代社会参与的广度和深度③。从这一角度上讲，媒介技能素养的不足极有可能加剧社会个体间的信息接触不平等，扩大数字鸿沟④，不利于建设平等、友善的网络文明空间。

2. 作为一种道德素养

网络文明素养的基本内核是网络道德素养，网络道德素养是社会主义现代文明发展的重要体现。道德是有一定标准与价值取向，通过行为规范和伦理教化调整个体之间、个体与社会之间关系的意识形态，是由个体或群体思想行为表现的风俗、习惯。网络道德则是以是非善恶为评判标准、以互联网技术为支撑的网络舆论或行为规范，是用以调节网络秩序关系的现代文明表征之一⑤。受传统儒家道德观念的影响，中华民族的传统道德观与现实社会的道德

① C. R. Mcclure, "Network Literacy: A Role for Libraries?" *Information Technology and Libraries* 13 (1994): 115.

② B. Supsakova, "Media Literacy and Media Education: How to Master a New Paradigm of Civilization," *International Journal of Technology and Inclusive Education* (*IJTIE*) 3 (2014): 222-231.

③ Eun-mee Kim and Soeun Yang, "Internet Literacy and Digital Natives' Civic Engagement: Internet Skill Literacy or Internet Information Literacy?" *Journal of Youth Studies* 19 (2015): 438-456.

④ 韦路、张明新:《第三道数字鸿沟:互联网上的知识沟》,《新闻与传播研究》2006 年第 4 期。

⑤ 张羽程:《"互联网+"时代大学生网络道德素养现状与教育策略》,《教育理论与实践》 2019 年第 9 期。

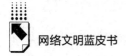

规范均崇尚君子人格①，有崇仁爱、重民本、守诚信、讲辩证、尚和合、求大同等美德。然而，互联网的虚拟性、匿名性和责任分散性等特征，使传统道德规范难以适应数字生态。有研究指出，互联网的这些技术特性会影响人们对是非对错的看法，导致人们对非道德行为的接受度更高，且对涉及"技术"的规则缺乏普遍性认同，因而规则的制约性在网络文明生态建设中的作用极为有限②。当外部制约功能逐渐减弱时，内部的道德作用将更加凸显。

网络道德素养作为一种网络文明素养，应体现在公民品格、国家认同、法治观念、公共道德和公共精神上③。公民品格是影响公民个体互联网实践行为的因素之一。网络道德建设要求网民以社会主义核心价值观为引领，自觉约束自身上网行为，坚持诚信、正义、理性等品德；合理利用网络媒介，在自律的同时，做到互相监督、提醒甚至举报不文明行为，实现更好的他律。国家认同强调网络道德素养培育必须坚持马克思主义道德观，以爱祖国、爱人民、爱劳动、爱科学、爱社会主义为基本要求，使网民以主人翁态度自觉地参与网络文明建设。法治观念是道德素养生成的保障。对制度的遵守与维护，是对道德底线的坚守。因此，引导和推动道德的法律化，有利于确保满足网络道德素养的下限要求。公共道德强调个体与社会的互动，重视全场域的网络道德教育和先锋模范的引导，重视个人利益与集体利益的有机统一，致力于构筑共同认可的行为框架，谴责逾矩行为④。公共精神包含网络参与主体尊重并配合公共事务管理与监督、自觉关怀和维护网络文明秩序以及理解、包容、尊重他人并与他人平等和谐相处三个部分⑤，是构筑网络文明环境的重要组成部分，也是利用良好道德环境约束个体行为的关键因素⑥。总的来说，网络道德素养是社会现实道德要求的线上迁移。受互联网特性的影响，网络道德素养对网络参与主体的自律要求更高，也能从本质上潜移默化地影响网络文明空间的构建与网络文明内涵的践行。

---

① 涂爱荣：《儒家道德文化与当代大学生道德素养的培育》，《理论导报》2013年第2期。
② D. Poole, "A Study of Beliefs and Behaviors Regarding Digital Technology," *New Media & Society* 9 (2007): 771-793.
③ 冯建军：《公民道德素养的生成机制》，《伦理学研究》2023年第3期。
④ 郝海滨、聂文龙：《略论新时期公民道德素养》，《人民论坛》2013年第17期。
⑤ 龙兴海：《大力培育公民的公共精神》，《政工研究动态》2007年第18期。
⑥ 蔡雄杰：《社会治理中公民公共精神的培育》，《福州党校学报》2015年第5期。

3. 作为一种沟通素养

网络文明空间是一种联结空间、沟通空间，其建设在一定程度上取决于文明沟通渠道的搭建。网络文明素养在无所不在的网络交流中体现为网络沟通素养，它是一种包含语言表达能力、思维能力和社会情感能力的复合型素养[1]。在媒介技术不断渗透社会生活的当下，个体与媒介技术之间呈现更为复杂的多元互构关系。在此背景下，网络沟通素养的培育与提升，成为促进个体发展与网络文明交流的重要因素。

语言表达能力是媒介应用能力的一种，对于信息内容与沟通过程的有效性有着直接影响。互联网信息的碎片化和网民浏览的快速性，在一定程度上影响着信息接收者对信息的理解程度。因而，语言表达能力是文明沟通桥梁能否成功搭建的关键因素。有效表达能够帮助信息传收双方更好地实现交流互动，以及网络关系的搭建。无效表达则一方面难以建立健康、有序、和谐的沟通秩序，另一方面容易引发沟通矛盾，进而破坏网络文明环境。

思维能力往往与语言表达能力一同发挥作用，更强调对网络内容的深度理解，是一种信息解码能力。这种解码能力可以在极大程度上帮助网络参与主体实现文明、有效沟通，避免由误解引发沟通矛盾；帮助人们在海量的复杂信息中去伪存真，提升不良信息辨别能力。除此之外，这种解码能力也包含基于深度理解的协商能力。比如，面对污染网络社区环境的引战、骚扰、虚假信息等内容和评论，能够迅速识别情境威胁，避免卷入其中，并采取合理措施，搭建理性沟通渠道，重新进行对话，或及时举报，避免负面影响在网络空间进一步扩大。

社会情感能力强调网络沟通过程中的情感交流，其中最为核心的要素是同理心（empathy）。同理心是所有人际关系的核心，是人类沟通的基础。它是分享人们的情绪并理解周围人的感受和情绪的能力[2]。有研究指出，同理心能够

---

[1] 康翠萍、徐冠兴、魏锐、刘坚、郑琰：《沟通素养：21 世纪核心素养 5C 模型之四》，《华东师范大学学报》（教育科学版）2020 年第 2 期。

[2] E. Sofronieva, "Empathy and Communication," *Rhetoric and Communications E-Journal* 4（2012）：1-9.

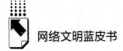

加深个体对他人的理解，并创造一种支持性氛围①。这有利于更加深入、和谐地沟通，也有利于增加人们的亲社会行为②，促进人们对网络空间的融入与文明友好关系的搭建。

4. 作为一种参与素养

网民对公共事务的参与，体现出其作为网络文明建设最广泛主体的主动性和主人翁精神。计算机网络与交互技术的快速发展，为人们提供了更多媒介参与的可能性，并以前所未有的方式提升了公共话语权，同时为决策提供了互动式、网络化的现代性文明环境。网络参与素养体现为网民更主动地介入网络实践，即主动融入与构建网络文明空间，包含参与意愿与参与行为两个方面③。

网络文明素养提升的高级形态是网民积极、主动、广泛、建设性地进行网络参与。网民参与意愿指网民参与数字公共领域事务的主动性意愿，即是否"想参与"和"敢参与"的态度与责任意识。首先是以网络问政等为代表的决策性参与，主要包括网民对社会性决策、意见建议的提出，以及对社会事务调整等事项的参与意愿，是现实规范通过新媒体渠道进一步深化和强化的方式之一。其次是对互联网繁杂信息主动筛选、澄清等日常性事务的参与意愿。有研究指出，思考、核实、质疑媒介信息能够正向影响网民媒介参与意向④。这也从侧面说明批判性信息素养与网民的网络参与素养呈正相关关系。此外，参与意愿的形成往往与环境认同有关⑤，安全、和谐的网络文明环境能够在一定程度上增加网民的亲环境行为。因而，从这一角度来说，网络参与意愿与网络文明环境的建设是互构的。

网络参与素养注重网民参与数字公共领域事务的能力与行动，强调其

① Mark V. Redmond, "The Functions of Empathy (Decentering) in Human Relations," *Human Relations* 42 (1989): 593-605.
② J. B. Stiff et al., "Empathy, Communication, and Prosocial Behavior," *Communications Monographs* 55 (1988): 198-213.
③ 马超:《公共参与素养提升的三进阶》,《中学政治教学参考》2019 年第 10 期。
④ 周葆华、陆晔:《从媒介使用到媒介参与:中国公众媒介素养的基本现状》,《新闻大学》2008 年第 4 期。
⑤ D. Marion et al., "Environmental Identity, Pro-environmental Behaviors, and Civic Engagement of Volunteer Stewards in Portland Area Parks," *Environmental Education Research* 21 (2015): 991-1010.

"能参与"和"会参与"的能力与素质。从常识性能力角度出发，网民的网络参与能力与媒介能力密切相关①；而从专业性能力角度出发，网民的网络参与能力受教育背景、成长环境等因素影响较大。网络参与同样"术业有专攻"，因此发挥民间专业性团体的参与作用，更有利于不同个体提升网络参与素养②，维护理性、和谐的网络文明秩序。

（二）网络不文明作为一种网络行为

深化对网络文明建设的理解，除了应重视社会个体在网络文明推进中的积极表现，还应观照网络文明建设的基础条件和面临的多维挑战。如果将网络文明素养的展现与培育视为一种"润物细无声"的长期内隐性行为，那么网络不文明则更为直接地外显出来，并对网络文明空间的营造产生直接的影响③。对网络不文明现象及其心理行为因素进行深入了解，是有针对性地应对网络不文明行为的前提条件。

由于个体对"不文明"的接受度与接受范围存在较大差异，相关研究对"网络不文明"的定义较模糊。有学者将其定义为在网络环境中进行的"不尊重""不必要"的行为④。这种行为的产生既与网络环境的特殊性有关，也因个体文明素养与心理的差异而呈现不同表现。因此，课题组尝试从网络不文明行为产生的情境因素（环境机制）与心理因素（认知机制、情感机制、行为机制）出发，探讨网络不文明的诸多内在形成因素和外在条件因素。

1. 网络不文明行为产生的环境机制

网络空间的特征和环境容易在一定程度上滋生网络不文明现象。这使网络

① 李天龙、姜春云：《信息素养对高素质农民乡村数字治理参与的影响机制——来自西北地区1280位高素质农民的经验证据》，《电子政务》2022年第6期。

② A. E. Lebid and A. Shevchenko Natal'Ya, "Cultivating the Skills of Systems Thinking in the Context of Fostering the Basic and Professional Competencies Associated with Media Education and Media Literacy," *International Journal of Media and Information Literacy* 5（2020）：60-68.

③ L. Rösner, S. Winter, and N. C. Krämer, "Dangerous Minds? Effects of Uncivil Online Comments on Aggressive Cognitions, Emotions, and Behavior," *Computers in Human Behavior* 58（2016）：461-470.

④ K. Coe, K. Kenski, and S. A. Rains, "Online and Uncivil? Patterns and Determinants of Incivility in Newspaper Website Comments," *Journal of Communication* 64（2014）：658-679.

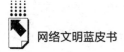
不文明行为的干预和应对成为一个全球性的公共议题。在互联网技术的发展为人们带来便利与高效的同时，虚拟情境的环境特殊性使网络不良信息与不文明行为更为普遍与可见。因此，了解互联网的特殊性，有利于深入认识网络不文明行为产生的环境机制。

从技术特性层面来说，互联网自诞生以来便具有的开放性、匿名性、信息巨量化、信息传播高速化与范围扩大化等技术性特征，为网络环境带来许多隐患。网络的开放性为参与者带来更多的言论自由空间，然而由于个体对自由的界定并不统一，因而这种自由具有较强的模糊性与差异性，这也为不文明环境的形成提供了条件。匿名一般被分为技术匿名与社会匿名：技术匿名主要指材料交换中删除有关他人的识别信息；社会匿名则是不暴露自身或他人的身份识别线索，基于模糊身份进行社会实践①。起初，匿名作为一种人道主义的信息保护方式存在。然而，在网络群体行为中，基于模糊身份的言论自由往往呈现更多的信息虚假性②、情绪极化③、暴力性等特征④。除此之外，匿名性还带来一定的责任分散与社会懒惰行为⑤。这在一定程度上"默许"了不文明现象的发生，因而在互联网环境中更易出现不文明行为⑥。信息过载即在海量信息中，用户难以分辨相关事件内容或个人言论的真伪与价值。这一方面可能会导致不负责任的言论与矛盾产生，另一方面可能会在无意识的情况下加速相关信息的泛滥。网络信息传播的高速化与范围扩大化在其中扮演了"扩音器"角色，不文明行为、非理性言论等不断通过互联网扩大其影响范围，加速网络不文明环境的形成。

---

① S. C. Hayne and R. E. Rice, "Attribution Accuracy When Using Anonymity in Group Support Systems," *International Journal of Human-Computer Studies* 47 (1997): 429-452.

② 巢乃鹏、黄娴：《网络传播中的"谣言"现象研究》，《情报理论与实践》2004 年第 6 期。

③ D. J. Isenberg, "Group Polarization: A Critical Review and Meta-Analysis," *Journal of Personality and Social Psychology* 50 (1986): 1141.

④ J. Peterson and James Densley, "Cyber Violence: What Do We Know and Where Do We Go from Here?" *Aggression and Violent Behavior* 34 (2017): 193-200.

⑤ Y. Kim and A. L. Gonzales, "When We Tolerate Online Incivility: Dual-Process Effects of Argument Strength and Heuristic Cues in Uncivil User Comments," *Computers in Human Behavior* 131 (2022): 107235.

⑥ K. M. Christopherson, "The Positive and Negative Implications of Anonymity in Internet Social Interactions: 'On the Internet, Nobody Knows You're a Dog'," *Computers in Human Behavior* 23 (2007): 3038-3056.

从运作逻辑层面来说，互联网时代的核心思维是用户流量竞争的"数据思维"，流量与可见性的竞争往往着眼于用户的"猎奇心理"与"矛盾冲突"设置议题，这种注意力竞争的数据思维冲击着互联网环境下的责任意识与观念。除此之外，基于算法技术的个性化信息内容推荐在满足用户信息偏好的同时，也更易使人们陷入"信息茧房"，忽略其他观点与声音，加剧形成刻板印象与偏见以及群体间矛盾的极端化等问题①。

2. 网络不文明行为产生的认知机制

网络不文明现象作为个体和群体层面的一种表现，具有一定的社会认知基础。认知行为理论认为，认知通过对个体行为的解读，决定是否采取行动，因而其在认知、情感和行为三者中发挥着中介与协调的作用。人们认知的形成受到"自动化思考"（automatic thinking）机制的影响，即基于经验与固定思维模式形成相应的思考与行为，其特征是"不假思索地"做出相关判断与行动，这也会带来网络上的一些不文明行为②。

网络不文明行为的产生，首先与个人道德素养有关。一些研究者发现，道德推理能够激发共情情绪与同伴帮助行为③。此外，道德认知更能激发人们的亲社会行为。有研究指出，道德认知发展更成熟的个体，更具有亲社会的行为表现。这种认知会受到环境因素的影响④。一项从旁观者视角探讨主管不文明行为对员工行为影响效应的研究发现，主管不文明行为会引发员工的工作场所不文明行为⑤。在互联网环境中，对于辨别能力较弱的网络参与主体而言，网络不文明行为或不当言论易导致他们产生认知偏差，形成错误的价值观念，并以此为标准进行网络实践活动。对于更广泛的网络参与主体而言，其认知在极大程度上易受强势观点的影响，即使他们能够在认知层面对不文明现象进行辨

① 彭兰：《算法社会的"囚徒"风险》，《全球传媒学刊》2021年第1期。
② 樊永仙：《认知行为理论视角下外语课程思政效能提升路径研究》，《中州大学学报》2022年第2期。
③ P. A. Miller et al.，"Relations of Moral Reasoning and Vicarious Emotion to Young Children's Prosocial Behavior Toward Peers and Adults," *Developmental Psychology* 32（1996）：210.
④ N. Eisenberg and R. Shell，"Prosocial Moral Judgment and Behavior in Children：The Mediating Role of Cost," *Personality and Social Psychology Bulletin* 12（1986）：426-433.
⑤ 占小军、万漪、李志成、李铭泽：《旁观者视角下主管不文明行为影响效应：情绪与认知的双路径研究》，《管理评论》2023年第7期。

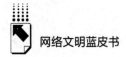

别，但在群体效应与旁观者效应的影响下，容易出现集体偏见和盲从行为。网络参与主体可能会采取"逢迎"或"默许"措施，以回避网络弱势立场可能给自身带来的"麻烦"。在多种因素的综合作用下，互联网环境中的人们对不文明现象的接受度相对更高[1]。当这种接受度逐渐成为一种网络共识时，网络不文明行为的危害性与网民的责任意识会随之减弱，网络参与主体在认知层面难以认识到网络不文明行为可能产生的负面结果，这将加大互联网环境的治理难度。

3. 网络不文明行为产生的情感机制

网络不文明现象的产生固然与人们的认知水平有关，但情绪情感在其中的作用同样不可忽视。情绪认知理论（cognitive theory of emotion）认为，情绪的产生受到环境事件、生理状况和认知过程三种因素的影响[2]。相关研究一般认为，个体的网络行为与其心理健康水平密切相关，网络不文明现象常常伴随持续的情绪困扰（如高焦虑、低冲动控制水平或人格障碍等）[3]。有学者通过对网络行为失范大学生的内隐攻击性、内隐自尊进行实验研究，发现网络行为失范者无论是在外显层面还是在内隐层面，都显示出更高的攻击性与较低的自尊水平[4]。一方面，低自尊水平者倾向于从互联网中找寻更多的自尊感知，因而情绪上更为敏感。网络行为失范者在信息交流中更多地呈现基于互联网使用经验的自我效能感，因而在交流过程中如未能得到对方尊重或退让，更有可能产生攻击谩骂行为。同时，互联网使用情感动机突出者更看重网络的情感交流与人际沟通功能，倾向于从网络中获取在现实中缺失的支持感[5]，发生交流冲突的概率也更高。另一方面，这种情感机制存在较强的传播性。有研究认为，社

---

① D. Poole, "A Study of Beliefs and Behaviors Regarding Digital Technology," *New Media & Society* 9 (2007): 771-793.

② K. Oatley and Philip N. Johnson-Laird, "Towards a Cognitive Theory of Emotions," *Cognition and Emotion* 1 (1987): 29-50.

③ N. A. Shapira et al., "Problematic Internet Use: Proposed Classification and Diagnostic Criteria," *Depression and Anxiety* 17 (2003): 207-216.

④ 胡志海：《网络行为失范者的内隐攻击性、内隐自尊研究》，《心理科学》2009年第1期。

⑤ 张锋、沈模卫、徐梅、朱海燕、周宁：《互联网使用动机、行为与其社会-心理健康的模型构建》，《心理学报》2006年第3期。

交媒体中不同网络个体的转发行为有显著的情绪相关性①。互联网的匿名性和群体性会弱化个体对不文明的感知，"法不责众"等思想以及先行存在的群体情绪基调也会在一定程度上加剧情绪极化与群体矛盾，引发网络暴力与不负责任的情感表达。

4. 网络不文明行为产生的行为机制

事实上，在"认知—情感—行为"框架中，认知与情感在一定程度上催化着行为的产生，但二者并非必然导致行为结果。具体而言，网络不文明行为的产生与个体因素和环境因素有关，大致可以分为个体条件与情境条件两个方面。

如上所述，个体条件引发的网络不文明行为一般由网络参与主体的认知与情感共同驱动。对于网络行为失范者而言，其窥私欲、发泄欲、施暴欲等心理在匿名环境下被放大，而所需承担的责任与惩罚并非总会降临，网络不文明行为的代价并不高；而对于受害者而言，目前有关网络不文明行为的应对策略并不丰富，应对策略的缺失以及受害者本身的弱势地位往往导致难以形成对网络不文明行为的有效控制力量②，部分受害者为求自卫往往试图"以暴制暴"，这种恶性循环使越来越多的网络个体参与其中，导致网络环境进一步恶化③。

情境条件引发的网络不文明行为一般包括不文明的网络环境对人的影响和规制缺失两个方面。一方面，不文明的网络环境无形中塑造着人们对网络功能的认知，致使人们将网络视作"自由发泄"的窗口，诱发更多的不文明言论与行为。另一方面，行为的产生不仅包括"想不想"，也包括"能不能"。规制的缺失暗示着网络不文明行为在一定程度上得到默许和承认。在此基础上，网络行为失范者更多强调互联网赋予的自由权利，因而他们难以通过公共自律性道德进行自我约束与"权力让渡"④。同时，规制的

---

① 陈茜、陈思菁、毛进、李纲：《突发事件背景下内容添加型转发微博的情绪与认知变化研究》，《情报科学》2021年第1期。

② E. L. Backe, P. Lilleston, and J. McCleary-Sills, "Networked Individuals, Gendered Violence: A Literature Review of Cyberviolence," *Violence and Gender* 5 (2018): 135-146.

③ 王传言：《警惕自媒体时代的"以暴制暴"》，《青年记者》2013年第25期。

④ 孙逸啸：《网络平台自我规制的规制：从权力生成到权力调适——以算法媒体平台为视角》，《电子政务》2021年第12期。

缺失暗示着"他律"主体的模糊，也是网络其他参与主体（包括其他网民、互联网平台、政府部门等）失配的表现。在这种情况下，对于态度强硬的网络行为失范者，非正式劝服的效果极为有限，道德他律同样难以发挥作用。因此，需要有明确的管理主体与明晰的规定和惩治措施，以进行强制性规制辅助①。

网络世界的网络文明与客观实在世界的现实文明相辅相成、协同共进。因而，建设好、发展好网络文明空间既是新时代中国特色社会主义精神文明建设的必然要求，也是把握协同推进网络文明建设和中华民族现代文明建设重大时代价值的关键一步②。网络文明素养的培养与网络不文明现象的治理，共同影响着网络文明环境的构建。网络文明素养的培育与引导作为长期性的精神文明建设工程，既需要通过教育路径落实到个体，也需要树立良好的模范形象③。网络不文明现象的治理作为网络多主体协同的规制性管理工作，同样需要寻求更多有效渠道与治理方法。

三　网络文明素养提升的策略路径

构建健康的网络环境，提升网络文明素养，不仅是一项社会责任，也是构筑清朗网络空间的战略举措。基于以上对网络文明素养理论内涵与影响机制的洞察，课题组旨在探索网络文明素养提升的策略路径，探讨如何通过有效的干预措施促进网络文明素养的提升。课题组将系统地分析网络文明干预方式、干预主体和干预内容策略的理论基础和实践参照。每一个主体都拥有独特的资源和优势，在网络文明素养提升的过程中发挥特定的作用。同时，与创新的干预方式和干预内容策略相结合，能形成一个综合性的提升网络文明素养的策略框架。

---

① 匡文波、杨春华：《走向合作规制：网络空间规制的进路》，《现代传播（中国传媒大学学报）》2016 年第 2 期。
② 方世南、马婧：《协同推进网络文明和中华民族现代文明建设》，《学术探索》2023 年第 11 期。
③ 刘昱伶、申小蓉：《新时代大学生网络文明培育：内在机理、现实境遇和路径选择》，《思想教育研究》2023 年第 8 期。

（一）基于干预方式的策略路径

1. 行为改变路径

网络不文明行为是网民的一种负向网络行为，对其进行干预的本质是促成网民负向行为的改变。行为改变是一种以劝服沟通和改变行为为目标的干预方式，关注的是如何通过有效的信息传递和沟通技巧，影响施暴者的态度和行为。该策略主要涵盖三个基本原理：（1）认知行为理论，认为个体的认知、情感和行为之间相互影响，人们可以通过改变思维模式和情感反应，改变自身的行为；（2）操作条件反射理论，强调环境刺激和个体行为之间的相互作用，通过建立积极的奖励和惩罚机制，改变个体的行为；（3）社会学习理论，认为个体可以通过观察和模仿积极的行为模式，改变自己的行为。

一些研究指出，针对网络不文明行为，可以从四个方面对被干预主体进行行为改变①。以网络霸凌行为为例，相关的干预方式有四种。（1）通过改变人们对网络霸凌的认知和态度，减少网络霸凌的发生。可以通过媒介，传递正确的信息和社会规范，使人们认识到网络霸凌的危害和不良后果，从而调整自己的行为。（2）通过情感化的信息处理，对施暴者进行沟通和劝服，从情感方面增强对被施暴一方的支持和保护。（3）通过积极的宣传和教育，营造反对网络霸凌的网络文明氛围，提高公众对网络霸凌问题的认识和意识，形成共同抵制网络霸凌的网络社会环境。（4）寻找和树立积极的、正面的网络空间行为榜样，包括公众人物、社区领袖等。通过观察和学习榜样人物的行为，施暴者可以逐渐改变自己的行为模式。

2. 想象受众路径

网络不文明行为的改进有赖于网民的自律和社会的监督。在网络空间中，人们可以使用匿名或化名发表言论。这种匿名性一方面保护了用户的隐私和安

---

① M. S. Hershcovis, L. Neville, T. C. Reich, A. M. Christie, L. M. Cortina, and J. V. Shan, "Witnessing Wrongdoing: The Effects of Observer Power on Incivility Intervention in the Workplace," *Organizational Behavior and Human Decision Processes* 142 (2017): 45-57. J. R. Polanin, D. L. Espelage, J. K. Grotpeter, K. Ingram, L. Michaelson, E. Spinney, and L. Robinson, "A Systematic Review and Meta-analysis of Interventions to Decrease Cyberbullying Perpetration and Victimization," *Prevention Science* 3 (2022): 439-454.

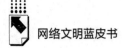

全，另一方面使网络施暴者更容易摆脱社会规范和道德的约束，发表攻击性和侮辱性的言论。这不仅会伤害其他用户的感情，也会影响整个网络生态环境的健康发展。在网络不文明行为的干预路径中，强化对其负面行为的社会监督力，是一种具有可行性的路径。

基于"责任分散"原则，部分网络行为失范者认为其行为只是个人私下行为。被他人看见和受社会监督，能强化他们对自身行为的自反性。因此，"被谁（即想象受众）看见"成为网络不文明行为干预的关键因素。在线上空间中，社交媒体用户自我披露行为受制于脑海中网络节点上的想象受众①。虽然想象受众不像大众媒介那样具有垄断色彩，不处在传播渠道中毫无争议的中心位置，但通过想象受众，被选定的网络节点产生的社会影响可被推定、赋予想象的中心性。而人们在互联网上往往会通过数字化表演，塑造良好的自我形象，以获得社会的认可和期待。因此，他们的想象受众会影响他们分享的内容，及其在社交媒体上展示自己的方式。

基于此，在高度开放的社交媒体平台上，网络不文明的实施者需要具体的想象受众引导他们实施在线行为。具体而言，当用户的行为被公开化地干预，其他人在关注他的信息，他在广泛地被他人看到时，可能会进一步约束自己的行为。这种想象的受众会影响网民选择发布什么类型的信息，以及他们在社交媒体上表达和互动的方式。同时，社会期许也在这个过程中发挥着作用，因为人们往往会根据他们认为的观众希望看到的内容调整自己的行为。这种社会期许可以促使人们在社交媒体上展示更加积极、正面、符合主流价值观的行为，避免展示消极、具有攻击性或不符合主流价值观的行为。

3.冲突协商路径

网络不文明行为也可以被视为社会冲突的现代式呈现，其应对和处理需要注重策略的选择与应用。社会冲突是政治学、社会学等学科的重要研究内容。帕森斯认为，"一个运转正常的社会，应该是均衡、稳定、整合、协调的社会，不应该存在社会冲突，应该设法避免冲突，那是社会的一种反常状态"②。然而，社会冲突往往是不可避免的。在这个框架下，网络不文明行为的产生和

---

① 周睿鸣、王祎琛：《"厚码"：社交媒体的可见性想象与表达策略——对微博账号"@ PITD 亚洲虐待博士组织"的经验考察》，《未来传播》2022 年第 6 期。
② 张卫：《当代西方社会冲突理论的形成及发展》，《世界经济与政治论坛》2007 年第 5 期。

存在可能是由于社会力量不平衡和不同群体间发生利益冲突。社会冲突理论主张的并不是消除冲突，而是通过制度化的途径，对冲突进行管理和解决，以减少其对社会的破坏性影响。

运用社会冲突理论回应网络不文明现象，首先需要认识到网络空间作为社会互动的延伸，其冲突的表现可能是多样性和社会差异的必然结果。在这个意义上，可以通过建立更为健全的网络规范和监管机制，"组织化"和"规范化"网络行为，从而在一定程度上限制网络中的不文明行为和潜在暴力。在具体策略上，可以借鉴社会冲突理论中的协商对话方式，通过构建开放、包容的沟通环境，使网民在理解和尊重差异的基础上，表达和解决分歧。例如，私下调解可以为网络冲突提供调解平台，为冲突双方提供沟通的场所和协商解决冲突的机会。在网络不文明的应对中，协商对话和沟通调解的方式，可以发挥一定的"缓冲器"作用，不仅可以第一时间对可能出现的过激情绪及行为进行有效控制和约束，保证冲突行为不扩散，减少冲突的负面影响，还可以为后续冲突各方的表达提供理性化、规范化的解决环境。

（二）基于干预主体的策略路径

1. 权威干预路径

在网络文明建设的宏观策略中，权威干预主体在网络文明素养的提升中发挥着至关重要的作用。在社会学领域，权威通常被细分为魅力型权威、传统型权威和法理型权威。魅力型权威依托个人魅力和领导才能，通过影响力和个人魅力引导受众。尤其在网络空间中，这种权威通常由社交媒体中的意见领袖或网络红人扮演，他们通过吸引大量粉丝的关注，对网民的行为和观念产生深远影响。传统型权威则基于久经考验的习俗和传统，如家庭、学校和宗教组织，它们在网络文明教育中扮演着重要角色，通过传承和弘扬长期以来形成的文明规范引导受众。法理型权威则来源于法律法规和规章制度，法律制定者和政府机构通过制定和执行网络相关法律法规和规章制度，构成了法理型权威的核心。它们通过正式的立法和监管措施，对网民进行规范和约束，保障网络空间的秩序和安全。通过综合运用这些不同类型的权威干预方式，能够在网络空间中培养出秩序井然、文明健康的互动环境。

基于权威的干预，可以给予网络行为明确的界定，为网络文明素养的提升

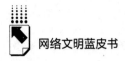
提供制度化的保障。因此，在网络文明素养的提升过程中，不仅政府扮演着关键角色，其他具有一定权威性的机构同样发挥着至关重要的作用，如社交媒体平台中的官方组织、知名非政府组织、行业协会以及教育和科研机构等。它们通过发布官方信息、倡导网络礼仪、提供网络素养教育内容，共同构建起一个多元参与、多方协作的网络文明建设体系。这些权威机构能够利用自身公信力和专业性，以引领和示范的方式，推动网络文明的价值观念在网民中广泛传播和内化，从而有效地提升网民的网络文明素养。通过这样的集体努力，能够形成一种强有力的文明引导氛围，促进网络空间秩序的和谐，减少网络不文明现象的发生。

2. 旁观者效应干预路径

网络不文明现象往往涉及三类参与者：不文明行为者、受其影响者和旁观者。旁观者是指那些见证网络不文明行为发生并可能对这些行为做出反应的普通网民。在具有即时和易传播特质的互联网中，不文明事件可能会通过社交媒体的点赞、评论和转发迅速蔓延。旁观者因数量庞大，在网络社会规范建立中发挥着基础性作用。作为网络不文明行为的见证者，旁观者通过直接或间接的方式，表明他们的反对意见，对行为人施加社会压力。这有助于打破不文明行为者负面行为模式，彰显旁观者在网络社会规范中的积极作用。

根据社会影响理论，人们的行为往往受到他人行为的影响，特别是在公共空间或感知到他人观察的情境中。在网络环境中，这种现象表现为旁观者效应，其中旁观者的存在本身就可能会抑制一些不文明的行为。当个体知道自己的行为有可能被他人观察和评价时，他们可能会更加谨慎，以避免受到社会的负面评价或制裁。此外，旁观者对不文明行为的监督效应，还可以通过"大他者"的概念解释。"大他者"是拉康心理学理论中的一个术语，指社会规范和期望的内化，它在个体的无意识中充当道德和社会规范的监督者。在网络空间中，旁观者群体成为这个"大他者"的具体化身，他们通过点赞、评论或转发等行为，进行一种社会监督，表明社会对网络行为的期待和容忍度。这种监督有助于形成一种社会压力，鼓励个体遵循社会规范，从而抑制不文明行为的发生。此外，拉康的理论还强调了语言在形成社会秩序中的作用。在网络社交的语境中，旁观者的语言反馈，无论是批评、谴责还是支持，都构成对行为的社会回应。这种回应在很大程度上塑造了网络空间的文明规范。旁观者的反馈成为一种调节机制，影响个体在网络上表现自己、与他人互动的方式。

网络社会规范是指导网民行为的关键因素，而网络社群有自己的行为标准，用于界定哪些态度和行为是被接受的。这些规范通常通过奖励符合规范的行为和惩罚违反规范的行为维持。当不文明行为发生时，如网络侮辱或诽谤，旁观者的反对行为可以及时阻止这些行为进一步扩散，他们以社会大众的视角，评判和影响不文明行为，减轻这些行为可能对受影响者造成的伤害。通过公开要求停止不文明行为、安慰受影响者或寻求帮助，旁观者可以强化社会规范的存在感，并促进不文明行为者认识到自己行为的社会影响。随着时间的推移，这种社会规范逐渐内化为个人的信念，引导人们自觉遵守网络文明规范，这对减少网络空间的不文明行为具有重要的正面效应。

3. 网络微名人效应干预路径

随着互联网和社交平台的兴起，"名人生产"开始脱离大众传媒的单一传播渠道限制。以用户生产内容为主的社交媒体的出现，为渴望成名的大众提供了平台。以社交媒体为主要阵地的网络微名人成为名人文化的主流。所谓网络微名人，是指使用各种社交媒体营销自我品牌并与公众进行沟通的一类人[①]。学者阿比丁（Abidin）认为，"互联网名人是表现和认知的产物"[②]。虽然网络微名人和名人的含义是相近的，但相比于名人，网络微名人对每个普通网民来说都更容易接近。

在人人都有麦克风的时代，网络微名人的影响力尤为强大。网络微名人拥有较多的粉丝群和关注群，在网络上有较高的活跃度使其拥有很高的关注度。一些网络微名人的专业属性结合网民的圈层化，强化了其信息影响，并且数量众多的粉丝群构筑了其影响力的基础。社交媒体平台（如微博、抖音等）赋予每个人发言权，使一些人快速成名，并帮助他们形成圈子，他们可以像团队一样运作，针对一个话题协调行动，产生爆炸式的影响。以微博为例，一些网络微名人的粉丝达到几十万、上百万甚至上千万。在很多时候，他们的话题设置能力远远超过传统媒体，这使他们拥有一定的"话语权力"。值得注意的是，互联网的草根性决定了网络微名人中有一部分草根人群。只要有特点，有

---

① 史安斌、童桐：《平台世界主义视域下的"第三文化人"：国际传播的一种协商视角》，《传媒观察》2022 年第 8 期。

② C. Abidin, *Internet Celebrity: Understanding Fame Online*（UK：Emerald Publishing Limited, 2018）.

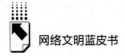

关注度和受众群体，就能成为草根意见领袖。总而言之，网络微名人的活跃度、凝聚力、感染力和有效动员往往能够加速网络舆情的扩散，甚至将舆情推向高潮①。

因此，如何让网络微名人自觉承担更多的社会责任，积极传播正能量，共同促进互联网健康、文明、蓬勃发展，成为重要的议题。一方面，在网络不文明行为干预过程中，可以邀请网络微名人积极利用网络自媒体平台，通过置顶、链接等方式，提高不文明事件曝光度，参与网民的在线讨论，也可以通过表达反对观点，对不文明行为进行劝阻。另一方面，政府应加强与网络微名人的互动，特别是增加与具有"草根气质"的平民式网络微名人的互动。

应发挥网络微名人效应，即在特定网络社群或社交媒体平台内获得名气与影响力的个体，一方面可以通过他们的行为示范，促进网络空间治理；另一方面可以通过他们发起教育性质的网络文明行为倡导活动、分享和奖励社区内的积极互动、与平台合作优化促进文明的算法或功能、利用影响力鼓励同侪做出表率、以叙事和故事化的方式强化言语行为的人际影响、参与制定并坚持执行文明的社区准则、支持反制不文明内容的行动，从而有效减少网络空间的不文明行为，营造更加文明、相互尊重的线上交流环境。

（三）基于干预内容的策略路径

1.共情提升路径

在网络不文明行为干预过程中，培养共情能力至关重要，它能引导人们感同身受地理解网络言语暴力对受害者造成的伤害。通过教育和引导，让网民学会换位思考，理解他人感受，不仅能减少网络空间的负面互动，还能促进形成更加理解和包容的社交环境，使每个人在言语表达时都能多一分温情与责任感，从而在根本上减少网络不文明行为的发生。

互联网的发展与社交平台的出现，突破了人们的传统交际圈，使认同感的产生不再受人际关系限制，使他人的情绪能够通过网络被人们认知，从而映射到自己身上，这在心理学上被称为"共情"或"同理心"。霍夫曼（Hoffman）将"共情"定义为对知觉到的他人的情绪体验进行一种设身处地的情绪反应。

---

① 林敏：《网络舆情：影响因素及其作用机制研究》，博士学位论文，浙江大学，2013。

他认为，共情是从他人的立场出发，对他人内在状态进行认知的情绪体验①。

而今，在连接性的社会里，信息的传递不再像拉扎斯菲尔德（Paul Lazarsfeld）等人提出的二级传播，而是由多个中心节点出发呈现"井喷式"的涌现传播逻辑，在信息传播过程中往往伴随着情感的传播。也就是说，信息时代的情感传播不再是一对一地线性流动，而是一对多、多对多地片状传播。共情是情感的子集，是人类与生俱来的一种能力②。合理的共情可以形成强大的情感资源，促进亲社会行为和利他行为的发生，推动网络社会的和谐发展。

美国社会批评家杰里米·里夫金（Jeremy Rifkin）曾在《同理心文明：在危机四伏的世界中建立全球意识》一书中指出："高度的共情使越来越个体化的人群在相互依赖、庞大、一体化的社会组织中相互关联。"③ 基于此，共情能力的激活与唤醒在于由外到内的产生与由内到外的表达，在于发挥个体的社会关系作用。当遇到网络暴力事件或施暴者在网络上发表充满极端、偏激、冲动等不理性情绪的评论时，可以采取"换位思考"的方式对施暴者进行劝服和引导，让施暴者充分感知被施暴者的情绪和体验，从而达到施暴者理解被施暴者情感甚至改变自身行为的目的。这种激活共情能力的内部因素也被研究者称为"镜像神经元"（mirror neurons）。

2. 道德唤醒路径

在网络文明建设中，加强网络道德建设是预防和干预不文明行为的关键。通过道德唤醒，可以激发网民对善与恶的共同情感，促使网民在日常交流中自觉遵守道德准则，使网络空间不仅是技术的汇集地，更是道德规范的体现场。当网络道德成为网民内心的自觉遵循时，它能够引导网民形成和践行更文明的行为标准，为构建健康、和谐的网络环境奠定坚实的基础。道德是文明进步的重要标志，技术的不断变革发展使网络空间道德建设在网络文明建设中扮演着越来越重要的角色。中共中央、国务院印发的《新时代公民道德建设实施纲

---

① M. L. Hoffman, "Developmental Synthesis of Affect and Cognition and Its Implications for Altruistic Motivation," *Developmental Psychology* 5（1975）：607.

② 〔美〕亚瑟·乔拉米卡利：《共情力：你压力大是因为没有共情能力》，耿沫译，北京联合出版公司，2017，第3页。

③ 〔美〕杰里米·里夫金：《同理心文明：在危机四伏的世界中建立全球意识》，蒋中强译，中信出版社，2015，第10页。

要》提出，网上行为主体的文明自律是网络空间道德建设的基础。要建立和完善网络行为规范，明确网络是非观念，培育符合互联网发展规律、体现社会主义精神文明建设要求的网络伦理、网络道德①。一些学者通过问卷调查、实验等方法，评估了道德唤醒干预措施对网络中个体和群体的影响②；研究结果表明，道德唤醒可以有效减少网络暴力的发生，增强网民的道德意识和责任感。因此，对网络暴力行为进行道德唤醒是必要的。

针对如何对网络暴力进行道德唤醒，不同学者提出不同的途径和方法。从道德主体层面来说，对于网民道德意识模糊、道德情感冷漠等困境问题，不仅要在认知上提升网民道德伦理水平，还要将道德内化为网民的媒介素养，加强网民的道德自律行为；就网络空间道德秩序而言，一方面要建构具备亲和力和影响力的自媒体网络道德行为引导机制，另一方面要建立具有权威性和公信力的网络道德失范监督机制③。此外，新兴技术的发展也为网络暴力道德唤醒提供了新的机遇，即可以利用大数据分析和信息化采集技术，有效地推动网民网络道德的精准建设。这不是对网络道德的简单理解，而是通过平台建设和用户使用，获取第一手原始数据，通过分析整理，精准地了解网民网络道德现状；并借助敏感词设置、记忆软件等网络技术手段，及时便捷地监督网民的网络行为。这样，我们能够针对不同的个体，进行及时且个性化的思想道德引导和劝服，从而产生事半功倍的效果。网络道德主体和新兴技术应共同努力，形成多层次的网络暴力干预体系，使干预措施更具实效性和可操作性。

四 深圳市民网络文明素养提升的探索思路

基于以上对网络文明素养理论内涵的深入剖析，结合对策略路径的探

---

① 新华社：《新时代公民道德建设实施纲要》，中国政府网，http：//www. gov. cn/zhengce/2019-10/27/content_5445556. htm。

② S. Čehajić-Clancy and M. Bilewicz, "Moral-exemplar Intervention：A New Paradigm for Conflict Resolution and Intergroup Reconciliation," *Current Directions in Psychological Science* 4（2021）：335-342. A. C. Cargile, "Can Video Engender Empathic Concern for Others? Testing a Positive Affect Arousing Intervention," *SAGE Open* 4（2016）：2158244016676297. X. Lin and R. Loi, "Punishing the Perpetrator of Incivility：The Differential Roles of Moral Identity and Moral Thinking Orientation," *Journal of Management* 4（2021）：898-929.

③ 袁希：《反思与重构：公民网络道德建设路径的思考》，《思想政治教育研究》2021 年第 5 期。

讨，课题组致力于构建一个综合性的研究框架，从干预方式的创新应用、干预主体的角色定位和干预内容的深度开发三个维度进行探索，揭示如何有效地提升网民的网络文明素养。干预方式的探索尤为关键，它涉及如何有效地利用公开讨论和私下沟通等多样化的方式，以适应不同网民的需求和偏好。干预主体不仅包括传统的政府机构，还涵盖网络意见领袖和普通网民等新兴力量。他们的参与可以延伸干预的广度和深度，使网络文明素养的提升在更广泛的社会层面得到推动。干预内容的开发则关注如何将共情提升与道德唤醒等要素融入日常的网络活动中，让网络文明素养的提升与网民的在线生活紧密结合。这种针对网络文明素养提升的探索，也体现为其对现有网络治理模式的挑战与创新。通过这一探索，不仅能够提出符合当代网络社会特点的干预策略，还能够为网络文明建设的实践提供理论支撑，推动相关政策的制定和完善，促进网络环境的健康发展，构建一个更加文明、理性和安全的网络世界。

（一）基于干预方式的网络文明素养提升策略探索

从干预方式的角度看，探索基于公开发言或私下消息的干预手段，对提升网络文明素养具有重要价值。公开干预，如在社交平台上对不文明行为进行公开回应，可以向整个网络社群传递清晰的文明标准，形成一种社会共识，鼓励更多的人参与积极的网络互动。通过私信进行的干预则是更为个性化和更直接的方式，它能够有针对性地解决问题，同时保护涉事个体的隐私，避免不必要的公开羞辱或冲突升级。探索基于不同干预方式的策略，有助于提升网络环境的整体文明程度，实现对网络不文明行为更为细致和人性化的管理。

1. 公开的干预方式

公开的干预方式是指在网络公共平台或社交媒体等公开场合进行的一种行为或言论引导，旨在通过引发大范围的讨论，影响网民对事件或观点的看法及其网络行为。这种方式通常是直接在网络公共空间中发表观点或曝光事件内容，使更多的人看到和参与讨论。这种干预发生在公开场合，如通过在微博广场上公开艾特、曝光，再如将违规者的监控截图公开发布或将违规者姓名公布在广告牌上。

如今，网络的便捷性和低门槛性为网民自由评论社会热点事件提供了平

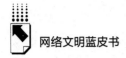

台。网络匿名机制以隐匿身份的方式，为网民提供了更大限度的言论自由，也为一些隐藏在网络中肆意发表恶意言论的人提供了保护机制。在网络环境中，网民能够隐匿于虚拟身份之下，就如同欧文·戈夫曼（E. Goffman）所指出的，"没有观众就没有表演"①。这种想象的受众会影响网民分享的内容以及他们在社交媒体上展示自己的方式②，而缺乏"想象的受众"，可能导致网民在互联网上的行为变得不受控制。

在匿名性的掩护下，网民可能会做出一些道德失范的行为。而公开的干预方式可以给个体带来大量的"观众"，同时带来一定的社会压力。这种社会压力的产生缘于人们追求自己在社会中的地位和认可度，希望自身行动符合社会期望，以此维护自己的社会地位和社会关系。公开的干预方式可能会激发个体的社会压力感知，这种压力可能来自他人的批评、群体的舆论以及社会的道德标准。群体舆论压力可以直接影响个体的行为。当个体的不道德行为被公开指出时，因有他人作为"观众"出现，其羞愧感会被唤醒。当羞愧感和社会压力出现时，个体可能会有动机采取积极的行动，如改正错误、向受害者道歉、参与社会活动等，以改善形象，减轻羞愧感，恢复社会认同。公开的干预方式可能会引起大众的关注与回应，社会的舆论趋势可能会朝谴责网络不文明行为的方向发展，并逐渐形成一种大众共同认同的文明标准。这样的标准可以成为防范和制止网络不文明行为的力量。

2. 私信的干预方式

在网络不文明行为的干预方式中，私信的干预方式提供了一种更为细腻且直接的沟通策略。这种方式汲取了社会冲突理论中协商对话的精髓，强调在开放、包容的沟通环境中，以理解和尊重差异为基础，进行有效的分歧表达和问题解决。私信的干预方式是指通过直接发送私人信息或消息进行的一种行为或言论引导，主要针对个体，以更为私密的方式进行沟通。其私密性优势使它能在不公开的前提下，为冲突双方搭建沟通和协商的桥梁，让受干预者在没有外部压力的情况下，更加开放地参与对话。

例如，当网络暴力发生时，通过私信直接与施暴者沟通，可以在一对一的

---

① E. Goffman, *Frame Analysis: An Essay on the Organization of Experience* (Cambridge, Mass: Harvard University Press, 1974), p. 29.

② 欧文·戈夫曼：《日常生活中的自我呈现》，冯钢译，北京大学出版社，2008，第45~47页。

私密环境中唤醒其良知，而非在众目睽睽之下引发更多的防御性反应或对抗。这种干预策略也涉及心理学中的责任分散效应，即在更多旁观者存在时，个体的责任感可能会减少。在网络空间，这一效应可能会导致个体忽视自己行为的社会影响力。然而，私信干预能够明确地向个体传达其行为的责任，强化其对行为后果的认识。这不仅能减少冲突的发生，还能提升网络空间的整体文明程度。通过私信的方式，网络文明失范者能够被个别地指出，从而在不受外界干扰的情况下，反思和改正自己的行为，促进内心的道德觉醒和责任感的提升。这种方式的探索，为网络文明素养的提升提供了一条既尊重个体隐私又有效的新路径。

3. 研究问题的提出

公开的干预方式可以通过形成集体效应和社会共识，提高网络社会的整体文明水平。然而，也由于其公开的性质，在干预时需要考虑更为多元复杂的广大受众反馈，因此也会受到更多相应的限制。私信的干预方式更强调个体之间的直接互动，更有助于深入了解个体的需求和情感，从而实现个性化的网络文明素养提升。但是，私信的干预方式也有一定的局限性：传播范围狭窄，无法在更广的范围内产生影响。不同的干预方式有不同的侧重点，会产生不同的提升效果。因此，课题组提出第一个研究问题：不同的干预方式对网络文明素养的提升作用是否存在差异？如果存在差异，哪种干预方式的效果会更好？

（二）基于干预主体的网络文明素养提升策略探索

在网络文明素养提升过程中，干预主体的多样性亦能深刻影响干预策略的效果。在网络文明建设的研究中，对多元传播主体的分类提供了一种有力的策略视角。官方机构、普通网民和网络微名人，作为不同的干预主体，各自扮演着独特的角色。官方机构在公共议题上掌握着最权威的话语权，普通网民通过集体行为形成底层的社会力量，网络微名人则能够凭借个人影响力引导舆论。对不同干预主体进行深入探讨，有助于理解和利用不同干预主体在网络空间中的不同作用机制，设计出更有针对性和层次性的干预策略，促进网民网络文明素养的提升。

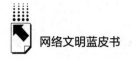

1. 以官方机构为干预主体

在当今网络传播情景中，官方机构通常体现为社交媒体中的权威媒体。这些机构作为秩序的维护者和行为规范的监督者，在网络空间中扮演着重要角色。它们的权威性帮助确立了网络交流的边界，在监督和指正网络不文明行为方面起到关键性的作用。官方机构不仅传递规范的信息，而且通过权威声音影响网民行为，引导他们朝更加文明和理性互动的方向发展。

官方机构在网络文明建设中扮演着核心角色。它们拥有广泛的传媒渠道和深远的社会影响力，能够有效地传播社会主流价值观，通过报道、评论等多种形式，引导网民树立正确的网络文明行为观念。当官方机构发布内容时，其权威性质会赋予信息更大的影响力，使其在网民中迅速形成广泛共识，以此推动网络行为规范的建立和遵循。在具体的干预实践中，官方机构对网络不文明行为的干预有明显的效果。官方机构通过发布声明、视频或图片，直接对网络不文明行为进行点名批评，不仅强调这些行为的不道德性，而且能够引发网民的共鸣。这种直接且权威的公开干预，不但能引起广泛的社会关注，而且能促使公众参与解决问题，共同构建网络文明空间。

在网络文明建设中，官方机构通过独特的影响力和权威性，在维护网络秩序、提升网民网络素养方面发挥了至关重要的作用。其公开的谴责和示范行为有助于形成对网络不文明行为的社会抵制，推动社会各界共同应对网络不文明问题，打造更加文明、和谐的网络环境。

2. 以普通网民为干预主体

在网络环境中，普通网民作为旁观者，亦可以在网络文明建设中发挥至关重要的作用。根据社会影响理论，网民在公共空间中的行为易受周遭环境影响，尤其是在被他人观察的情境中。当普通网民目睹网络不文明行为时，他们的反应无论是评论、点赞还是分享，都可以对不文明行为人施加社会监督的压力。这不仅可以在个体层面促进文明互动，而且能在更广泛的网络社区中推动正面社会规范的形成，构建文明、和谐的网络环境。

此外，社会助长理论提供了另一视角，解释了旁观者——在此即普通网民——如何提高个体对社会规范的遵循意愿。他们的存在和反馈不仅可以强化个体的社会期望行为意识，还可以通过集体的社会压力促进个体责任感的觉醒。在对网络不文明行为的干预中，普通网民发表评论、私信和转发等形式的社交行为，可以有效地及时阻止不文明行为的扩散。

同时，对于普通网民而言，网络社区中的同辈视角更有利于其吸收网络文明规范等信息内容。他们在交流中的相互认同感和归属感，使劝服信息更加容易被接受。他们的共鸣和支持不仅可以为受影响者提供安慰和解决途径，也有利于形成和谐友好、相互尊重的网络交流文化。这种文化有助于持续减少网络空间中的不文明现象，提升整体的网络文明素养。

3. 以网络微名人为干预主体

网络微名人作为社交媒体平台上的意见领袖，拥有庞大的粉丝基数。这一特点使他们在提升网络文明素养方面扮演了重要角色。网络微名人可以通过自己的言论和行为，引导舆论，塑造社会观念。他们的每一条社交媒体更新、每一个故事，都有可能成为引导网民网络行为的风向标。网络微名人的影响力在于他们能够把网络文明观念以亲和的方式传达给广大粉丝，倡导积极健康的网络互动习惯，推广文明的网络使用标准。在移动互联网时代，网络微名人的角色尤为突出。他们不仅是信息的传播者，还是公众意见的引导者。他们通过社交媒体，塑造理想化的公众形象，以自身的亲和力和真实性赢得粉丝的信任与共情。这种情感联结使他们的倡导和批评具有较强的感染力。当网络微名人公开谴责网络不文明行为时，他们的言论往往能够引发网民的共鸣，增强网民对文明互动的认同感，促使网民在网络行为上自觉自律。

网络微名人作为干预主体的独特之处在于，他们的一言一行都可能成为粉丝群体的行为榜样，他们的关注点很可能成为粉丝讨论的焦点，他们的行为标准可以转变为粉丝的行为规范。因此，网络微名人参与对网络不文明行为的干预，不仅是在传播网络文明规范等信息内容，更是在用自身的影响力实践社会责任。他们的每一次发声都可能成为引导粉丝追求更文明网络互动方式的有效途径。这种以影响者身份进行的干预，为提升网络文明素养提供了一种新的可能，有助于在网络空间营造更加积极、文明的交流环境。

此外，当干预对象发现自己的行为受到网络微名人的关注时，这种被视为重要的感受往往会大大提升他们对自己行为的重视度。网络微名人不仅拥有广泛的粉丝群体，而且通常被视为具有较高社会地位的个体。引起他们的注意往往被视为一种社会认可的标志。因此，当网络微名人投入干预网络不文明行为的行动中时，他们的专注和反馈能够显著提高被干预者对自身行为后果的认识。这不仅

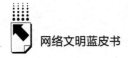

因为网络微名人本身具有较大的影响力，也因为被关注的行为可能会在更大的场域中被放大和讨论，从而增强干预的有效性和紧迫性。网络微名人的参与也可能会激发干预对象对网络不文明行为的更深层次反思和自我调整。这种直接的社交媒体互动可以产生一种不可忽视的镜面效应，其中个体能够在网络微名人的关注下重新评估自己的网络行为，并在更广泛的社会观察中寻求改进。这样的反馈循环，不仅有助于及时纠正不当行为，而且有望长远地影响个体的行为习惯，使其更加倾向于遵守网络文明规范，提升整个网络环境的文明水平。

4. 研究问题的提出

在网络不文明行为干预过程中，官方机构、普通网民和网络微名人这三类主体各具特色，产生不同的效力。官方机构是权威的象征，其发布的内容往往具有高度的社会认可度和权威性，这使其干预能够迅速引起公众的关注并塑造公共议题。然而，官方机构的信息传递可能会存在与普通网民之间的距离感，导致其信息传递缺乏个人化和亲和力，从而在情感共鸣上不如个体网民直接的声音。普通网民是网络社区的重要参与主体，他们的观点和反应往往更加直接反映普通公众的真实感受，因此他们的言论容易在小范围内引发共鸣。但是，普通网民的影响力相对有限，他们通常缺乏将个人观点提升为广泛社会共识的能力。这意味着虽然他们能在社交圈中产生影响，但在更大范围内形成凝聚力和广泛影响力方面则力不从心。网络微名人则处于这两者之间，他们在特定领域或社交平台上拥有较大的影响力和一定的粉丝群体。他们正向的言论和行为能够在粉丝中产生示范效应，推动网络文明素养的提升。然而，网络微名人的言论也可能会受限于其个人化的视角和特定的风格，且在某些情况下可能会受到特定群体的质疑和挑战。这些干预主体因其固有的特性，会在网络不文明行为干预中产生不同的效果。对此，课题组将探讨第二个研究问题：官方机构、普通网民和网络微名人作为不同的干预主体，对网络文明素养的提升作用是否存在差异？如果存在差异，哪种干预主体的效果会更好？

（三）基于干预内容的网络文明素养提升策略探索

在提升网络文明素养的过程中，探索基于内容的干预策略——特别是涉及共情提升和道德唤醒的策略——显得尤为重要。这种策略的探索不仅关注信息的传递，更注重如何触动个体内心，激发他们的共情反应与道德自觉。共情能力的培养可以帮助网民更好地理解他人的情感和立场，道德唤醒则旨在提醒网民关于网络行为的伦理和社会责任。这些内容策略在网络文明素养提升过程中至关重要，因为它们能够影响网民的行为和态度，从而在更深层次上促进网络空间的文明化。

1. 以共情提升为干预内容策略

在网络文明素养的提升策略中，共情能力的培养作为一种内容干预措施，起着核心作用。共情能力是指理解和分享他人感受，并对他人处境做出适当反应的能力。它关乎在网络环境中理解和分享他人的情感体验，并据此做出适当的反应。共情的激发涉及两个层面：情感共鸣和认知理解。情感共鸣能够使人们直观地感受他人的情绪，认知理解则涉及对他人情境的分析和同理心，这两者共同作用于个体，促进更有同理心的互动方式。共情提升的过程包含自下而上的情绪分享和自上而下的认知调解。只有认识到他人的处境和不幸的原因，才会对他人产生更加真切的共情。

在网络交流中，由于缺乏面对面交流时的非语言线索，如肢体语言和面部表情等，共情能力显得尤为重要。非语言线索的缺失，是网络交流中产生误解和冲突的关键因素之一。在传统面对面的交流中，人们可以通过表情、声调等非语言线索，理解对方的情感和意图。而在网络中，这些重要的信息缺失，参与者只能依赖有限的文字信息，容易误解彼此的意图。共情能力的培养可以帮助减少由匿名性带来的隔阂和误解。这种隔阂和误解往往会导致人们在表达时缺乏考虑，而共情能力可以促使人们在发表评论之前思考他人可能的反应和感受。此外，匿名性可能会使人们认为在网络上可以不承担后果地发表言论，但共情的激发可以增强人们对自己行为后果的认识和责任感。共情是理解、分享和感受他人情感的能力。通过共情，人们能够更好地洞察他人的感受，弥补网络环境中存在的沟通缺陷。因此，可以通过富有情感的表达策略，引发网民共情，让他们自发地提升自己的网络文明素养。可通过更加细致和生活化的方式，让网民对网络文明素养有更具象化的认识和理解，以此提升网民网络文明素养，使全体网民更有凝聚力。

共情提升策略的应用也与当前网络文化中的自我表达和自我监控机制相关。在一个共情能力得到重视的网络环境中，网民更倾向于在发表意见之前考虑他人的感受，减少发表冒犯性的言论。通过引导，网民可以学习如何在网络上展现更加成熟和负责任的行为，助力建设健康的网络社区环境。这样的内容干预策略有望培育一种更为宽容和负责任的网络文化，预防和减少网络霸凌及其他不文明行为，为打造更加文明的网络环境奠定坚实的基础。

2. 以道德唤醒为干预内容策略

道德唤醒策略侧重于通过道德教育，引导网民在网络环境中作出更加积极、向上的文明行为。在网络文明的背景下，道德唤醒策略能够使在线行为更加积极和负责。良好的道德氛围能够在一定程度上约束网民行为，引导和促使网民自觉遵守网络规范。可以自上而下地引导网民在行为中考虑道德价值观，激发他们的良知，促使他们更加关注和遵守道德规范。

网络社会中网络暴力和恶意行为的频发，以及网络信息的过载，可能会导致道德淡化等，使沟通陷入误解和冲突的泥沼。网络交流的匿名性和虚拟性使网络暴力和恶意行为变得更为普遍。网络上繁复冗杂的信息刺激则容易让网民麻木。在互联网的信息洪流中，网民可能会面临信息过载，这会导致其对道德规范的忽视。信息的繁多和复杂可能会使网民难以集中注意力，陷入对信息的麻木状态。这种状态会使网民在进行网络交流时更容易受到群体情绪等非道德因素的影响，而忽视道德约束。

在这种状况下，道德唤醒显得尤为迫切。通过道德唤醒，可以在网民接收信息的过程中提醒其关注网络文明价值观和网络规范。道德唤醒可以通过突出道德准则、强调社会责任感和共同价值观等方式，帮助网民在信息洪流中保持对道德的敏感性。同时，它还能够激发网民对社会规范的认知和内在责任感。可通过道德唤醒的方式，引导网民避免发表攻击性言论和做出不文明的行为，建立更加友善和文明的网络社区。同时，在信息充斥的环境下，道德唤醒不仅是一种提醒，更是一种引导，引导网民在信息交流中保持对道德的关切和尊重。这有助于预防因信息过载而出现的网络言行失范，促使网民更加理性和负责地参与网络交流。

3. 研究问题的提出

共情提升策略强调情感理解和对沟通技能的培养，致力于提升网民对他人情感的敏感度，使其能够更好地理解他人的感受和需求。通过促进情感共鸣，共情提升策略有助于建立更加紧密的社交网络，创造更加融洽的社区氛围。道德唤醒策略则侧重于引导网民关注道德价值观，通过建立明确的道德规范和规则，强调网民在网络空间中的责任和义务。因此，课题组将进一步探讨第三个研究问题：不同的干预内容对网络文明素养的提升作用是否存在差异？如果存在差异，哪种干预内容的效果会更好？

（四）基于认知—情感—行为的综合素养提升策略探索

1. 基于认知—情感—行为的综合素养提升路径

干预网络不文明行为的策略是一个复杂且多维的过程，涉及干预方式的设计、干预主体的选择以及干预内容的构成。这些因素不是孤立存在的，而是在实际应用中相互交织和相互影响。不同的干预方式，无论是公开谴责，还是私下交流，都会影响网民的认知、情感和行为。不同的干预主体，如官方机构、普通网民和网络微名人，因具有不同的社会地位和影响力，影响网民对网络不文明行为的态度和反应的方式各有差异。同样，不同的干预内容，如共情提升或道德唤醒，因引发的心理机制不同，对网民的认知、情感和行为产生的影响与效果同样存在差异。

认知层面的干预需要提供清晰明确的信息，增强网民对网络不文明行为后果的理解度和知晓度。情感层面的干预，如共情训练，可以帮助网民更好地感受受害者的情绪，激发其同情和愿意采取积极行动的情感。行为层面的干预既包括促使将内部力量（如认知、情感）转化为行动，也包括促使外部力量约束个体行为。

综合认知、情感和行为层面的网络文明素养提升策略，能够构建一个全面的干预框架。这种框架不会止步于表层的规则教育，而是深入促进个体内心的转变。此外，这种策略探索的关键在于，通过多维度的结合，实现对网络不文明行为的有效干预。这不仅有助于立即减少网络不文明行为的发生，而且有助于长期建立更为健康、和谐的网络交流环境。通过这样的干预，可以促使网民在面对网络不文明行为时，做出更为成熟和理性的反应，从而在根本上提升网络社会的整体文明水平。

整体而言，认知层面的干预针对的是人们的认知和理解，通过提供不同的干预内容，提高人们对网络不文明行为后果和社会影响的认识。当人们对某个主题产生更深刻的认识，他们更有可能改变自己的看法，并据此调整自己的行为。情感层面的干预主要关注情感的唤起和共鸣，通过激发同情、同理或愤慨等情感反应，促使个体从情感上反对不文明行为，从而在行为选择上更加偏向于正面的互动。行为层面的干预则主要关注个体实际行动，通过将认知与情感转化为具体行动，促使个体参与具体的网络空间维护与网络文明实践，助力构建更加清朗的网络文明环境。这三个层面的结合提供了一个全面的干预策略，不仅针对个体的外在行为，也触及个体内在的心理和情感过程。认知干预提供知识基础，情感干预激发动机，行为干预则连接这些知识和动机与实际行为。这种多层次的方法有助于实现长期的行为改变，并在社会层面构建更加文明的网络环境。

2. 基于干预方式、主体和内容的交互影响

在网络文明素养提升过程中，干预方式的选择、干预主体的参与和干预内容的设计是互相影响的。各种干预形式都可以激发网民对网络不文明行为的认知、心理和情感反应。这些干预活动不是孤立的，而是在互动中相互强化。

公开的干预方式通常通过媒体、社交平台等渠道，更大限度地实现信息触达，提高信息的曝光度。网民可能更容易注意到这样的干预，形成对网络社会规范的共同认知。公开干预下的道德唤醒，以倡导的方式宣扬网络文明准则与价值观，旨在促进网络社会形成文明共识。公开干预下的共情提升，则可以通过公共论坛和社群，以讲述故事或个人经历的方式，引起网民的共鸣和理解，进一步促进网民就文明问题展开讨论。

而私信的干预方式相对隐秘，只针对个体。相比公开的干预方式，这种方式无法在认知上产生强烈的集体效应，更加侧重个体之间的直接沟通。私信干预下的道德唤醒，能够专门性地起到提醒作用，让对方对特定行为产生道德考虑，也能够以更加开放和建设性的方式对其进行网络文明倡议。私信干预下的共情提升，则能够在双方之间形成更加亲密的关系，使双方倾听、理解彼此的观点和感受，共同探讨网络文明素养问题，形成更加紧密的联结。因此，课题组对此提出第四个研究问题：在不同的干预方式下，不同的干预内容对网络文明素养的提升作用是否存在差异？如果存在差异，哪种干预内容的效果会更好？

此外，在不同的干预方式下，不同的干预主体可能产生不同的效果。在公开的条件下，网络微名人能以亲和力与影响力兼备的形象出现，其道德唤醒和共情提升更容易引起关注者的共鸣。然而，其干预可能主要在小部分群体内有

效果。普通网民群体若聚集起来，能够形成更大的声音，影响更广泛的受众。而官方机构的声音通常具有较高的权威性，尤其是在法律规范和公共政策方面。官方机构可以通过制定法规、采取行政措施等，对涉及道德问题的行为进行直接的、有力的制约。

在私信的条件下，网络微名人更能够直接影响被干预者，尤其是其直接关注者。这种方式的私密性，以及网络微名人自身的影响力，可以在一定程度上增加对方接受干预的可能性。而普通网民通过私信，可以更个人化地表达对某些网络行为的关切，站在第三视角，尽量公正地阐述事情的全貌，引起被干预者的共鸣。官方机构通过私信的方式，可能更容易进行个别的调解和解释，减少公开争端的可能。更重要的是，私信方式有助于官方机构在处理敏感道德问题时，更好地保护当事人的隐私。因此，课题组将继续探究第五个研究问题：在不同的干预方式下，不同的干预主体对网络文明素养的提升作用是否存在差异？如果存在差异，哪种干预主体的效果会更好？

最后，在不同主体的干预下，不同的干预内容也可能产生不同效果。官方机构以特有的权威性，通过公告、宣传等方式，强调网络文明的重要性，在心理层面激发网民的社会责任感。同时，官方机构以强调社会责任感、呼吁网民考虑他人感受等方式，打造互相体贴和共情的网络环境，在情感层面引发网民对社会规范的共鸣。

网络微名人可以通过展示自己遵循道德准则的行为，对其关注者进行道德唤醒；可以发表关于道德价值观和行为规范的言论，强调对特定网络行为的道德责任；可以通过以身作则的方式，在社交平台上塑造积极的形象，为其关注者传递积极向上的价值观，从而在道德唤醒方面发挥积极的作用。此外，网络微名人可以通过分享自身或他人的真实故事，引起粉丝的共鸣，促使他们在道德层面产生共情；可以通过强亲和力的言行，与其关注者建立更为亲密的关系。

相较于官方机构、网络微名人等，普通网民更贴近普通公众。普通网民可以通过个人的言辞或行为，向当事人传达信息，促使其反思和改正。此外，普通网民可以通过理解当事人的处境和动机，以共情的方式表达理解与支持，或以建设性的方式提供意见和建议，帮助当事人更好地理解他人立场，促进彼此在网络文明行为问题上达成一致的认知。

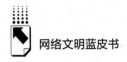

综上，课题组提出最后一个研究问题：在不同的干预主体下，不同的干预内容对网络文明素养的提升作用是否存在差异？如果存在差异，哪种干预内容的效果会更好？

五 深圳市民网络文明素养提升的实验设计

基于前文对网络文明素养提升理论、策略方面的探索，课题组有针对性地开展网络文明素养提升干预，面向951名网民进行了模拟式行为实验干预，通过实验检验干预方式、干预主体、干预内容的差异化干预效果，共情提升和道德唤醒在网络暴力抑制上的作用，以及旁观者效应、网络微名人效应、社会规范效应等在网络文明促进上的效能。

（一）实验准备

1. 实验材料设计

本实验对2022年8月11日糖水爷爷事件进行改编，设计了一名网友在下班路上偶遇一家经济实惠的糯米饭团摊子，购买后在社交媒体平台上对该摊子进行宣传，从而引发网友对摊主及摊子进行热议的事件，由此展开网络不文明行为干预实验。实验材料包括引子事件正文、引子事件评论区、干预材料以及《2023深圳市网络行为研究》问卷。

（1）实验刺激物-引子事件正文。引子事件正文以一名普通网民的视角展开，以文字的形式描述了该网民下班路上遇见的糯米饭团摊子售卖的糯米饭团的价格、材料，以及该网民对摊主及其食品进行的夸赞，以图片的形式展示了摊子上放置的食材、摊主露出的一只手、已经制作完成的糯米饭团及其食材。

（2）实验刺激物-引子事件评论区。引子事件评论区设置6名用户，分别对摊主本人及其食材、家人做出不同程度的网络不文明行为，呈现网络攻击的状态。其中，程度较轻的网络不文明评论主要使用讽刺的语句和表情，程度较重的网络不文明评论包含一些明显的辱骂、咒骂等不文明用语。

（3）实验刺激物-干预材料。基于对网络文明素养提升策略路径的研究，本实验采用2（干预方式：公开、私信）×3（干预主体：官方机构、普通网民、网络微名人）×2（干预内容：共情提升、道德唤醒）的方式，共设计了12份不同的干预材料。干预材料通过图片形式，展示不同干预主体在公共平台上以公开或私信的干预方式，用以共情提升或道德唤醒为干预内容的信息策略对网络不文明行为进行的回复（见表1）。

表1 实验材料设计

信息策略	干预方式	干预主体	干预内容
共情提升	公开	官方机构	你好，我是微博管理员，偶然看到了你的评论。当我看到这条评论时，我感到有些不舒服，我想当事人可能会感到更不舒服。或许删掉这条评论，保留一份对他人的善意，会更好些。
	私信		你好，我是微博管理员，偶然看到了你的评论。当我看到这条评论时，我感到有些不舒服，我想当事人可能会感到更不舒服。或许删掉这条评论，保留一份对他人的善意，会更好些。
	公开	普通网民	你好，我是一位普通网民，偶然看到了你的评论。当我看到这条评论时，我感到有些不舒服，我想当事人可能会感到更不舒服。或许删掉这条评论，保留一份对他人的善意，会更好些。
	私信		你好，我是一位普通网民，偶然看到了你的评论。当我看到这条评论时，我感到有些不舒服，我想当事人可能会感到更不舒服。或许删掉这条评论，保留一份对他人的善意，会更好些。
	公开	网络微名人	你好，我是一位普通的橙V用户——80号安全卫士，偶然看到了你的评论。当我看到这条评论时，我感到有些不舒服，我想当事人可能会感到更不舒服。或许删掉这条评论，保留一份对他人的善意，会更好些。
	私信		你好，我是一位普通的橙V用户——80号安全卫士，偶然看到了你的评论。当我看到这条评论时，我感到有些不舒服，我想当事人可能会感到更不舒服。或许删掉这条评论，保留一份对他人的善意，会更好些。

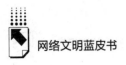
续表

信息策略	干预方式	干预主体	干预内容
道德唤醒	公开	官方机构	你好,我是微博管理员,偶然看到了你的评论。当我看到这条评论时,我在想这是不是有些不道德,可能会对当事人造成一定的伤害。或许删掉这条评论,保留一份对他人的尊重,会更好些。
	私信		你好,我是微博管理员,偶然看到了你的评论。当我看到这条评论时,我在想这是不是有些不道德,可能会对当事人造成一定的伤害。或许删掉这条评论,保留一份对他人的尊重,会更好些。
	公开	普通网民	你好,我是一位普通网民,偶然看到了你的评论。当我看到这条评论时,我在想这是不是有些不道德,可能会对当事人造成一定的伤害。或许删掉这条评论,保留一份对他人的尊重,会更好些。
	私信		你好,我是一位普通网民,偶然看到了你的评论。当我看到这条评论时,我在想这是不是有些不道德,可能会对当事人造成一定的伤害。或许删掉这条评论,保留一份对他人的尊重,会更好些。
	公开	网络微名人	你好,我是一位普通的橙 V 用户——80 号安全卫士,偶然看到了你的评论。当我看到这条评论时,我在想这是不是有些不道德,可能会对当事人造成一定的伤害。或许删掉这条评论,保留一份对他人的尊重,会更好些。
	私信		你好,我是一位普通的橙 V 用户——80 号安全卫士,偶然看到了你的评论。当我看到这条评论时,我在想这是不是有些不道德,可能会对当事人造成一定的伤害。或许删掉这条评论,保留一份对他人的尊重,会更好些。

2.实验材料预测试

（1）实验材料测试。实验共分为四个部分，旨在了解深圳网民对网络不文明行为的认知、情感和行为反应，以便后续实验进行更进一步的了解。问卷内容包括基本情况调查、对网络不文明信息的认知程度、对网络不文明信息所造成后果的认知程度、对网络不文明信息的支持程度等。

（2）实验平台合作。本实验基于对目前中国某活跃的社交媒体平台社区管理团队的调研设计并开展。首先，对该社交媒体平台官方账号的功能属性和优缺点进行深入了解，以便对官方机构干预材料的信息设计进行较为合理的调整。其次，与该社交媒体平台商议在特定情境下对网络不文明信息的界定，以对网络不文明信息进行更为清晰的设计规范。最后，了解该社交媒体平台已有的预防或处置网络不文明行为的规则，使实验在更符合实际的情况下进行设计，使被试代入感更强。

3. 实验具体流程（见图1）

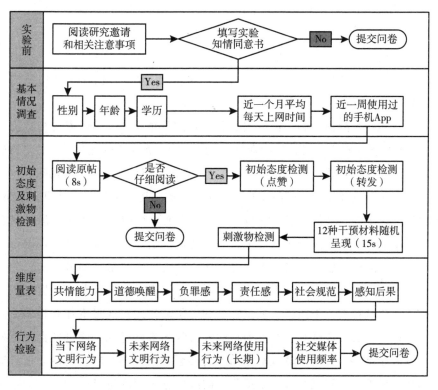

图1 实验操作流程

（1）实验引子材料阅读。被试打开问卷后，阅读研究邀请和相关注意事项，而后填写实验知情同意书，正式开始实验。首先，被试用至少8秒时间查看帖子正文，了解具体事件。然后，被试用至少5秒时间查看帖子正文下的评论区，了解每位用户的评论内容，并根据评论内容判断用户行为改变的可能性。

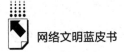

（2）实验对象随机分配。完成以上操作后，让对网络不文明信息存在一定程度支持行为的被试进入下一环节。在该环节中，被试被随机分配到12种干预实验条件下，收到不同的干预信息，分别是普通网民以私信的方式发送的道德唤醒干预信息、普通网民以私信的方式发送的共情提升干预信息、普通网民以公开的方式发送的道德唤醒干预信息、普通网民以公开的方式发送的共情提升干预信息、网络微名人以公开的方式发送的共情提升干预信息、网络微名人以公开的方式发送的道德唤醒干预信息、网络微名人以私信的方式发送的道德唤醒干预信息、网络微名人以私信的方式发送的共情提升干预信息、官方机构以公开的方式发送的共情提升干预信息、官方机构以私信的方式发送的道德唤醒干预信息、官方机构以公开的方式发送的道德唤醒干预信息、官方机构以私信的方式发送的共情提升干预信息。

（3）实验刺激物检测。被试先查看收到的干预材料，随后进行刺激物检测，以确保被试对干预材料阅读到位且理解正确。无法正确理解干预材料的被试的干预方式、干预主体、干预内容答卷，将在后期数据分析环节剔除。

（4）实验具体测量。刺激物检测结束后，被试将从共情能力、道德唤醒、负罪感、责任感、社会规范、感知后果六个方面进行回答，测试干预材料在何种程度上在哪些方面给被试带来影响。通过共情能力检验，测试在进行干预后，被试的换位思考、与当事人将心比心程度；通过道德唤醒检验，测试在进行干预后，被试对网络不文明行为在道德层面的认知和判断；通过负罪感检验，测试在进行干预后，被试感受到的负罪情绪；通过责任感检验，测试在进行干预后，被试对自身行为和他人行为的责任感知；通过社会规范检验，测试在进行干预后，被试所感知到的社会对网络不文明行为的态度；通过感知后果检验，测试在进行干预后，被试所感知到的自身行为可能会带来的后果。

而后，对被干预后的被试的行为进行检测，被试需要依据自身观念和想法回答收到干预材料后可能展开的行为，以及未来遇到类似事件后可能产生的行为。然后，通过六个问题，了解被试在未来的网络使用中网络文明素养提升的程度。最后，了解被试在各社交媒体中公开发表言论的频率，并鼓励被试留下联系方式，以进行进一步的访谈。

4. 实验测量量表

本实验基于《2023 深圳市网络行为研究》问卷进行。该问卷共分为四个部分。第一部分为被试基本情况调查，内容项包含性别、年龄、学历、近一个月平均每天上网时间、近一周使用过的手机 App。第二部分为被试初始态度及刺激物检测，首先向被试展示原帖，通过矩阵量表题，检测被试对网络不文明行为的初始态度。然后，进行刺激物检测，测试被试对干预材料的理解。第三部分为维度量表，分别从共情能力、道德唤醒、负罪感、责任感、社会规范、感知后果六个方面进行检验，测试干预材料对被试哪些方面产生了何种程度的影响，并在其中插入检测被试是否认真填写问卷的题目。第四部分为行为检验，测试在被干预后，被试当下和未来的行为反应。

其中，共情能力的测量参照 Tian & Robertson 的研究[①]，主要是通过"设身处地地考虑摊主的感受""试图从摊主的角度看事情""想去善待并关心摊主""为摊主感到难过"4 个题项进行测量。道德唤醒的测量参照 Francisco et al. 的研究[②]，涉及的题项有"在网上发布攻击性评论是不道德行为""在网上嘲笑他人为了让自己感觉更好，是不合适的"等。负罪感的测量参照 Nancy Eisenberg 对道德情绪的分类，主要测量"感到惭愧""感到后悔""感到自责""感到兴奋""感到忧虑""感到愤怒"等情绪感受[③]。此外，参照其他相关研究，责任感衡量人们对网上转发或评论行为的内在责任心，具体题项有"我应该对自己转发的内容负责""我应该对评论所带来的后果负责"等。社会规范的测量题项包括"现在社会上很多人斥责网络恶意评论""现在社会上很多人认为网络恶意评论是不正确的"等。感知后果测量给当事人、自身账号和自身带来的后果，具体题项有"我转发的内容会对当事人造成不良后果""我转发的内容会对自己的账号产生不良后果""我转发的内容会对自己产生不良后果（如承担法律责任）"等。

---

① Q. Tian and J. L. Robertson, "How and When Does Perceived CSR Affect Employees' Engagement in Voluntary Pro-environmental Behavior?" *Journal of Business Ethics* 155 (2019): 399-412.

② S. M. Francisco, P. da Costa Ferreira, A. M. Veiga Simão, and N. S. Pereira, "Measuring Empathy Online and Moral Disengagement in Cyberbullying," *Frontiers in Psychology* 14 (2023): 1061482.

③ N. Eisenberg, "Emotion, Regulation, and Moral Development," *Annual Review of Psychology* 51 (2000): 665-697.

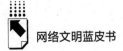

在干预效果层面，实验测量了八个方面的即刻行为效果表现，包括认同回复的内容、反思转发的内容、删除转发的内容、感谢回复发送者、劝阻其他恶意评论发送者、在原帖下再发一条正面评论、忽略回复的内容以及驳斥回复的内容。在未来行为效果上，实验测量了实验对象的未来亲社会行为，如支持和保护被攻击对象等；在更长期的效果层面，实验关注实验对象在未来交往中的行为表现，如在网络上与他人交谈时，会更加注意尽量避免伤害到他人、耐心地倾听对方的意见和看法、多从他们的角度看事情等。

（二）实验设计与实验对象招募

1. 实验设计

实验设计基于前人研究，细化为三个主要维度：干预方式（公开、私信）、干预主体（官方机构、普通网民、网络微名人）和干预内容（共情提升、道德唤醒）。实验设计采用了2×3×2的三维因子设计模式。其中，第一个因子为干预方式，包括公开干预和私信干预。公开干预指在社交平台上对所有网民可见的信息发布，如公告、讨论帖或社交媒体动态。私信干预则是直接向特定网民发送个人化信息，这种干预更为私密，直接针对个别网民。第二个因子为干预主体，包括官方机构、普通网民和网络微名人。第三个因子为干预内容，包括共情提升和道德唤醒。共情提升注重激发网民对受影响群体或个体的理解和同情，通过故事讲述、情景模拟等方式实现。道德唤醒则侧重于提升网民对网络不文明行为后果的认知，强化其对网络不文明行为的道德评价和自我约束。通过问卷设置，实验对象随机扮演实验中的某一类干预主体，参与到对应干预情景中。这样的设计用于探讨官方机构、普通网民和网络微名人这三类不同干预主体如何影响网络文明素养的提升效果，评估不同主体发布的干预信息对网民网络文明素养提升的影响力，以及是否存在干预主体和干预方式或干预内容之间的交互作用。

2. 实验对象招募

在实验对象的招募方面，课题组利用一个覆盖约300万用户的网络平台，成功招募了所需的实验参与者，共951名。实验对象通过微信端接收问卷调查链接，参与实验。为确保问卷填答的有效性，问卷填答时间少于150s的问卷被视为无效问卷，不纳入数据分析范围。

六 深圳市民网络文明素养提升实验研究

（一）实验对象描述

1. 实验对象整体描述和性别结构

本次实验对象的纳入标准是：（1）年龄大于或等于 14 周岁；（2）网民群体，即平均每周上网一小时及以上。实验对象为 951 名网民，其中，包含 384 名男性，占总样本的 40.38%；567 名女性，占总样本的 59.62%（见表 2）。

表 2　实验对象性别分布情况

	公开	私信	共情提升	道德唤醒	官方机构	普通网民	网络微名人	对照组	总计
男　性	174	188	180	182	106	126	130	22	384
女　性	265	266	255	276	187	177	167	36	567
总　计	439	454	435	458	293	303	297	58	951

2. 实验对象年龄结构

951 名实验对象平均年龄为 31 岁，最小年龄为 14 岁，最大年龄为 72 岁。其中，19 岁及以下 48 人，占 5.05%；20~29 岁 434 人，占 45.64%；30~39 岁 318 人，占 33.44%；40~49 岁 76 人，占 7.99%；50 岁及以上 75 人，占 7.89%（见表 3）。

表 3　实验对象年龄分布情况

	公开	私信	共情提升	道德唤醒	官方机构	普通网民	网络微名人	对照组	总计
19 岁及以下	18	27	27	20	12	12	22	1	48
20~29 岁	197	208	186	217	136	135	133	31	434
30~39 岁	153	150	161	142	99	105	99	15	318
40~49 岁	35	33	29	39	27	21	20	8	76
50 岁及以上	36	36	32	40	19	30	23	3	75
总　计	439	454	435	458	293	303	297	58	951

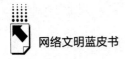

3. 实验对象学历结构

在951名实验对象中,初中学历的占0.32%,普高/中专/技校/职高学历的占5.36%,专科学历的占6.73%,本科学历的占70.66%,研究生学历的占16.93%(见表4)。

表4 实验对象学历分布情况

	公开	私信	共情提升	道德唤醒	官方机构	普通网民	网络微名人	对照组	总计
初中	0	2	2	0	0	1	1	1	3
普高/中专/技校/职高	23	28	24	27	20	21	10	0	51
专科	26	36	33	29	19	28	15	2	64
本科	307	318	308	317	207	198	220	47	672
研究生	83	70	68	85	47	55	51	8	161
总　计	439	454	435	458	293	303	297	58	951

4. 实验对象近一个月平均每天上网时间

951名实验对象近一个月平均每天上网5.58小时。其中,平均每天上网3小时及以下204人,占21.45%;平均每天上网3~6小时(含)467人,占49.11%;平均每天上网6~9小时(含)221人,占23.24%;平均每天上网9小时以上59人;占6.20%(见表5)。

表5 实验对象近一个月平均每天上网时间

单位:人,%

	人数	所占比例
3小时及以下	204	21.45
3~6小时(含)	467	49.11
6~9小时(含)	221	23.24
9小时以上	59	6.20
总　计	951	100.00

5. 实验对象手机 App 使用情况

本次调查也收集了 951 名实验对象近一周的手机 App 使用情况。其中，近一周使用最多的手机 App 是微信和抖音，98.53% 的实验对象近一周使用过微信，85.28% 的实验对象近一周使用过抖音（见图 2）。

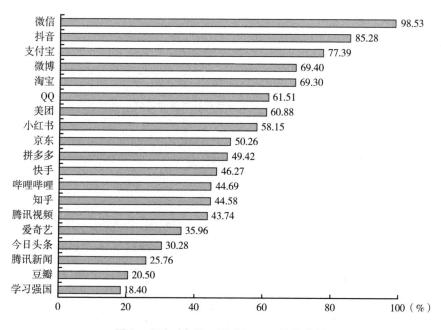

图 2　实验对象近一周手机 App 使用比例

此外，我们对实验对象在各种社交媒体平台公开发布、转发或评论内容的频率进行了统计，500 名实验对象（占 52.58%）经常在抖音平台公开发布、转发或评论内容，频率最高（见表 6、图 3）。

表 6　实验对象在各种社交媒体平台公开发布、转发或评论内容情况

	经常	有时	偶尔	从不
微博	266	327	241	117
今日头条	106	249	298	298
知乎	134	275	315	227
抖音	500	258	134	59

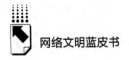

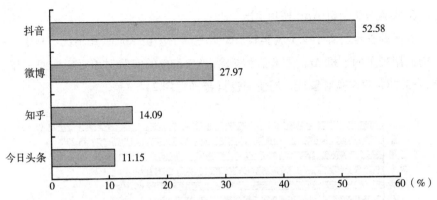

图 3　实验对象经常在各种社交媒体平台公开发布、转发或评论内容比例

（二）实验描述性与统计性分析结果

1. 各变量的描述性分析

本实验涉及的主要变量包括共情能力、道德唤醒、负罪感、责任感、社会规范、感知后果、当下网络文明行为、未来网络文明行为、未来网络使用行为。其中，除当下网络文明行为各题项采用分类变量形式（是/否/不确定）测量，其余变量题项均采用李克特五级量表测量。为确保问卷测量的科学性与可验证性，负罪感的题项采用了反向设问的方法。描述性分析结果显示，各变量在李克特五级量表上的得分均值均大于 4。其中，未来网络文明行为、未来网络使用行为在李克特五级量表上的得分均值分别为 4.28（SD = 0.58）、4.35（SD = 0.37）（见表 7）。

表 7　各变量的描述性分析结果

变量	M±SD	变量	M±SD
共情能力	4.24±0.53	感知后果	4.01±0.74
道德唤醒	4.47±0.39	当下网络文明行为	6.95±1.77
负罪感	4.21±0.59	未来网络文明行为	4.28±0.58
责任感	4.35±0.40	未来网络使用行为	4.35±0.37
社会规范	4.28±0.57		

2. 实验整体干预效果分析：干预组和对照组

实验干预效果将根据干预组与对照组各变量的数据对比情况进行衡量。在共情能力、道德唤醒、责任感、感知后果、未来网络使用行为维度上，干预组与对照组的表现并无显著差异（见表8）。但与对照组相比，干预后人们在负罪感、社会规范、当下网络文明行为和未来网络文明行为维度上的表现显著提升（$p<0.001$）。

表8　干预组和对照组的行为效果差异

变量	干预组	对照组		
	M±SD	M±SD	t	p
共情能力	4.24±0.02	4.33±0.06	1.35	0.180
道德唤醒	4.47±0.01	4.41±0.05	−1.33	0.180
负罪感	4.24±0.02	3.65±0.04	−7.28	<0.001
责任感	4.35±0.01	4.34±0.04	−0.27	0.770
社会规范	4.37±0.02	2.91±0.04	−24.56	<0.001
感知后果	4.01±0.02	3.93±0.10	−0.83	0.410
当下网络文明行为	7.12±0.06	4.33±0.18	−12.61	<0.001
未来网络文明行为	4.37±0.17	2.90±0.03	−23.29	<0.001
未来网络使用行为	4.35±0.01	4.41±0.03	1.12	0.270

3. 不同干预方式的效果分析：公开组、私信组和对照组

对公开组、私信组和对照组的干预效果进行单因素方差分析，数据分析结果表明，公开与私信形式在负罪感、社会规范、当下网络文明行为和未来网络文明行为上呈现显著差异（$p<0.001$），在其他变量上无显著差异（见表9）。

表9　公开组、私信组和对照组干预效果差异

变量	公开组	私信组	对照组		
	M±SD	M±SD	M±SD	F	p
共情能力	4.23±0.03	4.24±0.02	4.33±0.06	0.96	0.384
道德唤醒	4.48±0.02	4.47±0.02	4.41±0.05	0.89	0.413
负罪感	4.23±0.03	4.25±0.03	3.65±0.04	26.56	<0.001
责任感	4.36±0.02	4.35±0.02	4.34±0.04	0.10	0.905

续表

变量	公开组	私信组	对照组		
	M±SD	M±SD	M±SD	F	p
社会规范	4.38±0.02	4.37±0.02	2.91±0.04	293.86	<0.001
感知后果	4.03±0.04	4.00±0.03	3.93±0.10	0.46	0.632
当下网络文明行为	7.15±0.08	7.10±0.07	4.32±0.18	79.61	<0.001
未来网络文明行为	4.39±0.02	4.36±0.02	2.90±0.03	272.01	<0.001
未来网络使用行为	4.35±0.02	4.35±0.01	4.41±0.03	0.64	0.526

尽管整体均值的差异不大，但从具体对比情况来看，与对照组（M=4.33，SD=0.06）相比，公开组（M=4.23，SD=0.03）和私信组（M=4.24，SD=0.02）的共情能力较低。而在道德唤醒方面，公开组（M=4.48，SD=0.02）的得分依次高于私信组（M=4.47，SD=0.02）和对照组（M=4.41，SD=0.05）。可以看出，在对网民的道德唤醒上，公开的方式策略呈现良好的效果。此外，在干预后的当下网络文明行为方面，公开组（M=7.15，SD=0.08）的得分依次高于私信组（M=7.10，SD=0.07）和对照组（M=4.32，SD=0.18）。可见，在当下网络文明行为的改进上，公开的方式策略呈现较为良好的干预效果。

4.不同干预主体的效果分析：官方机构、普通网民、网络微名人和对照组

对官方机构组、普通网民组、网络微名人组和对照组的干预效果进行单因素方差分析，数据分析结果表明，官方机构、普通网民、网络微名人在负罪感、社会规范、当下网络文明行为和未来网络文明行为上呈现显著差异（p<0.001），在其他变量上无显著差异（见表10）。

表10　官方机构组、普通网民组、网络微名人组和对照组干预效果差异

变量	官方机构组	普通网民组	网络微名人组	对照组		
	M±SD	M±SD	M±SD	M±SD	F	p
共情能力	4.25±0.03	4.24±0.03	4.22±0.03	4.33±0.06	0.74	0.528
道德唤醒	4.47±0.03	4.46±0.02	4.50±0.02	4.41±0.05	1.16	0.323
负罪感	4.23±0.04	4.24±0.03	4.25±0.04	3.65±0.04	17.65	<0.001
责任感	4.36±0.02	4.35±0.02	4.34±0.03	4.34±0.04	0.16	0.926

变量	官方机构组	普通网民组	网络微名人组	对照组		
	M±SD	M±SD	M±SD	M±SD	F	p
社会规范	4.38±0.03	4.36±0.03	4.39±0.03	2.91±0.04	196.10	<0.001
感知后果	4.03±0.04	3.99±0.04	4.02±0.04	3.93±0.10	0.45	0.717
当下网络文明行为	7.10±0.10	7.09±0.09	7.19±0.10	4.33±0.18	53.19	<0.001
未来网络文明行为	4.42±0.03	4.36±0.03	4.35±0.03	2.90±0.03	182.60	<0.001
未来网络使用行为	4.35±0.02	4.35±0.02	4.35±0.02	4.41±0.03	0.42	0.737

尽管整体均值的差异不大，但从具体对比情况来看，在道德唤醒方面，网络微名人组（M = 4.50，SD = 0.02）的得分依次高于官方机构组（M = 4.47，SD = 0.03）、普通网民组（M = 4.46，SD = 0.02）和对照组（M = 4.41，SD = 0.05）。在社会规范方面，网络微名人组（M = 4.39，SD = 0.03）的得分依次高于官方机构组（M = 4.38，SD = 0.03）、普通网民组（M = 4.36，SD = 0.03）和对照组（M = 2.91，SD = 0.04）。可以看出，在对网民的道德唤醒和社会规范方面，网络微名人的主体策略呈现良好的效果。此外，在感知后果方面，官方机构组（M = 4.03，SD = 0.04）的得分依次高于网络微名人组（M = 4.02，SD = 0.04）、普通网民组（M = 3.99，SD = 0.04）和对照组（M = 3.93，SD = 0.10）。在未来网络文明行为上，官方机构组（M = 4.42，SD = 0.03）的得分依次高于普通网民组（M = 4.36，SD = 0.03）、网络微名人组（M = 4.35，SD = 0.03）和对照组（M = 2.90，SD = 0.03）。可见，在感知后果和未来网络文明行为改进上，官方机构的主体策略呈现较为良好的效果。

5. 不同干预内容的效果分析：共情提升组、道德唤醒组和对照组

对共情提升组、道德唤醒组和对照组的干预效果进行单因素方差分析，数据分析结果表明，共情提升和道德唤醒内容策略在负罪感、社会规范、当下网络文明行为和未来网络文明行为上呈现显著差异（$p<0.001$），在其他变量上无显著差异（见表11）。

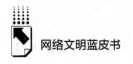
表 11 共情提升组、道德唤醒组和对照组干预效果差异

变量	共情提升组	道德唤醒组	对照组		
	M±SD	M±SD	M±SD	F	p
共情能力	4.27±0.02	4.20±0.03	4.33±0.06	3.19	0.042
道德唤醒	4.47±0.02	4.48±0.02	4.41±0.05	0.95	0.389
负罪感	4.22±0.03	4.26±0.03	3.65±0.04	26.91	<0.001
责任感	4.35±0.02	4.35±0.02	4.34±0.04	0.06	0.944
社会规范	4.38±0.02	4.37±0.02	2.91±0.04	294.06	<0.001
感知后果	4.01±0.04	4.02±0.03	3.93±0.10	0.37	0.688
当下网络文明行为	7.17±0.08	7.07±0.07	4.33±0.18	79.99	<0.001
未来网络文明行为	4.36±0.02	4.39±0.02	2.90±0.03	271.48	<0.001
未来网络使用行为	4.37±0.02	4.33±0.02	4.41±0.03	1.45	0.235

尽管整体均值的差异不大，但从具体对比情况来看，在道德唤醒方面，道德唤醒组（M=4.48，SD=0.02）的得分依次高于共情提升组（M=4.47，SD=0.02）和对照组（M=4.41，SD=0.05）。可以看出，在对网民的道德唤醒上，道德唤醒的内容策略呈现良好的效果。在社会规范方面，共情提升组（M=4.38，SD=0.02）的得分依次高于道德唤醒组（M=4.37，SD=0.02）和对照组（M=2.91，SD=0.04）。此外，在干预后的当下网络文明行为方面，共情提升组（M=7.17，SD=0.08）的得分依次高于道德唤醒组（M=7.07，SD=0.07）和对照组（M=4.33，SD=0.18）。可见，在当下网络文明行为的改进上，共情提升的内容策略呈现较为良好的效果。

6. 全组和对照组的干预效果差异

对全组和对照组的干预效果进行单因素方差分析，数据分析结果表明，全组在负罪感、社会规范、当下网络文明行为和未来网络文明行为上呈现显著差异（$p<0.001$），在其他变量上无显著差异（见表12）。

在公开的干预方式下，网络微名人＊共情提升组（M=4.43，SD=0.05）的社会规范得分依次高于官方机构＊共情提升组（M=4.41，SD=0.05）、网络微名人＊道德唤醒组（M=4.39，SD=0.05）、普通网民＊道德唤醒组（M=4.36，SD=0.07）、普通网民＊共情提升组（M=4.34，SD=0.05）和官方机构＊道德唤醒组（M=4.34，SD=0.05）。而在私信的干预方式下，官方机构＊道

表12 全组和对照组干预效果差异

变量	对照组 M±SD	1组 M±SD	2组 M±SD	3组 M±SD	4组 M±SD	5组 M±SD	6组 M±SD	7组 M±SD	8组 M±SD	9组 M±SD	10组 M±SD	11组 M±SD	12组 M±SD	F	p
共情能力	4.33±0.06	4.27±0.05	4.21±0.05	4.23±0.06	4.26±0.05	4.33±0.06	4.20±0.06	4.16±0.06	4.21±0.07	4.28±0.07	4.25±0.07	4.10±0.08	4.37±0.04	1.41	0.153
道德唤醒	4.41±0.05	4.44±0.04	4.45±0.04	4.48±0.03	4.45±0.04	4.53±0.03	4.48±0.03	4.49±0.05	4.49±0.05	4.40±0.07	4.46±0.06	4.52±0.03	4.51±0.05	1.16	0.726
负罪感	3.65±0.04	4.33±0.05	4.17±0.07	4.29±0.05	4.17±0.07	4.19±0.08	4.26±0.08	4.26±0.05	4.28±0.08	4.28±0.07	4.22±0.07	4.20±0.08	4.25±0.08	17.65	<0.001
责任感	4.34±0.04	4.38±0.05	4.31±0.05	4.37±0.04	4.34±0.05	4.34±0.06	4.39±0.04	4.32±0.05	4.32±0.06	4.37±0.05	4.34±0.04	4.33±0.05	4.41±0.03	0.16	0.967
社会规范	2.91±0.04	4.38±0.06	4.35±0.05	4.36±0.07	4.34±0.05	4.43±0.05	4.39±0.05	4.37±0.05	4.37±0.07	4.41±0.05	4.35±0.05	4.34±0.05	4.41±0.05	196.10	<0.001
感知后果	3.93±0.10	3.91±0.09	3.93±0.10	4.09±0.08	4.01±0.09	3.98±0.10	4.07±0.07	3.98±0.08	4.05±0.09	4.03±0.08	4.11±0.07	3.96±0.09	4.04±0.09	0.45	0.881
当下网络文明行为	4.33±0.18	6.89±0.18	7.43±0.19	7.13±0.18	6.89±0.18	7.01±0.21	7.32±0.20	7.04±0.16	7.37±0.22	7.40±0.25	6.93±0.16	7.13±0.20	6.92±0.17	0.73	<0.001
未来网络文明行为	2.90±0.03	4.34±0.07	4.29±0.06	4.39±0.05	4.39±0.05	4.32±0.07	4.39±0.05	4.40±0.05	4.27±0.07	4.43±0.06	4.37±0.05	4.43±0.05	4.45±0.05	182.60	<0.001
未来网络使用行为	4.41±0.03	4.35±0.04	4.33±0.04	4.37±0.04	4.34±0.04	4.38±0.04	4.36±0.04	4.30±0.05	4.38±0.05	4.36±0.05	4.33±0.04	4.31±0.05	4.40±0.03	0.42	0.845

注：1组＝普通网民＊道德唤醒；2组＝普通网民＊私信＊道德唤醒；3组＝普通网民＊公开＊共情提升；4组＝普通网民＊公开＊共情提升；5组＝网络微名人＊公开＊共情提升；6组＝网络微名人＊私信＊共情提升；7组＝官方机构＊私信＊道德唤醒；8组＝网络微名人＊私信＊道德唤醒；9组＝官方机构＊公开＊道德唤醒；10组＝官方机构＊私信＊道德唤醒；11组＝官方机构＊公开＊共情提升；12组＝官方机构＊私信＊共情提升。

德唤醒组（M=4.11，SD=0.07）的感知后果得分依次高于网络微名人＊共情提升组（M=4.05，SD=0.09）、官方机构＊共情提升组（M=4.04，SD=0.09）、网络微名人＊道德唤醒组（M=3.98，SD=0.08）、普通网民＊共情提升组（M=3.93，SD=0.10）和普通网民＊道德唤醒组（M=3.91，SD=0.09）。可以看出，以公开的方式进行干预时，网络微名人＊共情提升的主体内容策略呈现良好的效果；而以私信的方式进行干预时，官方机构＊道德唤醒的主体内容策略呈现良好的效果。

在官方机构的干预主体下，公开＊共情提升组（M=7.40，SD=0.25）在当下网络文明行为上的得分依次高于公开＊道德唤醒组（M=7.13，SD=0.20）、私信＊道德唤醒组（M=6.93，SD=0.16）和私信＊共情提升组（M=6.92，SD=0.17）。在普通网民的干预主体下，私信＊共情提升组（M=7.43，SD=0.19）在当下网络文明行为上的得分依次高于公开＊道德唤醒组（M=7.13，SD=0.18）、私信＊道德唤醒组（M=6.89，SD=0.18）和公开＊共情提升组（M=6.89，SD=0.18）。在网络微名人的干预主体下，私信＊共情提升组（M=7.37，SD=0.22）在当下网络文明行为上的得分依次高于公开＊道德唤醒组（M=7.32，SD=0.20）、私信＊道德唤醒组（M=7.04，SD=0.16）和公开＊共情提升组（M=7.01，SD=0.21）。整体而言，当官方机构为干预主体时，公开＊共情提升的方式和内容策略呈现良好的干预效果；当普通网民和网络微名人为干预主体时，私信＊共情提升的方式和内容策略呈现良好的干预效果。

在共情提升的干预内容下，私信＊官方机构组（M=4.37，SD=0.04）的共情能力得分依次高于公开＊网络微名人组（M=4.33，SD=0.06）、公开＊官方机构组（M=4.28，SD=0.07）、公开＊普通网民组（M=4.26，SD=0.05）、私信＊普通网民组（M=4.21，SD=0.05）、私信＊网络微名人组（M=4.21，SD=0.07）。可以看出，在提升网民共情能力上，私信＊官方机构的方式和主体策略呈现良好的效果。在道德唤醒的干预内容下，公开＊官方机构（M=4.52，SD=0.03）的道德唤醒得分依次高于私信＊网络微名人组（M=4.49，SD=0.05）、公开＊网络微名人组（M=4.48，SD=0.03）、公开＊普通网民组（M=4.48，SD=0.03）、私信＊官方机构组（M=4.46，SD=0.06）和私信＊普通网民组（M=4.44，SD=0.04）。可以看出，在提升网民道德唤醒能力上，公开＊官方机构的方式和主体策略呈现良好的效果。

（三）实验研究小结

课题组针对网络空间存在的不文明现象，开展了模拟式行为实验干预，通过对951名网民的精准干预，验证了干预的有效性，揭示了干预方式、主体、内容在网络文明素养提升效能上的差异化影响。课题组重点探讨了共情提升和道德唤醒在减少网络暴力行为上的作用，以及官方机构、普通网民、网络微名人等不同干预主体在网络文明促进上的效能。

实验结果表明，相比未经干预的对照组，采用具有一定柔性的网络不文明行为干预策略的干预组在负罪感、社会规范认知上有显著提升。干预组在负罪感和社会规范意识方面明显增强，表明他们在网络行为上更加考虑道德和社会责任。研究结果有助于提出一条基于网络心理的认知—情感—行为干预路径，该路径不仅能为减少网络暴力提供有效工具，还有助于促进参与者在道德情绪和社会规范意识上的正向发展。

此外，课题组还发现干预组在当下网络文明行为、未来网络文明行为和未来网络使用行为上均有所改善。这意味着干预不仅对网民当前行为产生影响，而且对其长期网络行为习惯和能力产生积极影响。特别值得注意的是，共情提升策略、网络微名人效应和想象受众效应等工具在提升网络文明素养方面发挥了关键作用。这些策略不仅在不同的网络文明结果上有所侧重，还启发了网民对网络文明素养的重视，进一步促进了网络环境的健康发展。这些研究发现可以对提升网民网络文明素养做出积极贡献，为营造网络文明新风尚奠定基础；不仅能增强我们对网络干预策略有效性的理解，也可以为未来的网络文明素养提升行动提供科学依据。

七 深圳市民网络文明素养提升方案与建议

为了进一步提升网络文明素养，课题组针对网络空间中的一些不文明现象，开展了网络文明素养提升干预实验，面向951名网民进行了模拟式行为实验干预，针对问题痛点，探究了干预方式、干预主体、干预内容的差异化干预效果，探索了共情提升和道德唤醒对抑制网络暴力的作用，以及官方机构、普通网民、网络微名人等不同干预主体在网络文明促进上的效能，提出一条基于

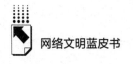
网络心理的认知—情感—行为干预路径,旨在进一步提升深圳市民网络文明素养,营造网络文明新风尚。

(一)网络文明素养提升核心理念

在网络文明素养提升领域中,课题组探索研究了一些核心理念。这些理念标志着从过去的强制管理到现在更为细腻的柔性引导的转变。首先,单纯的网络行为治理,如制定规则和惩罚机制,虽然能够在短期内抑制不良行为,但忽视了网民内在素养的提升。从单纯的行为治理向全面的素养提升转变,不仅涉及行为的外在规范,更重要的是提升网民的自我认知、道德判断和情感共鸣能力。其次,在网络文明素养提升过程中,应注重从粗放式的管理到策略化的牵引转变,以更加精准和有目的地设计干预措施。此外,从对负向行为的简单约束转变为正向社会规范的积极引导,能更有效地遏制不良行为,培养有责任感、有同理心、有道德意识的网民。这些核心理念的提出和实践,不仅能推动网络文明素养的提升,也为构建和谐、文明、有序的网络环境提供了新的思路和方法。

1. 从强制管理到柔性引导

网络不文明行为的社会治理,从强制管理转向柔性引导,是顺应社会治理总趋势的必然选择。传统的强制管理模式,如采取关闭账号和网站等措施,虽然能够迅速清除网络空间中的不文明内容,但这种方法具有"一刀切"的特性,往往无法触及问题的根本,即网民网络文明素养的提升。更重要的是,这种强制性措施可能会引发网民的心理抗拒和逆反行为,进而产生更多不文明现象。

相较之下,柔性引导更加注重策略性和人性化,强调通过教育和激励措施,提高网民的自我管理能力和网络文明素养。这种方法更加符合"以人为本"的治理理念,能够有效促进网民内化良好的网络行为规范。柔性引导不仅关注网络环境的即时治理,还重视对网民长期网络行为的正面影响。通过这种方式,可以促进网络空间的长期健康发展,更好地提高网民对网络文明的认同度和参与度。

此外,柔性引导在社会引导作用上的发挥,是其相较于强制管理更为显著的优势。柔性引导强调长远视角和可持续性,通过文化教育、正面激励等手段，构建更为健康、文明的网络环境，从而更有效地促进社会整体文明进步。这种治理模式不仅更符合社会治理的总趋势，更具文明性，也能够更有效地引导社会，产生更好的治理效果。因此，从强制管理到柔性引导的转变，是网络不文明行为社会治理的必然趋势。网络空间是一个复杂的生态系统，需要运用更为细致和人性化的管理方法，促进其长期健康发展。

2. 从行为治理到素养提升

网络文明建设从治理不文明行为转变为提升网络文明素养，标志着社会发展的深刻变革。当前，虽然行为治理在一定程度上减少了网络空间的失序问题，但它并不能完全解决问题。这种治理方式通常仅能对症下药，无法从根本上减少不文明行为的发生。提升网络文明素养旨在综合提升网民的内在素质和规范网民的外在行为，有利于建立一个多维良性循环的网络文明体系。

在网络文明建设上，从简单地应对网络不文明模式发展到综合培养模式，意味着不仅要应对不文明行为，还要系统性地提升网民的规范行为素养、自律及监督素养、公共参与素养、思想素养、道德素养和文化素养。这六个核心维度构成了网民网络文明素养的全貌，是网络文明建设的基础。网络空间不仅是信息的交流场所，也是文明互动的社区。每个网民都是这个社区的创造者，每个网民的素养都对网络文明建设有不可忽视的影响。

进一步地，网络文明建设从治理模式转化为引导提升模式，强调引导而非强制，鼓励网民参与网络文明建设，而不是简单地限制他们的行为。通过社会规范和行为促进等诸多层面的影响，网民能够逐步提升自己的网络文明素养，形成积极的网络行为。这种模式更注重长远效果，而不是短期的行为改变，旨在通过提升每个人的素养，促进整个网络环境的改善。

网络文明建设的关注点从行为转移到素养上，也使网络文明不仅是表面的文明行为，更是内在的文明素养。一个真正文明的网络环境，不应该只有表面的宁静，而应该有内在的秩序和和谐。当我们关注并提升网民的核心素养时，文明的网络行为就会自然而然地出现。这种由内而外的改变是可持续的，能够真正推动网络文明建设向前发展。

3. 从粗放式管理到策略化牵引

网络文明建设从粗放式管理走向精细化、策略化的牵引，是对网络空间复杂性的深刻理解和治理策略成熟的必然要求。在数字化的浪潮中，网络空间已经演变为一个由海量、多元、独立的节点用户构成的广阔生态系统。每个用户既是系统的一部分，又具有自身的独特性，这些独特性包括不同的网络文明素养、网络偏好和群体特征。这种多样性给网络文明建设带来前所未有的挑战，它要求我们放弃传统的"一刀切"模式，转而采用更为精细化的应对策略。

网络文明素养的提升应当是一个多元化和策略化的过程，它需要综合运用多种劝服策略，通过不同的主体和方式，探索多样化的内容策略进行干预，以促进素养的全面提升，实现更加有效的建设成果。这种方法的核心在于认识到网络空间的复杂性和网民的多样性，以及这些因素给网络文明建设带来的挑战。

首先，在策略化的牵引中，提升网络文明素养应涵盖全社会各个层面的积极参与。政府机构、教育机构、非政府组织乃至普通网民，都应成为推动网络文明建设的主体。其次，应用不同形式的劝服策略至关重要，内容层面的创新同样不可忽视。应注重话语风格的转变，包括内容的调整以及表达和沟通方式的创新，用更智慧、更有吸引力的方式与网民交流，采用积极、具有建设性的话语鼓励文明行为，而非仅仅依赖禁令和惩罚，使网络治理更为智能化和人性化，更好地激发网民积极参与维护网络环境的意愿与行为，进而推进网络文明建设进程。

4. 从负向行为约束到正向社会规范引导

网络文明建设的核心在于从对负向行为的单一约束转变为对正向社会规范的引导。这种转变体现了一种成熟的治理观念，它强调通过积极的价值观引导，促进网络空间的健康发展。正向社会规范不仅是对个人行为的外在约束，更是一种内在于社群的价值共识，它通过无形的文化纽带，将个体的行为与集体的期望相协调。在网络环境中，这样的规范尤为关键，因为它跨越了物理界限，联系着不同地域和文化背景的网民。强化正向社会规范，不仅有助于减少不良行为的发生，更有益于塑造友善、互助、和谐的网络环境。

在这一过程中，网络文明素养的提升起着至关重要的作用。素养不仅关乎技能的掌握，更关乎价值观的培养和道德感的唤醒。网络文明素养包括对网络行为规范的认知能力、对信息的辨别能力以及对网络社交的敏感度等。高水平的网络文明素养能够引导人们自觉遵循正向社会规范，这不仅体现为避免参与不文明行为，更体现为积极促进网络正能量的传播。例如，当网民遇到网络暴力或假消息时，良好的网络文明素养将引导他们采取正确的应对措施，如理性辩论、验证信息的真伪，或向相关平台举报，而不是被负面信息影响。

此外，良好的网络文明素养还能激发网民的同情心和同理心，这对于构建善意的网络交流环境至关重要。同情心能够使网民感受到他人的情感和遭遇，同理心则能够让网民从他人的角度理解事物，这些都是网络互动中促进理解和尊重的基石。当网民在网络空间中展现出同情心和同理心时，他们不仅会为受到不当对待的人提供支持，也可以为其他观察者树立榜样。这种正向示范作用是推动社会规范内化的强大力量。

通过网络文明素养的提升和正向社会规范的引导，能够更好地规范网民的网络行为，构建更加文明的网络环境。这样的环境鼓励网民在日常互动中采取更加积极、负责任的行为，而这些行为又会反过来强化正向社会规范，形成良性循环。网络文明建设的成果不仅在于减少负面事件，还在于提升整个网络社会的文明素养水平，激发正向行为的模范效应，实现网络文明环境构建工程的长远发展。

（二）网络文明素养提升实施路径

网络文明建设是现代社会的基石，其发展轨迹和优化策略对于塑造健康的社会环境至关重要。深圳是一座以互联网产业为傲的城市，其网络文明建设的路径必须与国家政策紧密相连，应充分利用其在该领域的独特优势。遵循中共中央办公厅、国务院办公厅 2021 年发布的《关于加强网络文明建设的意见》，深圳有义务承担推动社会主义精神文明建设的重任，致力于维护健康的网络空间，并积极传播正能量。在这一过程中，政府与互联网平台应在网络社会治理中采用更为人性化的柔性引导策略，重视网民的心理感受，通过策略引导等方式，提升网民的网络素养，推进网络文明建设。同时，可以进一步激励和支持网民参与网络文明建设，让网民在网络文明建设中担当主角，充分发挥其网络参与主动性与自律性，促进网络生态向好发展。为实现这一目标，课题组归纳了以下具体的路径：践行"认知—情感—行为"框架的提升理念，注重方式—主体—内容三维干预策略，结合共情提升与道德唤醒的方法，实施融通多个平台的管理策略，发挥旁观者效应以促进社会融合，通过扩大网络微名人影响力，强化网络文明的传播。这些路径将构成深圳网络文明建设的坚实基础，

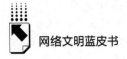

为其他城市树立标杆。

1. 践行"认知—情感—行为"框架的网络文明素养提升理念

在数字时代，网络文明的塑造，特别是应对网络不文明现象的挑战，必须深入理解网民心理和情绪机制。基于此，课题组提出"认知—情感—行为"模型。认知干预为网民提供了关于网络礼仪和不文明行为后果的知识基础，是形成正确网络行为观的关键。情感干预则通过情感共鸣，如讲述受害者故事和开展互动活动，激发网民的同理心，促使他们在情感上反对网络暴力。而行为干预通过激励和规制机制，直接引导网民的实际行为，如奖励文明评论或惩罚网络侵犯行为。这三维相结合的干预策略不仅可以在认知上构建防线，在情感上激发内在动机，还可以在行为上形成积极的实践，共同促进网络环境的改善和提升。

具体而言，在深圳这个科技创新的先锋城市，针对网络不文明行为，一个结合认知、情感、行为三维干预的全面方案可被战略性地推广实施。首先，在认知层面，深化网民对网络不文明行为后果的认知。深圳可以利用高度发达的信息技术，开发专门的在线教育平台，提供各类网络文明课程，让网民不仅了解网络规范，更深刻理解违反这些规范的后果。这种认知的深化，可以通过情景模拟、互动研讨和公共论坛等形式，让网民在真实或模拟的环境中体验网络暴力的伤害，从而建立持久的心理防线。其次，在情感层面，培养共情能力和道德情感，利用虚拟现实技术，让网民在安全的环境中体验网络不文明行为的直接后果，唤起网民对他人痛苦的共情和对自身行为的反省。此外，深圳还可以通过各类文化活动和媒体内容，如纪录片和短视频，增强网民对网络文明的情感认同和责任感。最后，在行为层面，深圳可依托其社交平台的广泛覆盖，建立一套公正的奖惩制度，对那些采取积极网络行为的个体进行奖励，对持续做出网络不文明行为的个体施以制裁。这样一套系统性方案的实施，需要政府、社会组织、教育机构和科技企业的协同合作，以及每个网民的积极参与，以共同努力营造更加文明、共情和有序的网络空间，使深圳成为全球网络文明建设的典范。

2. 注重"方式—主体—内容"三维干预网络不文明行为策略

为了有效提升网络文明素养，课题组提倡采取"方式—主体—内容"三维干预策略相结合的综合性路径。

首先，选择干预措施的方式至关重要。有效的方式（如线上研讨会、互动工作坊、公益广告等）能够促进信息的传播和接受，是提升网民网络文明意识的有力工具。方式的多样化可以满足不同年龄、不同背景网民的需求，使网络文明的理念深入人心。例如，虚拟现实技术可以用来模拟网络暴力的后果，让用户在沉浸式的环境中体验自己行为的影响，促成其行为的改变。其次，对网络不文明行为的干预需要注重"谁"是干预的主体。在这个过程中，每个网民都是行动的执行者，也是文明网络环境的受益者。因此，提高网民的自我认知和责任意识成为治理的首要任务。网民不仅要自觉遵守网络行为规范，还应积极参与对不文明行为的监测和举报，形成自下而上的网络文明自律机制。作为网络文明建设的参与者，网民应自觉监督自己的网络行为，确保其符合社会道德和网络规范，并在遇到不文明行为时，主动采取行动，如举报和指正，这样才能在个体层面构建网络文明的第一道防线。最后，对干预内容策略进行细致考量同样不可或缺。内容策略要精确到具体的行为规范、道德准则和法律法规，使其不是仅停留在抽象的讲解上，而是触及网民的心灵，引发网民的共鸣。干预内容的设计应当具有针对性和实用性，比如通过情景模拟，展示网络不文明行为的后果，以及通过正面激励的故事，展示文明行为的价值。

一个综合性的网络文明干预路径涵盖主体的自觉参与、方式的有效传达和内容的深度影响。在这个框架下，网民亦是网络文明建设的主力军，各种方式的干预将成为激励和引导的渠道，而内容上的细致设计可以确保干预措施产生深远影响。将这三维结合起来，可以构建更加文明、健康、有序的网络环境，使网络空间成为社会文明进步的有力体现。以更有策略的方式应对当前网络不文明行为的挑战，有助于在未来建构更加理性、友善、负责任的数字社会。

3. 发挥旁观者效应，调动干预网络不文明行为的社会力量

在网络不文明行为的治理中，发挥旁观者的积极作用显得尤为重要。当普通网民作为旁观者开始行动起来，他们的集体声音能够形成强大的社会规范力量，推动网络文明的进步。

在网络不文明行为的发生场景中，旁观者的声音至关重要。根据旁观者效应道德决策模型（见图4），旁观者可以在网络不文明行为的干预中发挥关键作用。通常，网络不文明行为（如网络欺凌或侮辱）发生在公共视野之下。

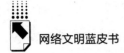

这时，旁观者的行动或不作为将直接影响事件的结果。在该模型下，旁观者被视为潜在的干预者，他们的积极参与对于构建积极的网络环境至关重要。当不文明行为发生时，如果旁观者能够积极发声，不文明行为的实施者就会受到广泛关注，进而承受来自社会集体的压力。这种压力可以迫使实施者寻求合理的解决方案，积极表达道歉的言论和态度，从而避免进一步的违规行为。此外，这样的社会监督还能够鼓励实施者重新融入社会，比如加入公益组织、维权机构或心理疏导团体，以正面的社会行为回应社会的期待，并体现其社会责任。

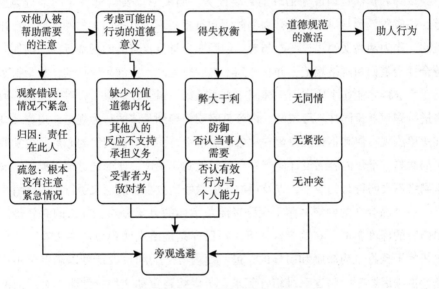

图4　旁观者效应道德决策模型

资料来源：刘翔平《旁观者效应的道德决策模型》，《北京师范大学学报》（社会科学版）1996年第4期。

要想使旁观者成为网络不文明行为干预的积极力量，可以运用技术和社区的力量推出创新性的解决方案。例如，建立一个"行动点赞"系统，识别并奖励那些在网络不文明行为中采取正面行动的旁观者，通过赋予他们平台货币或积分，鼓励其积极行为。同时，通过制作一系列教育短片，展示干预网络不文明行为的具体步骤，这不仅可以提升网民网络空间维护意识，还能够提供实际的行动指南。进一步地，可以推出"我在你身边"计划，允许网民展示他们愿意支持和干预的姿态，通过特别的标签或徽章，将他们的承诺公之于众。

此外，可以开发互动式的网络不文明行为预防工具，模拟不同情景，教育网民如何在真实世界中做出反应；还可以设立"网络守护者"项目，鼓励网民在遇到网络不文明行为时采取行动，并提供必要的支持，如情感支持或专业援助。通过集体和个人努力的结合，将旁观者的潜能转化为实际的干预力量，共同打造一个更加文明的网络世界。

综上所述，注重旁观者效应的社会融入路径，强化网民在网络文明促进中的作用，以及建立全民共治的网络治理机制，可以形成更加文明、理性、和谐的网络环境，应对网络不文明行为带来的挑战，创造一个更加美好的网络世界。

4. 联动网络微名人，促进名人效应的网络文明发展动力转化

网络微名人是网络社交平台上具有较高关注度和影响力的人群，他们的行为和发声模式对粉丝群体和更广泛的网民都具有一定的引导作用。在制定新的网络不文明行为干预策略时，可以深入探索和创新性地发挥网络微名人效应，不仅将他们作为宣传的工具，更将他们作为推动网络正能量传播的核心力量。

首先，可以与网络微名人合作，开发专属的网络文明教育内容，让他们在自己的风格和语言体系中传递积极信息，以此教育和引导粉丝及公众。例如，与网络微名人合作，制作面向特定社群的短视频或教育图文，讲述网络礼仪和反网络不文明行为的故事，或请其分享个人积极应对网络不文明行为的经历。其次，可以创建一个"网络文明使者"计划，让网络微名人在互联网平台上承担更实际的责任，比如主持线上的讨论会、参与网络不文明行为案例的分析和讨论，或在遇到相关问题时，提供实时的建议和支持。这样的互动不限于传统的信息发布，还包括实时的反馈，以真正让网络微名人在网络不文明行为干预中发挥积极的作用。再次，可以引入奖励机制，对那些在网络不文明行为干预中表现出色的网络微名人进行表彰。这些奖励可以是平台特权、广告收益分成或有意义的公益项目命名等，不仅能给予网络微名人物质上的回报，还能增强他们的社会责任感，鼓励他们在未来持续参与网络正能量的传播。此外，还可以组建网络微名人网络安全顾问团队，团队成员定期参与互联网平台的网络安全策略讨论，并为其提供网络不文明行为干预的见解和建议。因在特定群体中有较高的信誉和较大的影响力，网络微名人能够在互联网平台网络安全策略制定中起到积极的参考作用。最后，鼓励网络微名人与粉丝进行更深层次的互动，如通过直播进行反网络不文明行为的主题活动，让粉丝直接参与讨论和行

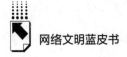
动。这种方式能够让粉丝感受到问题的紧迫性，也能让其在网络微名人的引导下学习具体的干预方法。

综上所述，通过这些创新性方案的实施，网络微名人的影响力将转化为推动网络文明发展的积极动力，形成一股强大的网络正能量，营造更加健康、积极的网络环境。

5. 统筹平台资源，构建平台协管式的网络治理新路径

网络文明建设离不开官方主流媒体、互联网平台和广大网民的共同维护。其中，互联网平台是网络文化的创造者与网络文明建设的重要引领者，其与官方主流媒体的融合发展为网络治理提供了一条平台协管式的新路径。这种协管式管理的核心理念是，不仅发挥官方主流媒体在互联网平台上的权威作用，而且利用其影响力，引导和塑造网络环境。官方主流媒体可以发挥示范作用，传播正面信息，制定和推广网络礼仪，同时可以直接参与对网络不文明行为的干预，提供直接的反馈和必要的警示。

互联网平台拥有丰富的网络文化资源和强大的技术资源，不仅在内容审核上有发挥空间，在算法推荐、页面设计和评论呈现等方面也拥有极大的潜力。例如，在算法推荐上，互联网平台可以调整算法，优先推送积极健康的内容，从而塑造良好的信息接收环境；在页面设计上，可以提供更加友好的互动空间，鼓励理性和建设性的讨论；在评论呈现上，可以引入智能筛选机制，过滤掉具有攻击性或破坏性的言论，同时推荐富有建设性和友善性的评论。

在协同管理层面，互联网平台能充分利用自身资源与影响力，采纳具有创新性的策略。例如，提供情感分析工具，让用户对其发言可能造成的影响有所预期并进行自我调整；优化算法推荐，鼓励积极互动和正面行为；与内容创造者合作，生产情感丰富、符合社会主义核心价值观的优质内容；实施"道德英雄"计划，表彰网络空间的积极行为；在评论区实施"善意提醒"机制，引导用户在发表之前进行情感调节；设立公共话题讨论区，鼓励开放、善意交流；等等。

通过综合管理策略，互联网平台能够在维护网络秩序的同时，为用户提供学习和实践网络礼仪的环境。官方主流媒体的积极参与，算法的智能调整，以及评论管理的精细化，共同构成了一个多层次、全方位的网络文明建设体系。重视互联网平台参与网络文明建设的方式，不仅能够及时干预和纠正网络不文

明行为，还能够在更深层次上激发网民的共情能力和道德意识，从根本上提升网民网络文明素养，为构建更加文明、健康、有序的网络环境奠定坚实的基础。

6. 以共情提升与道德唤醒等策略为抓手，提升网络文明素养干预效能

在网络文明建设过程中，共情提升与道德唤醒的路径至关重要，特别是包括共情提升策略在内的情感层面的唤醒，对于干预网络不文明行为极为有效。共情能力的培养能够使个体理解并感受他人的情感状态，从而在网络互动中展现更为积极和审慎的行为。

为了有效地抓住"共情提升"与"道德唤醒"这两个着力点，可以在情感层面采取唤醒策略，以应对网络不文明行为实施者。结合"自我效能理论"，网络不文明行为实施者会对自己的行为及其结果进行自我评价，评估其不文明行为是否能达到预期效果，如对被施暴者产生影响。在这一自我评估过程中，网络不文明行为实施者会内化作为"我"的主体属性，他们的自我效能感将深刻影响其行为选择。因此，应通过传播积极向上的网络内容，促进网络不文明行为实施者形成正面的情感体验，激发他们的主人翁精神和换位思考能力。例如，可以引导网络不文明行为实施者理解其评论可能给他人带来的不适感，从而促使其删除不当评论，保留对他人的善意。

此外，在提升共情能力的创新实践中，可以创作一系列短视频，用于展现网络不文明行为的后果，激发网民的共情反应。例如，可以创作一系列名为"在他人键盘后"的短视频，讲述真实的网络暴力事件，以第一人称的视角呈现受害者的感受和反应。通过这种方法，观众不再是旁观者，而是被引导至事件的中心，感受事件的情感深度，从而增加对网络行为后果的理解和对被施暴者的共情。进一步地，可以采用角色扮演的方式，在社交媒体上开展互动式活动。例如，设计一场名为"换位体验日"的在线活动，鼓励网民扮演与自己身份完全相反的角色——如年轻网民扮演老年网民，男性网民扮演女性角色，等等。参与者需要发布和回复评论，就如同他们扮演的角色一样。这样的角色扮演活动可以让参与者从不同的视角看待网络互动，体会不同背景的人在网络空间可能遭遇的问题，从而培养跨越性别、年龄和文化的共情能力。另外，可以通过社交平台，开展"网络善行挑战"系列活动，要求网民在一定时间内进行网络善行实践。比如，鼓励网民制作和分享有关网络正能量故事的短视频

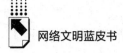

作品，或者转发他人发起的积极正面的网络行为。这些活动不仅能够推动正能量传播，引导网民形成正确的网络文明认知，还能培养网民在日常生活中的网络文明行为习惯。

总体而言，网络文明素养的提升需要多维度的干预策略，其中情感层面的共情提升和道德唤醒是核心组成部分。在网络空间中培养积极和审慎的互动方式，关键在于稳步推进共情能力的增强和道德意识的觉醒。促进理解他人的情感体验，并在此基础上，激发个体的内在道德指引，可以促使网民在网络行为上采取更为负责任的态度，引导网民以更为人文和道德的视角参与网络交流，从而构建更加文明、和谐的网络世界。

课题组为应对网络空间中普遍存在的不文明现象，深入实施了一系列有针对性的模拟式行为实验干预措施，通过对951名网民的深入探究，深刻理解不同干预方式、主体和内容在网络文明素养提升效能上的差异，并探索了如何通过共情提升和道德唤醒，有效抑制网络不文明行为。此外，课题组还考察了官方机构、普通网民、网络微名人等不同干预主体在网络文明促进上的效能，并基于这些心理学原理，构建了一条认知—情感—行为干预路径。这不仅为网络文明素养的提升开辟了新道路，也为营造网络文明新风尚注入了活力。这一系列努力体现了我们构建健康网络环境的核心理念——激发个体共情能力和道德觉醒，将普通网民和网络微名人转化为网络不文明行为干预的积极参与者。未来倡导通过多元化的实施策略，包括运用虚拟现实技术和交互式游戏进行教育，提供情感分析工具，优化内容推送算法，并与内容创造者紧密合作，鼓励网民从表面支持转向深度参与网络文明建设。通过这些创新举措和社会媒体的集体努力，期望培养出更加理性、包容和文明的网络社区，从而推动整个社会文明的进步。

社会科学文献出版社

皮书

智库成果出版与传播平台

❖ 皮书定义 ❖

皮书是对中国与世界发展状况和热点问题进行年度监测，以专业的角度、专家的视野和实证研究方法，针对某一领域或区域现状与发展态势展开分析和预测，具备前沿性、原创性、实证性、连续性、时效性等特点的公开出版物，由一系列权威研究报告组成。

❖ 皮书作者 ❖

皮书系列报告作者以国内外一流研究机构、知名高校等重点智库的研究人员为主，多为相关领域一流专家学者，他们的观点代表了当下学界对中国与世界的现实和未来最高水平的解读与分析。

❖ 皮书荣誉 ❖

皮书作为中国社会科学院基础理论研究与应用对策研究融合发展的代表性成果，不仅是哲学社会科学工作者服务中国特色社会主义现代化建设的重要成果，更是助力中国特色新型智库建设、构建中国特色哲学社会科学"三大体系"的重要平台。皮书系列先后被列入"十二五""十三五""十四五"时期国家重点出版物出版专项规划项目；自2013年起，重点皮书被列入中国社会科学院国家哲学社会科学创新工程项目。

皮书网

（网址：www.pishu.cn）

发布皮书研创资讯，传播皮书精彩内容
引领皮书出版潮流，打造皮书服务平台

栏目设置

◆ **关于皮书**

何谓皮书、皮书分类、皮书大事记、
皮书荣誉、皮书出版第一人、皮书编辑部

◆ **最新资讯**

通知公告、新闻动态、媒体聚焦、
网站专题、视频直播、下载专区

◆ **皮书研创**

皮书规范、皮书出版、
皮书研究、研创团队

◆ **皮书评奖评价**

指标体系、皮书评价、皮书评奖

所获荣誉

◆ 2008 年、2011 年、2014 年，皮书网均
在全国新闻出版业网站荣誉评选中获得
"最具商业价值网站"称号；

◆ 2012 年，获得"出版业网站百强"称号。

网库合一

2014年，皮书网与皮书数据库端口合
一，实现资源共享，搭建智库成果融合创
新平台。

皮书网

"皮书说"
微信公众号

权威报告·连续出版·独家资源

皮书数据库
ANNUAL REPORT(YEARBOOK)
DATABASE

分析解读当下中国发展变迁的高端智库平台

所获荣誉

- 2022年，入选技术赋能"新闻+"推荐案例
- 2020年，入选全国新闻出版深度融合发展创新案例
- 2019年，入选国家新闻出版署数字出版精品遴选推荐计划
- 2016年，入选"十三五"国家重点电子出版物出版规划骨干工程
- 2013年，荣获"中国出版政府奖·网络出版物奖"提名奖

皮书数据库　　"社科数托邦"
　　　　　　　　微信公众号

成为用户

　　登录网址www.pishu.com.cn访问皮书数据库网站或下载皮书数据库APP，通过手机号码验证或邮箱验证即可成为皮书数据库用户。

用户福利

- 已注册用户购书后可免费获赠100元皮书数据库充值卡。刮开充值卡涂层获取充值密码，登录并进入"会员中心"—"在线充值"—"充值卡充值"，充值成功即可购买和查看数据库内容。
- 用户福利最终解释权归社会科学文献出版社所有。

数据库服务热线：010-59367265
数据库服务QQ：2475522410
数据库服务邮箱：database@ssap.cn
图书销售热线：010-59367070/7028
图书服务QQ：1265056568
图书服务邮箱：duzhe@ssap.cn

社会科学文献出版社 皮书系列
SOCIAL SCIENCES ACADEMIC PRESS (CHINA)
卡号：877261132432
密码：

S 基本子库
SUB DATABASE

中国社会发展数据库（下设 12 个专题子库）

紧扣人口、政治、外交、法律、教育、医疗卫生、资源环境等 12 个社会发展领域的前沿和热点，全面整合专业著作、智库报告、学术资讯、调研数据等类型资源，帮助用户追踪中国社会发展动态、研究社会发展战略与政策、了解社会热点问题、分析社会发展趋势。

中国经济发展数据库（下设 12 专题子库）

内容涵盖宏观经济、产业经济、工业经济、农业经济、财政金融、房地产经济、城市经济、商业贸易等 12 个重点经济领域，为把握经济运行态势、洞察经济发展规律、研判经济发展趋势、进行经济调控决策提供参考和依据。

中国行业发展数据库（下设 17 个专题子库）

以中国国民经济行业分类为依据，覆盖金融业、旅游业、交通运输业、能源矿产业、制造业等 100 多个行业，跟踪分析国民经济相关行业市场运行状况和政策导向，汇集行业发展前沿资讯，为投资、从业及各种经济决策提供理论支撑和实践指导。

中国区域发展数据库（下设 4 个专题子库）

对中国特定区域内的经济、社会、文化等领域现状与发展情况进行深度分析和预测，涉及省级行政区、城市群、城市、农村等不同维度，研究层级至县及县以下行政区，为学者研究地方经济社会宏观态势、经验模式、发展案例提供支撑，为地方政府决策提供参考。

中国文化传媒数据库（下设 18 个专题子库）

内容覆盖文化产业、新闻传播、电影娱乐、文学艺术、群众文化、图书情报等 18 个重点研究领域，聚焦文化传媒领域发展前沿、热点话题、行业实践，服务用户的教学科研、文化投资、企业规划等需要。

世界经济与国际关系数据库（下设 6 个专题子库）

整合世界经济、国际政治、世界文化与科技、全球性问题、国际组织与国际法、区域研究 6 大领域研究成果，对世界经济形势、国际形势进行连续性深度分析，对年度热点问题进行专题解读，为研判全球发展趋势提供事实和数据支持。

法律声明